कारगिल गल

कारगिल गर्ल

फ्लाइट लेफ्टिनेंट गुंजन सक्सेना *(रिटा.)*
किरण निर्वाण *के साथ*

प्रभात
पेपरबैक्स
www.prabhatbooks.com

प्रकाशक
प्रभात पेपरबैक्स
प्रभात प्रकाशन प्रा. लि. का उपक्रम
4/19 आसफ अली रोड, नई दिल्ली–110002
फोन : 23289777 • हेल्पलाइन नं. : 7827007777
इ–मेल : prabhatbooks@gmail.com ❖ वेब ठिकाना : www.prabhatbooks.com

संस्करण
प्रथम, 2021

अनुवाद
श्री आनंद कुमार राय

मूल्य
तीन सौ रुपए

मुद्रक
आर–टेक ऑफसेट प्रिंटर्स, दिल्ली

★

KARGIL GIRL
by Flt Lt Gunjan Saxena (retd) with Kiran Nirvan
(Hindi translation of 'THE KARGIL GIRL: AN AUTOBIOGRAPHY')

Published by **PRABHAT PAPERBACKS**
An imprint of Prabhat Prakashan Pvt. Ltd.
4/19 Asaf Ali Road, New Delhi-110002
by arrangement with Penguin Random House India

ISBN 978-93-90900-58-9

₹ 300.00

कारगिल युद्ध के वीरों
एवं
इस देश के वरदीधारी,
सेवारत और सेवानिवृत्त स्त्री-पुरुषों
को समर्पित

भूमिका

सबसे पहले तो मैं फ्लाइट लेफ्टिनेंट गुंजन सक्सेना (रिटा.) को अपनी आत्मकथा लिखने के लिए बधाई देना चाहूँगा, क्योंकि वे अपने क्षेत्र की अगुवाई करनेवाली रही हैं! फ्लाइंग ब्रांच में कमीशन प्राप्त करनेवाली पहली कुछ महिला अधिकारियों में शामिल होकर उन्होंने भारतीय महिलाओं को लेकर बनी एक धारणा को तोड़ने के क्रम में काफी संघर्ष किया है! हेलिकॉप्टर उड़ाने के लिए चुनी गई महिला अधिकारियों के दूसरे कोर्स का हिस्सा बनने पर उन्हें ऊधमपुर में चीता/चेतक (एलुएट III) यूनिट में भेजा गया था, जिसकी मुख्य जिम्मेदारी फॉरवर्ड एयर कंट्रोल की थी, यानी युद्ध के दौरान पहले से जारी हवा में नजदीक से सहयोग/युद्ध-क्षेत्र में हवाई हमले (बी.ए.एस.) के अभियानों में उड़ान भरना और लड़ाकू विमानों को रास्ता दिखाते हुए उनके लक्ष्य तक पहुँचाना।

अपनी पुस्तक में गुंजन ने स्पष्ट रूप से बताया है कि भारतीय वायु सेना में एक अधिकारी बनने के लिए आपके भीतर क्या कुछ होना चाहिए। कारगिल युद्ध की कहानी फिर से बताकर उन्होंने मुझे पुरानी यादों में लौटने पर मजबूर कर दिया और मुझे उस युद्ध के अपने अनुभव को याद दिलाया, जब मैं 17वें स्क्वाड्रन (गोल्डन ऐरोज) को कमांड कर रहा था, जहाँ हम 132 एफ.ए.सी. फ्लाइट के साथ कश्मीर घाटी में अपने सारे युद्धक्षेत्र के हवाई हमलों से जुड़े अभियानों में शामिल थे। कारगिल युद्ध के दौरान जब पारंपरिक हवाई हमलों के मुकाबले हमले का तरीका जी.पी.एस. की मदद

से की जानेवाली बमबारी में बदल चुका था, तब गुंजन की यूनिट ने हमें यह महत्त्वपूर्ण जानकारी दी कि हमारे बम लक्ष्य पर न गिरकर कहाँ गिर रहे थे।

जब एक प्रकार का युद्ध-विराम हुआ तो गुंजन की जिम्मेदारी मुझे और 108वें स्क्वाड्रन के कमांडिंग अफसर को टारगेट एरिया की पहचान करने के लिए भरी गई उड़ान पर और 3 एवं 8 डिवीजन हेडक्वार्टर्स की ऑपरेशनल लोकेशन तक लेकर जाना था। मैं जब एक शांत और आत्मविश्वास से भरी महिला को उसके चीता हेलिकॉप्टर में हथियार के रूप में ए के-47 से लैस देखता था तो एक सुखद आश्चर्य होता था! कारगिल में मुझे उनके भाई कैप्टन अंशुमान सक्सेना से भी मिलने का अवसर मिला, जो आर्मी ऑर्डिनेंस कोर में हैं। मैंने उनसे पूछा कि चूँकि दोनों युद्धक्षेत्र में ही तैनात हैं तो क्या उनके माता-पिता को घबराहट नहीं होती? दो-टूक जवाब मिला, "नहीं!"

आगे चलकर उन्हें वास्तव में ही 'कारगिल गर्ल' के नाम से पुकारा जाने लगा, क्योंकि युद्धक्षेत्र में सेवा देनेवाली वे भारतीय वायु सेना की पहली महिला अधिकारियों में से एक थीं। निश्चित रूप से भारतीय वायु सेना को उनके जैसी और भी महिला अधिकारियों की जरूरत है, जो युवतियों में योद्धा बनने और देश की सेवा करने के सपनों को प्रेरित कर सकती हैं।

इस पुस्तक के लिए गुंजन सक्सेना और किरण निर्वाण को मेरी तरफ से ढेर सारी शुभकामनाएँ। मुझे विश्वास है कि यह पुस्तक आनेवाली पीढ़ियों और उन सभी को प्रेरित करेगी, जो नीले आसमान पर विजय पाने का लक्ष्य रखते हैं।

जय हिंद!

—एयर चीफ मार्शल बीरेंद्र सिंह धनोआ

पी.वी.एस.एम., ए.वी.एस.एम., वाई.एस.एम., वी.एम. (रिटा.)

भारतीय वायु सेना के 25वें वायु सेना प्रमुख

प्राक्कथन

पहली बार फिल्म बनानेवाले के रूप में मुझे जब फ्लाइट लेफ्टिनेंट गुंजन सक्सेना (रिटा.) से बातचीत करने और उनकी कहानी सुनाने का मौका मिला तो इससे अच्छा और कुछ नहीं हो सकता था। 'गुंजन सक्सेना : द कारगिल गर्ल' फिल्म को बनाने के दौरान गुंजन मैम से हमें हमेशा ही जबरदस्त सहयोग मिला। उन्होंने न केवल जाह्नवी (कपूर) की मदद अपने रोल के लिए तैयार होने में की, बल्कि हर विभाग की मदद से सुनिश्चित किया कि हम उनकी कहानी को ईमानदारी और विश्वसनीयता के साथ बताएँ।

गुंजन मैम ऐसी हैं, जिनका आदर मैं सिर्फ उनकी उपलब्धियों के कारण नहीं, बल्कि जीवन के प्रति उनके नजरिए के लिए भी करता हूँ। मैंने उनसे खुद पर विश्वास करने के महत्त्व को सीखा। यदि आप खुद पर भरोसा नहीं करेंगे तो कोई और भी नहीं करेगा। उन्होंने मुझे मानसिक दृढ़ता का महत्त्व समझाया और यह भी बताया कि अपने सपनों को हासिल करने के लिए आपको ईमानदारी, लगन, एकाग्रता, सकारात्मकता और उत्साह के साथ कड़ी मेहनत करनी होगी। उन्होंने मुझे सिखाया कि रास्ते में चुनौतियाँ तो हमेशा ही मिलेंगी, लेकिन आप यदि उस रास्ते पर चलते रहे और काम करते रहे तो अच्छे परिणाम निश्चित रूप से मिलेंगे।

गुंजन मैम की कहानी वास्तव में सक्सेना परिवार की कहानी है, जो एक स्नेह से भरा एवं प्रगतिशील सोचवाला परिवार है, जिसका मानना था कि इस दुनिया में ऐसा कुछ भी नहीं, जिसे उनकी बेटी नहीं कर सकती थी। सक्सेना

परिवार के साथ समय बिताने का मौका मिलना ही असल में इस फिल्म को बनाने की बड़ी बात है। हर मुलाकात के बाद मेरी जानकारी और बढ़ जाती थी और मुझमें जोश भर जाता था।

गुंजन सक्सेना ने जब शुरुआत की, तब यह नहीं सोचा था कि वे हीरो बन जाएँगी। उनका एक सपना था, मुश्किल सपना; लेकिन उसे हासिल करने का उनका तरीका बड़ा सीधा सा था। उन्होंने न केवल उड़ान भरने का अपना सपना पूरा किया, बल्कि अपने देश की सेवा भी की और इस क्रम में देश भर में और दुनिया में हर किसी की रोल मॉडल बन गईं।

गुंजन मैम की कहानी कहने का अवसर मिलना ही मेरे लिए सम्मान की बात है और इसके लिए उन्होंने हम पर जो विश्वास किया, उसका मैं हमेशा आभारी रहूँगा।

—शरण शर्मा

निर्देशक, 'गुंजन सक्सेना : द कारगिल गर्ल'

प्रस्तावना

गुंजन सक्सेना के साथ जाह्नवी कपूर

गुंजन सक्सेना। एक आदर्श महिला, हीरो, ऑफिसर और बेटी। देश की साहसी सिपाही होने के कारण वे कई लोगों की प्रेरणा हैं, जिन्होंने विमानन के क्षेत्र में महिलाओं के लिए रास्ता खोला। मैं उन्हें आत्मविश्वास, मर्यादा और कठिन परिश्रम की जीती-जागती मिसाल मानती हूँ। वे इस धारणा की एक उदाहरण हैं कि कोई मुश्किल तब तक मुश्किल रहती है, जब तक आप उसे अपने मन में मुश्किल मानकर बैठे रहते हैं। उन्होंने सभी मुश्किलों को पार किया, क्योंकि वे मानती थीं कि जहाँ चाह, वहाँ राह और जहाँ कठिन परिश्रम व ईमानदारी है, वहाँ आप हमेशा अपनी मंजिल तक पहुँचेंगे।

खामोशी के साथ एक ऐसी लड़ाई को लड़ने के लिए अलग ही ताकत की जरूरत होती है, जिसके बीच रहकर भी आप न तो उसे लड़ाई मानते हैं, न ही कोई बहाना आपको अपने सपने को हासिल करने से रोक सकता है।

उन्होंने मुझे अपने सपने को पूरा करने का सही अर्थ सिखाया कि चाहे कुछ भी हो जाए, कभी हार मत मानो, मुश्किलों से पीछे मत हटो। इसकी

बजाय उसकी आँखों में आँखें डालो और मुसकराओ। उसे एक ऐसी चुनौती समझो, जो तुम्हें आगे बढ़ने में मदद करेगी—एक ऐसी चुनौती, जो तुम्हें बड़ी चुनौतियों के लिए तैयार कर रही है।

फ्लाइट लेफ्टिनेंट गुंजन सक्सेना (रिटा.) और उनकी कहानी का सार इस सच्चाई से कहीं ज्यादा है कि उन्होंने समाज में महिलाओं के लिए बनी रुकावट को चूर-चूर कर दिया। दरअसल, उनके लिए किसी भी रुकावट में इतनी ताकत नहीं कि उन्हें कुछ भी करने से रोक दे—और यह विश्वास अटल है।

—जाह्नवी कपूर

अभिनेत्री, 'गुंजन सक्सेना : द कारगिल गर्ल'

आभार

कभी-कभी जिंदगी हमारे सामने एकदम अप्रत्याशित व सुखद आश्चर्य लेकर आती है और यह पुस्तक निश्चित रूप से उनमें से ही एक है।

मैंने जब कारगिल युद्ध के दौरान जारी काररवाई में हिस्सा लिया था तो बिल्कुल भी नहीं सोचा था कि इसके कारण मुझे 'द कारगिल गर्ल' का उपनाम मिल जाएगा।

जब फिल्म का काम पूरा होने वाला था, तभी एक दिन मुझे निर्वाण सिंह का फोन आया। उन्होंने मुझसे इस पुस्तक को लिखने की बात की। लेकिन मैं समझ नहीं पा रही थी कि मुझे इसे लिखना चाहिए या नहीं। शुरुआत में, मैं इस काम को लेकर उनके उत्साह और दृढ़ विश्वास को लेकर सहमत हो गई। जब इस पुस्तक पर काम शुरू हुआ तो मुझे एहसास हो गया कि मैंने सही फैसला किया है। मैं निर्वाण एवं किरण को न केवल इस पुस्तक के लिखने के दौरान मेरा उत्साह बढ़ाने और सहयोग करने, बल्कि हमेशा अत्यधिक धैर्य रखने और सूझ-बूझ दिखाने के लिए भी धन्यवाद देना चाहूँगी।

धन्यवाद के पात्र सुहैल माथुर भी हैं, जिन्होंने पूरी मदद की और इस काम को सफल बनाया।

मेरे इंस्ट्रक्टर ग्रुप कैप्टन संजीव कुमार बारबोरा, ग्रुप कैप्टन सुभाष शंकर राव पाटिल, एयर कमोडोर आर.ओ.जे. आसी और एयर कमोडोर मुकेश रावत (जिस क्रम में उन्होंने मुझे सिखाया) का आभार, जिनका मैं

जितना धन्यवाद करूँ उतना कम है। आज मैं जो भी हूँ, सब उनकी शिक्षा, मार्गदर्शन और उत्साहवर्धन के कारण हूँ।

भारतीय वायु सेना का आभार, जिसने नीले आकाश में उड़ान भरने के मेरे सपने को साकार करने में मेरी सहायता की और उन सारे अवसरों के लिए भी, जो मुझे मिले। इस शानदार संगठन में सेवा करना एक सम्मान और विशेषाधिकार भी है। मैं अपने सभी सहकर्मियों, सीनियर्स और जूनियर्स का उनके सहयोग के लिए और विशेष रूप से अपने सभी कमांडिंग ऑफिसर्स एवं फ्लाइट कमांडर्स का उनके निरंतर मार्गदर्शन के लिए हृदय से धन्यवाद देना चाहूँगी।

मेरा सबसे अधिक आभार माँ और पापाजी को जाता है। उनका प्यार और उनका बिना शर्त सहयोग एवं आशीर्वाद न होता तो मैं कहीं भी नहीं पहुँच पाती। मेरे बड़े भाई (जिन्होंने हमेशा ही मुझे अपना सर्वश्रेष्ठ प्रदर्शन करने की प्रेरणा दी) हमेशा से ही मेरे सबसे बड़े प्रतिद्वंद्वी, मेरे दोस्त, मेरे आलोचक, मेरे समर्थक, अपराध में मेरे साथी तथा और भी बहुत कुछ रहे हैं।

अपने जीवनसाथी विंग कमांडर गौतम नारायण के प्रति आभार, जिनके कारण ही मैं जीवन में विभिन्न भूमिकाओं और जिम्मेदारियों को निभा सकी। मेरी लकी चार्म मेरी बेटी प्रज्ञा का धन्यवाद, जो हर दिन मेरे जीवन में उत्साह और ताजगी भर देती है। मैं कितनी खुशकिस्मत हूँ कि तुम मेरी जिंदगी में आईं।

—फ्लाइट लेफ्टिनेंट गुंजन सक्सेना (रिटा.)

कारगिल का युद्ध जब शुरू हुआ था, तब मेरी उम्र ज्यादा नहीं थी। मुझे याद है कि सन् 1999 में मैं जब ऊधमपुर में अपनी नानी के घर पर रहता था, तब एन.एच.-44 पर सेना के काफिले की गाड़ियों को आते-जाते देखा करता था। मैं अकसर अपने पिता से उन बड़े-बड़े काफिलों को लेकर सवाल पूछता था। तब मेरे पिता ने मुझे लड़ाइयों और युद्धों की अवधारणा

के बारे में बताया था और मुझसे कहा था कि हमारा देश भी एक युद्ध लड़ रहा है। उन्हीं दिनों मैंने एक न्यूज चैनल पर 'फ्लाइट लेफ्टिनेंट गुंजन सक्सेना' का नाम सुना था। तब मैं जानता भी नहीं था कि एक दिन मैं उन पर ही पुस्तक लिखूँगा। लेकिन मैंने जब अपनी सेना के इतिहास के बारे में वर्ष 2016 में पढ़ना शुरू किया तो मुझे लगा कि इस देश के रणबाँकुरों के विषय में लिखना जरूरी है। मेरे दिमाग में जो पहला नाम आया, वह 'फ्लाइट लेफ्टिनेंट गुंजन सक्सेना' का ही था। कई लोगों की गौरव-गाथा लिखी गई है और लिखी जानी चाहिए थी; लेकिन मुझे लगा कि इस देश की लड़ाइयों और युद्धों में महिलाओं के योगदान के बारे में बहुत ज्यादा पढ़ने को नहीं मिलता है, इसलिए गुंजन मैम की आत्मकथा के सह-लेखन का आइडिया काफी दिलचस्प था।

सबसे पहले, मैं फ्लाइट लेफ्टिनेंट गुंजन सक्सेना (रिटा.) को धन्यवाद देना चाहूँगा, जिन्होंने अपने जीवन पर लिखने की जिम्मेदारी को लेकर मुझ पर भरोसा किया। वे काफी विनम्र, दयालु और मददगार रही हैं और उनकी प्रोफेशनलिज्म तथा उनका अनुशासन ऐसा रहा कि हम हर समय-सीमा पर खरा उतर सके। उनकी आत्मकथा का सह-लेखक होना बहुत बड़े सम्मान की बात है और हमारा प्रयास रहा है कि हम अपने पाठकों को बता सकें कि वरदी पहननेवाली एक महिला, एक प्यार करनेवाली बेटी और एक बहन, एक खयाल रखनेवाली पत्नी तथा एक जिम्मेदार माँ होने के अलावा वे कितनी अच्छी इनसान हैं।

मेरे लिटरेरी एजेंट सुहैल माथुर को मेरा हृदय से आभार, जिन्होंने इस पुस्तक को लिखने के लिए मेरा हौसला बढ़ाया और हर कदम पर मुझे प्रेरित किया।

मैं अपने सह-लेखक किरणदीप सिंह को धन्यवाद देना चाहूँगा, जो हमारे लेखन से जुड़े सभी प्रयासों में मेरे साथ रहे। मैं हृदय से लेफ्टिनेंट कर्नल अभिषेक को धन्यवाद देना चाहूँगा, जिन्होंने मुझे गुंजन मैम से मिलवाया। मैं अपने कमांडिंग ऑफिसर कर्नल योगेश, लेफ्टिनेंट कर्नल

सैकत, लेफ्टिनेंट कर्नल राजेंद्र और कर्नल के.जे. के साथ ही अपने सभी साथी अधिकारियों एवं कोर्स के साथियों का शुक्रिया अदा करना चाहूँगा, जिन्होंने लेखन के प्रति मेरे प्रेम को बढ़ाने में मेरा साथ दिया।* मैं गौरवजीत को धन्यवाद देना चाहूँगा, जिन्होंने इस पुस्तक के लेखन के आखिरी चरण में कष्ट उठाकर भी मेरी मदद की।

आखिर में, मैं अपनी नानी, दीदी और जीजू, अपने माता-पिता, आरुषि, रोहन और अपने फर बेबीज स्कूबी और सुल्तान का उनके निरंतर सहयोग और प्यार के लिए शुक्रिया अदा करना चाहूँगा।

—निर्वाण सिंह

कारगिल—यह नाम ही मुझे उन दिनों में वापस ले जाता है, जब मैं घुसपैठियों के खिलाफ भारत के युद्ध की खबरें सुनता था। हर दिन हताहत हो रहे सैनिकों की खबरें आती थीं और कई युवा अधिकारी देश के लिए अपने प्राणों का बलिदान दे रहे थे। कैप्टन सौरभ कालिया और कैप्टन विक्रम बत्रा के चेहरे आज भी मेरे मन में बसे हैं। कारगिल युद्ध पर कई डॉक्यूमेंट्री और फिल्में बन चुकी हैं, लेकिन एक लेखक के रूप में मैंने हमेशा ही इन बहादुरों के कार्यों को गौरवान्वित करने की दिशा में अपना योगदान देना चाहा। इसी ने मुझे फ्लाइट लेफ्टिनेंट गुंजन सक्सेना (रिटा.) की आत्मकथा 'द कारगिल गर्ल' के सह-लेखन की प्रेरणा दी। मैं उनका शुक्रगुजार हूँ कि अपनी कहानी को शब्दों में पिरोने के लिए उन्होंने हम पर विश्वास किया।

मैं इस पुस्तक को लिखने की बात सपने में भी नहीं सोच सकता था, अगर मेरे सह-लेखक निर्वाण मेरे साथ नहीं होते।

अपने परिवार के सभी सदस्यों, विशेष रूप से जीवन ज्योति फुल और पवितदीप सिंह फुल का, मेरे दोस्तों गुरसाहिब सिंह, भूपिंदर सिंह, विकास मित्तल, रंजीत सिंह, हरबीर सिंह और नकुल मलिक तथा अभिन्न

---

* सभी के पूरे नाम गुप्त रखे गए हैं।

मित्र राबिया अरोड़ा का उनके निरंतर सहयोग के लिए हृदय से धन्यवाद। मैं अपने दादा स्वर्गीय डॉ. गुरदयाल सिंह फुल के आशीर्वाद के बिना कुछ नहीं कर पाता, जिन्हें ज्यादातर लोग 'ड्रैमेटिस्ट किंग ऑफ पंजाब' के नाम से जानते हैं।

आखिर में, मैं अपने स्वर्गीय फरी दोस्त शैगी को धन्यवाद देना चाहूँगा। तुम अब भी मेरे 'गुड ब्वॉय' हो।

—किरणदीप सिंह

एक

जुलाई 1994

क्या सच में मेरे अंदर वह दमखम है? मैंने अपने मन से पूछा। मैंने जब ए.सी. कोच की काँच की खिड़की में अपना चेहरा देखा तो एक अजीब सी खामोशी ने मुझे अपनी आगोश में ले लिया। मैसूर जानेवाली मेरी ट्रेन प्लेटफॉर्म पर बस, पहुँची ही थी और मुझे उसमें जल्दी ही सवार होना था।

क्या मैं इस काबिल हूँ कि भारतीय सशस्त्र बलों में एक अधिकारी बन सकूँ? मैंने अपने उसी प्रतिबिंब से पूछा, जो बिल्कुल स्थिर था। यहाँ तक कि रेलवे स्टेशन स्टाफ के अनाउंसमेंट से भी मेरा ध्यान भंग नहीं हुआ। चेहरे और गरदन के पीछे पसीने की बूँदें छलक आई थीं। मैं बता नहीं सकती कि जुलाई की गरम दोपहर में अपने आप को ठंडा करने का यह मेरे शरीर का मेकैनिज्म था या फिर महज घबराहट के कारण मेरे पसीने छूट रहे थे। वैसे इसका एक कारण चेन्नई का मौसम भी था, जिसकी भयंकर गरमी में हम प्लेटफॉर्म पर करीब एक घंटे से ट्रेन का इंतजार कर रहे थे। लेकिन कुछ ही घंटे बाद वह समय भी आने वाला था, जिसका इंतजार मैं बेसब्री से कर रही थी, तो शायद उसकी घबराहट भी रही होगी।

"पाँच मिनट में ट्रेन खुल जाएगी।" पापा की आवाज सुनकर मैं हकीकत की दुनिया में लौट आई। अचानक ही उस माहौल में तमाम लोगों की बातचीत, माइक से की जा रही अनाउंसमेंट, खोमचेवालों की आवाज, ट्रेन के हॉर्न और वहाँ से कुछ ही दूर किसी रेडियो पर बजते 'हम आपके हैं

कौन' के टाइटल ट्रैक की आवाज भर गई। इस देश में रेलवे स्टेशन हमेशा से ही भीड़-भाड़ भरे और व्यस्त रहे हैं। मैंने अपने पिता की ओर देखा। मैं जब छोटी थी, तब वे मोटी और किनारे पर उठी मूँछ रखते थे। इतने साल बाद वह उनके पतले होंठ पर सीधी-सादी पतली स्टाइल वाली हो चुकी थी। मैं ठीक-ठीक बता नहीं सकती कि यह अचानक और जान-बूझकर किया गया बदलाव था या बस, उम्र का असर था; मगर अब भी यह उनके लंबे, स्पष्ट नाक-नक्श वाले चेहरे के आकर्षण को बढ़ा रही थी। उनकी गोल काली आँखें पहले से कहीं ज्यादा धँस गई थीं और मुझे जैसा चेहरा याद है, उसके मुकाबले अब उस पर उम्र का असर दिखने लगा था। उनके लंबे चेहरे, सीधी नाक और पतली, फैली भौंहोंवाले चेहरे की लकीरों पर पसीने की बूँदें ठहर गई थीं। उनकी ठुड्डी के नीचे दो या उससे ज्यादा झुर्रियाँ पड़ चुकी थीं, जिन्हें मैंने पहले नहीं देखा था। उनके ठीक-ठाक लंबे बाल अपने सिर पर पीछे की तरफ झाड़े गए थे और छोटे बाल किनारे की तरफ; लेकिन अब वे पूरी तरह से काले नहीं थे। फिर भी, उनके कद्दावर व्यक्तित्व में कोई बदलाव नहीं आया था, क्योंकि अब भी मेरे सामने उनका कद काफी लंबा था।

उनकी खाकी शर्ट जगह-जगह पसीने से भीग चुकी थी। खाकी शर्ट के साथ उन्होंने काले रंग की बेल बॉटमवाली पैंट पहनी थी। आज भी वे उतने ही खुश नजर आ रहे थे, जितना कि उस दिन, जब मुझे एस.एस. बी. (सर्विस सेलेक्शन बोर्ड) की ओर से कॉल लेटर मिला था।

उनकी खाकी शर्ट जगह-जगह पसीने से भीग चुकी थी। खाकी शर्ट के साथ उन्होंने काले रंग की बेल बॉटमवाली पैंट पहनी थी। आज भी वे उतने ही खुश नजर आ रहे थे, जितना कि उस दिन, जब मुझे एस.एस.बी. (सर्विस सेलेक्शन बोर्ड) की ओर से कॉल लेटर मिला था। मुझे याद है कि कैसे वे खुशी से उछल पड़े थे और मुझे गले लगा लिया था। मुझे याद है, कैसे उन्होंने कैलेंडर में तारीखों पर निशान लगा दिया था और लेटर में दिए गए निर्देशों

को अपनी पॉकेट डायरी में नोट कर लिया था। मुझे याद है, कैसे मेरे लिए मैसूर की टिकट बुक करने के लिए वे तुरंत आवडि रेलवे स्टेशन निकल गए थे, कैसे एस.एस.बी. की परीक्षा में मेरी जरूरत का सारा सामान इकट्ठा किया था, कैसे उन्होंने ध्यान से देखा था कि चेकलिस्ट के मुताबिक मैंने सबकुछ पैक कर लिया है या नहीं। मेरे लिए एस.एस.बी. में चुन लिया जाना एक गौरवशाली कॅरियर की शुरुआत होने वाली थी। उनके लिए वे जैसे खुद थे, वैसा ही मुझे बनाने में दिन-रात की उनकी मेहनत का सार्थक होना था। मैं अपनी ट्रेन कहीं मिस न कर दूँ, इसके लिए उस दिन सुबह से ही वे थोड़ी-थोड़ी देर बाद रेलवे इंक्वायरी ऑफिस को फोन कर यह कन्फर्म कर रहे थे कि ट्रेन सही समय पर है या नहीं! उन दिनों हमारे पास इंटरनेट पर ट्रेन का रनिंग स्टेटस चेक करने की सुविधा नहीं थी। वह घड़ी की सुइयों से समय देखनेवाली एनालॉग की दुनिया थी, जिसमें वायर और केबल का जंजाल फैला था। 'वायरलेस' नाम की चीज अपनी पहचान बनाने के लिए संघर्ष कर रही थी और मैं संघर्ष कर रही थी पापाजी से अपनी घबराहट छिपाने के लिए।

पापाजी भारतीय सेना की ई.एम.ई. कोर में एक कमीशन प्राप्त अधिकारी थे। मैंने उनकी तरफ देखा और मुसकराते हुए उन्हें सैल्यूट किया। बोगी के दरवाजे के साथ खड़ी मेरी माँ मुसकराने लगीं।

"गुंजू, तू इतनी घबराई क्यों है? याद है न, मैंने बीस साल की तेरी जिंदगी में तुझे हमेशा क्या सिखाया है?" यह कहते ही उन्होंने अपनी जेब से रूमाल निकाला और मेरे चेहरे से पसीने की बूँदों को पोंछ दिया। "तुम जैसी हो, वैसी ही रहना। कोई दिखावा नहीं, इंटरव्यू लेनेवाले के सवालों का कोई झूठा जवाब नहीं—बस, गुंजन सक्सेना, जो है वैसी ही दिखनी चाहिए।"

"मैं याद रखूँगी, पापाजी और मैं यह भी याद रखूँगी कि मैं लेफ्टिनेंट कर्नल अनूप कुमार सक्सेना की बेटी हूँ।"

पापाजी भारतीय सेना की ई.एम.ई. कोर में एक कमीशन प्राप्त अधिकारी थे। मैंने उनकी तरफ देखा और मुसकराते हुए उन्हें सैल्यूट किया। बोगी

के दरवाजे के साथ खड़ी मेरी माँ मुसकराने लगीं। सफेद प्रिंटेड सूट और सफेद दुपट्टे में वे उस दिन अच्छी तरह तैयार होकर आई थीं। हमेशा की तरह उन्होंने अपनी पेंसिल जैसी पतली व कड़ी भौंह के बीच बिल्कुल सही जगह पर एक बड़ी, गोल, कत्थई बिंदी लगा रखी थी। उनकी स्नेह से भरी बोलती, खूबसूरत आँखों के किनारे मैं कुछ एक झुर्रियों को देख सकती थी। उनके काले-घने व हलके-घुँघराले बाल, जो कभी उनकी पीठ के पीछे छाए रहते थे, अब उनकी गरदन के पीछे जूड़े में बँधे थे। उनमें न भावनाओं का उफान था, न कोई नाटकीयता, बस, उनकी चिर-परिचित मुसकान थी। फिर भी मैं जानती थी कि वे कितनी चिंतित थीं। मैं अकेले ही सफर कर रही थी, और वे भी अपनी पहली एस.एस.बी. के लिए। इसके बावजूद अपनी घबराहट को दिखाने के बजाय वे हमेशा मजबूत दिखना चाहती थीं। मैं जब दिल्ली में हंसराज कॉलेज में दाखिला लेने के लिए पहली बार घर से जा रही थी, जहाँ मुझे एंथ्रोपोलॉजी में बी.एस.सी. की पढ़ाई करनी थी, तब मेरा भाई इतना परेशान था कि उसने मेरे माता-पिता से कहा कि मुझे न जाने दें और मेरे पापा ने मेरे जाने से पहले घंटों लेक्चर दिए। लेकिन मेरी माँ श्रीमती कीर्ति सक्सेना ने कुछ भी नहीं कहा था। वे बस, मुसकराती रहीं और मुझे शक्ति व शुभकामना दी। न तो उस दिन वे खुद रोईं, न ही मुझे रोने दिया। कोई आश्चर्य नहीं कि नाक पर गुस्सा लिये घूमनेवाले भाई-बहनों और पिता के साथ ही कुछ शरारती कुत्तोंवाले परिवार में वही हैं, जो बिल्कुल संयमित रहती हैं।

वे मेरे साथ मेरी सीट तक आए। लेफ्टिनेंट कर्नल अंशुमान सक्सेना, जो मुझसे एक साल और चार महीने बड़े भाई हैं और जिन्हें मैं 'दादा' कहती हूँ, उन्होंने मेरे सूटकेस को अच्छी तरह सीट के नीचे रख दिया था और स्टील की चेन से उसे फ्रेम के साथ लॉक कर दिया था।

वे मेरे साथ मेरी सीट तक आए। लेफ्टिनेंट कर्नल अंशुमान सक्सेना, जो मुझसे एक साल और चार महीने बड़े भाई हैं और जिन्हें मैं 'दादा' कहती हूँ,

उन्होंने मेरे सूटकेस को अच्छी तरह सीट के नीचे रख दिया था और स्टील की चेन से उसे फ्रेम के साथ लॉक कर दिया था। भारतीय रेल में सफर करने के दौरान यह सुरक्षा उपाय से कहीं अधिक एक चलन सा बन गया था।

"अपना खयाल रखना, गुंजन।" दादा ने मेरी सीट के सामने बैठे दो किशोर लड़कों को अपनी आँखों की कनखियों से देखते हुए कहा और फिर बुलंद आवाज में यह भी कहा, "वैसे तो मेरी सीट साथवाली बोगी में है, लेकिन मैं तुम्हें देखने आता रहूँगा।" एक-एक शब्द के बीच उन्होंने अपनी तर्जनी को दिखाया और आखिर में आँख मारी। मैंने 'हाँ' में सिर हिलाया, जबकि मैं जानती थी कि वे झूठ बोल रहे हैं। यह एक तरह की चेतावनी थी, लेकिन मेरे लिए नहीं। जब बड़ा भाई बनने का मौका आता था, तब दादा खुद को अपनी उम्र से कुछ ज्यादा ही बड़ा दिखाने की कोशिश करते थे। जींस और चेक शर्ट में लंबे व हैंडसम दादा मेरी बगल में खड़े थे। उनकी आँखें जब बोगी के कोने-कोने को खँगाल रही थीं, तब उनके तराशे गए चेहरे पर एक परेशानी थी। उनके लिए उनकी छोटी बहन हमेशा ही छोटी और अनाड़ी रहेगी, फिर भी वे उसे सलाह नहीं देंगे, उसके सामने अपनी चिंता जाहिर नहीं करेंगे, बस उन्हें धमकाएँगे, जो उन्हें लगता है कि उनकी बहन को नुकसान पहुँचा सकते हैं, भले वे नुकसान पहुँचाने वाले न हों, तब भी।

ट्रेन ने आखिरी बार हॉर्न बजाकर संकेत दे दिया कि वह अब खुलने वाली है। माँ और दादा ने 'गुडबाय' कहा और लौटने लगे। लेकिन पापा वहीं खड़े रहे। "पापाजी, मैंने तो एस.एस.बी. के लिए कोई तैयारी भी नहीं की है। मुझे लगता है, मैं कगार पर खड़ी हूँ।"

ट्रेन ने आखिरी बार हॉर्न बजाकर संकेत दे दिया कि वह अब खुलने वाली है। माँ और दादा ने 'गुडबाय' कहा और लौटने लगे। लेकिन पापा वहीं खड़े रहे। "पापाजी, मैंने तो एस.एस.बी. के लिए कोई तैयारी भी नहीं की है। मुझे लगता है, मैं कगार पर खड़ी हूँ।" मैंने कहा।

"तुम्हारी तो जगह ही वही है। तुम जब बच्ची थीं, तब भी कगार पर ही थीं।" युद्ध के कठोर हो चुके हाथों में उन्होंने मेरी ठुड्डी को प्यार से पकड़ते हुए कहा और ऐसा लगा, जैसे पुरानी यादों में खो गए हों। फिर कुछ ही देर बाद कहा, "और फिर, कुछ चीजों के लिए तैयारी की भी नहीं जा सकती।"

फ्लाइट लेफ्टिनेंट गुंजन सक्सेना बनने से पहले, सन् 1999 के कारगिल युद्ध में सक्रिय भागीदारी निभाने से पहले, जहाँ कठिन चुनौतियों के बावजूद भारत ने जीत हासिल की, उसके लिए यूपी की सिविल सोसाइटी की ओर से 'शौर्य वीर पुरस्कार' से सम्मानित किए जाने से पहले, 'कारगिल गर्ल' के नाम से मशहूर होने से पहले मैं एक सामान्य लड़की थी।

मैं वैसी ही सामान्य लड़की थी, जिसकी आँखों में सपने और दिल में कुछ करने का जोश होता है; जो उस ट्रेन पर सवार होकर भी नहीं जानती थी कि उसकी जीवन-यात्रा उसे कहाँ लिये जा रही है। मुझे सन् 1994 में महिला पायलट कोर्स के चौथे शॉर्ट सर्विस कमीशन के लिए एस.एस.बी. में शॉर्टलिस्ट किया गया था।

मैं वैसी ही सामान्य लड़की थी, जिसकी आँखों में सपने और दिल में कुछ करने का जोश होता है; जो उस ट्रेन पर सवार होकर भी नहीं जानती थी कि उसकी जीवन-यात्रा उसे कहाँ लिये जा रही है। मुझे सन् 1994 में महिला पायलट कोर्स के चौथे शॉर्ट सर्विस कमीशन के लिए एस.एस.बी. में शॉर्टलिस्ट किया गया था। ट्रेन का सफर जब शुरू हुआ तो मैं नर्वस भी थी और उत्साहित थी। उत्साहित, क्योंकि बचपन से मैंने वैसी ही वरदी को पहनने का सपना देखा था, जैसी मेरा पापा पहना करते थे और नर्वस इसलिए कि मुझे एस.एस.बी. इंटरव्यू का सामना करना था, वह भी बिना तैयारी के। पूरे भारत की तेरह एस.एस.बी. में से मुझे मैसूर एस.एस.बी. के लिए चुना गया था, जहाँ मुख्य रूप से भारतीय वायु सेना के लिए शॉर्टलिस्ट किए गए उम्मीदवारों को बुलाया जाता है। एस.एस.बी. के बारे में मैं बस, इतना जानती थी कि

यह एक स्टैंडर्ड प्रोटोकॉल इवैलुएशन के आधार पर मेरा मूल्यांकन करेगा कि मैं एक अफसर बनने के योग्य हूँ या नहीं, जिसमें पर्सनैलिटी और इंटेलिजेंसी टेस्ट होंगे, जो लिखित व प्रैक्टिकल होने के साथ ही टास्क पर आधारित होंगे और फिर इंटरव्यू होगा। इवैलुएशन की इस प्रक्रिया में पाँच से छह दिन लगेंगे। इस इवैलुएशन से इसका पता लगाया जाएगा कि मेरे भीतर पंद्रह ऑफिसर लाइक क्वालिटी या OLQ है या नहीं, जो एक अफसर में होनी चाहिए। हम जब OLQ की बात करते हैं तो हम प्रभावी बुद्धिमत्ता, तर्क क्षमता, अभिव्यक्ति की शक्ति, आत्मविश्वास, दृढ़ संकल्प, संगठन क्षमता, पहल, साहस, सहयोग, जिम्मेदारी की भावना, सहन-शक्ति, समूह को प्रभावित करने की क्षमता, जीवंतता, सामाजिक अनुकूलनशीलता और फैसले लेने की तेजी की बात करते हैं। ये ऐसे गुण हैं, जो किसी भी अधिकारी में होने ही चाहिए, ताकि वह लड़ाई में अपने सैनिकों का नेतृत्व कर सके। इनमें से कुछ गुण रोजाना के अनुभवों से और देखकर सीखे जा सकते हैं, जबकि दूसरे गुण स्वाभाविक रूप से आपके भीतर होने चाहिए, वे चाहे आपको विरासत में मिले हों या आपने उन्हें सीख लिया है।

हम जब OLQ की बात करते हैं तो हम प्रभावी बुद्धिमत्ता, तर्क क्षमता, अभिव्यक्ति की शक्ति, आत्मविश्वास, दृढ़ संकल्प, संगठन क्षमता, पहल, साहस, सहयोग, जिम्मेदारी की भावना, सहन-शक्ति, समूह को प्रभावित करने की क्षमता, जीवंतता, सामाजिक अनुकूलनशीलता और फैसले लेने की तेजी की बात करते हैं।

कई एस.एस.बी. ट्रेनिंग सेंटर सेना में भरती होने की इच्छा रखनेवाले हजारों दावेदारों को तैयार करते हैं, ताकि वे एस.एस.बी. में अच्छा प्रदर्शन कर सकें; लेकिन मैं कभी उनमें से किसी केंद्र में नहीं गई थी। मैं यह सोचने पर मजबूर हो गई कि मेरे साथ शामिल हो रहे जिन उम्मीदवारों को पहले से एस.एस. बी. इंटरव्यू का अनुभव मिला होगा या किसी इंस्टीट्यूट से ट्रेनिंग मिली

होगी, उनके कारण मेरे सफल होने की संभावना कितनी कम हो सकती है।

ट्रेन पर सवार होने से पहले मैंने कभी सोचा भी नहीं था कि मेरे भीतर वे OLQ हैं या नहीं। वैसे भी, बीस साल की जिस लड़की ने सबसे मुश्किल और उलझनों से भरी जिंदगी जी हो, वह इनके बारे में भला क्या जान सकती है! इतनी कम उम्र और चंचल स्वभाववाले अपने अंदर नहीं झाँकते। वे गलतियाँ करते हैं, गिरते हैं, उठते हैं, अनुभव करते और सीखते हैं; फिर इतने बड़े हो जाते हैं कि खुद से छोटी उम्रवालों को सही-गलत ठहराते हैं और मैं तो अब भी बहुत छोटी थी और हद से ज्यादा चंचल। लेकिन इस एस.एस.बी. ने और पापाजी के शब्दों ने यादों का ऐसा तूफान खड़ा कर दिया कि मुझे वे शब्द याद आए, जो मेरे माँ-पापा हमेशा मुझसे कहा करते थे कि मैं अलग ही हूँ। अपनी बात को दमदार बनाने के लिए वे मेरे जन्म से पहले की घटनाओं और यादों को दोहराते थे। तुम्हारी तो जगह ही वही है, कगार पर।

> ***वर्ष 1974 भारतीय इतिहास का घटनाओं से भरा साल था। प्रोजेक्ट 'स्माइलिंग बुद्ध' के तहत भारत ने थार के रेगिस्तान में पहला परमाणु परीक्षण सफलतापूर्वक किया था। भारतीय रेलवे के कर्मचारियों ने दुनिया के इतिहास में दर्ज की जानेवाली सबसे बड़ी औद्योगिक हड़ताल की थी''***

वर्ष 1974 भारतीय इतिहास का घटनाओं से भरा साल था। प्रोजेक्ट 'स्माइलिंग बुद्ध' के तहत भारत ने थार के रेगिस्तान में पहला परमाणु परीक्षण सफलतापूर्वक किया था। भारतीय रेलवे के कर्मचारियों ने दुनिया के इतिहास में दर्ज की जानेवाली सबसे बड़ी औद्योगिक हड़ताल की थी और बिहार, उड़ीसा (अब ओडिशा) व पश्चिम बंगाल में चेचक की बीमारी फैल गई थी और असम के गुवाहाटी में किसी जगह पर सेना की छावनी में माँ बनने जा रही आठ महीने की गर्भवती श्रीमती कीर्ति सक्सेना की जैसे-तैसे जान बची थी। न जाने कितने दिनों और रातों से उन्हें चक्कर और उलटी, थकान, पीठ दर्द एवं सिरदर्द से गुजरना पड़ा था। अब वे

खुशी से अपने दूसरे बच्चे को इस संसार में कदम रखता देख रही थीं। कैप्टन अनूप कुमार सक्सेना अपनी गर्भवती पत्नी की किसी भी जरूरत का खयाल रखने के लिए वहीं मौजूद थे और उनसे जो कुछ बन पड़ा, कर रहे थे। उन्होंने कैंट के प्रशासनिक अधिकारी से बात की और ऐसा घर लिया, जो नारंगी स्थित मिलिट्री हॉस्पिटल के करीब था। उन्होंने फ्रिज को अपनी पत्नी के पसंद की खाने की चीजों से भर दिया था। नियमित मेडिकल चेकअप का एक टाइम-टेबल और दवाइयों के नाम उनकी डायरी में लिखे थे। उनके दिमाग में केवल अपनी पत्नी को लेकर चिंता नहीं थी। इस बार वे चाहते थे कि उनके घर एक लड़की आए—ऐसी लड़की, जिसकी परवरिश वे अपने मन-मुताबिक कर सकें। उनकी माँ, यानी मेरी दादी, ने उन्हें अपने पहले बच्चे के साथ ये सब करने नहीं दिया था। दादी आधुनिक जमाने की पैरेंटिंग में विश्वास नहीं रखती थीं। लेकिन वे इस बात पर तुले हुए थे कि अपने दूसरे बच्चे की परवरिश वे जैसा ठीक समझते हैं, वैसे ही करेंगे। किसी बच्चे के शारीरिक व भावनात्मक पहलुओं को और एक परिवार के संबंधों को समझने के लिए उन्होंने पैरेंटिंग पर डॉ. बेंजामिन स्पॉक की पुस्तक पढ़ी; हालाँकि एक बार फिर उनकी रूढ़िवादी माँ ने इसका विरोध किया, लेकिन इस बार वे उनकी सुनने वाले नहीं थे।

किसी बच्चे के शारीरिक व भावनात्मक पहलुओं को और एक परिवार के संबंधों को समझने के लिए उन्होंने पैरेंटिंग पर डॉ. बेंजामिन स्पॉक की पुस्तक पढ़ी; हालाँकि एक बार फिर उनकी रूढ़िवादी माँ ने इसका विरोध किया, लेकिन इस बार वे उनकी सुनने वाले नहीं थे।

मिसेज सक्सेना, यानी मेरी माँ वर्ष 1974 के अगस्त महीने के आखिरी दिनों में अपने गर्भावस्था के नौवें महीने में थीं। कई हफ्ते से उनके चेहरे पर एक गुलाबी तेज था।

"वह जल्दी ही बाहर आना चाहती है।" पापाजी बोले, जब माँ ने उनसे कहा कि अभी-अभी बेबी ने किक किया है।

"आना चाहती है? आना चाहता है क्यों नहीं?" अपने बेडरूम की खिड़की से बारिश के बाद धुले पेड़ों की तरफ देखते हुए माँ ने उन्हें छेड़ने के लिए कहा, "अम्माजी, तुम्हारे दोस्त स्पॉक की सलाह माननेवाली नहीं हैं।" माँ ने कहा, "तुम्हें लगता है, वो बेबी के लिए हमें एक अलग कमरा रखने देंगी?"

"इस बार मैं उनसे बहस नहीं करूँगा।" इरादा पक्का कर चुके पापाजी ने कहा।

अचानक उठे दर्द ने उनके चेहरे के हाव-भाव ही बदल दिए। "बेबी आ रही है।" माँ ने कहा। माँ ने अपना पेट पकड़ा और खड़ी हो गईं। "मैंने कहा था न, उसे बाहर आने की जल्दी है।" उन्होंने तब तक माँ की तरफ नहीं देखा, जब तक वे चीखकर नहीं बोलीं, "वह बाहर आ रही है अभी!"

"तुम उनका मिजाज तो जानते ही हो।" माँ ने कहा।

"और तुम इसका खयाल रखना, जैसा हमेशा रखती हो।" पापाजी ने पलटकर कहा।

"ठीक है, ठीक है। मैं कोशिश करूँगी।" माँ बोलीं और फिर बुदबुदाते हुए कहा, "ऐसा लगता है, सबके मन को समझना ही मेरा काम रह गया है, बस।"

"कुछ कहा क्या तुमने?"

अचानक उठे दर्द ने उनके चेहरे के हाव-भाव ही बदल दिए।

"बेबी आ रही है," माँ ने कहा। माँ ने अपना पेट पकड़ा और खड़ी हो गईं।

"मैंने कहा था न, उसे बाहर आने की जल्दी है।" उन्होंने तब तक माँ की तरफ नहीं देखा, जब तक वे चीखकर नहीं बोलीं, "वह बाहर आ रही है अभी!"

नारंगी स्थित मिलिट्री हॉस्पिटल तक एंबुलेंस से पापाजी का सफर घबराहट से भरा था। उन्हें मालूम था कि माँ को तेज दर्द हो रहा है, भले ही वे उसे छिपाने की पूरी कोशिश कर रही थीं।

वे जानते थे कि उनके साथ रहने के सिवाय वे और कुछ नहीं कर सकते थे।

"तुम हिम्मती हो।" वे उनका हौसला बढ़ाते रहे। हॉस्पिटल का स्टाफ माँ को लेबर रूम में ले गया और तब तक आर्मी के डॉक्टर, जो पापाजी के दोस्त थे, वे भी पहुँच गए। तनाव से भरे पाँच घंटे गुजर गए। वहीं चिंता में डूबे पापाजी बाहर इंतजार कर रहे थे। बेचैनी में वे गलियारे में इधर-से-उधर टहल रहे थे। उनके क्रू कटवाले बालों और मूँछ पर पसीना था। वे लगातार भगवान् से प्रार्थना कर रहे थे। मेरी दादी और छोटे दादा कब पहुँचे, इसका उन्हें पता भी नहीं चला और फिर वह घड़ी आई, जिसका उन्हें इंतजार था। डॉक्टर कमरे से बाहर आए और पापाजी के कदम बीच में ही रुक गए।

"बधाई हो, कैप्टन।" डॉक्टर ने खुश होते हुए कहा।

"लड़की है?" पापाजी ने सवाल किया और जवाब का इंतजार करने लगे।

"लड़का हुआ है।" डॉक्टर ने हाथ मिलाते हुए कहा।

पापाजी कुछ सोचने लगे, फिर औपचारिकतावश मुसकराए और कहा, "ठीक है। मैं अगली बार लड़की के लिए ट्राई करूँगा।"

कैप्टन सक्सेना और उनकी पत्नी के अगले कुछ हफ्ते मेरी जरूरतों को पूरा करते हुए गुजरे। दोनों ने बारी-बारी से दोनों बच्चों का खयाल रखा। उन दिनों दादी से काफी मदद मिली।

इतना सुनते ही डॉक्टर ठहाके लगाकर हँसने लगा। उसने पापाजी की पीठ थपथपाई और कहा, "रहने दो, फिर से ट्राई करने की जरूरत नहीं है। तुम्हें लड़की हुई है।" यह सुनते ही पापाजी के चेहरे पर मुसकान खिल गई और उन्होंने डॉक्टर को गले लगा लिया, अपने आँसू पोंछे और लेबर रूम की तरफ भागे।

कैप्टन सक्सेना और उनकी पत्नी के अगले कुछ हफ्ते मेरी जरूरतों को पूरा करते हुए गुजरे। दोनों ने बारी-बारी से दोनों बच्चों का खयाल रखा। उन दिनों दादी से काफी मदद मिली। दादी के विरोध के बावजूद पापाजी ने डॉ. स्पॉक के सुझावों को लागू किया। कुछ महीने बाद उन्होंने मुझे एक अलग कमरे में, पालने के भीतर सुलाया। अपने बेडरूम का दरवाजा वे खुला रखते

थे, ताकि रात में मैं रोऊँ तो उन्हें पता चल सके और मुझे यकीन है कि मैं खूब रोती होऊँगी। कभी-कभी मैं जब रोती थी, तब दादा मेरे पालने को धकेलते हुए मुझे माँ या पापाजी के पास ले जाते थे। जब भी ऐसा होता, तब पापाजी गर्व से मेरी दादी से कहते, "देखो, कैसे अंशु अपनी बहन का खयाल रख रहा है, जबकि खुद वह बोल भी नहीं पाता है और आप मेरी पैरेंटिंग पर सवाल उठाती हो।" ऐसी बातों पर वे गौर कराना नहीं भूलते थे। वे अपने बच्चों में कुछ-न-कुछ देखते थे, कोई ऐसी बात, जिसके कारण उन्हें लगता था कि उनके बच्चे दूसरों से अलग हैं।

मैं बस, छह महीने की हुई थी कि पापाजी ने मुझे बैठना सिखाना शुरू कर दिया। वे मुझे बिस्तर के बीच में बिठा देते थे और मैं आगे की तरफ गिर जाती थी। मेरे आसपास काफी सोच-समझकर कुश रख दिए जाते थे, ताकि मैं उनमें से ही किसी पर गिरूँ। वे बार-बार मुझे बिठाते और मैं बार-बार गिरती थी। "मजा आया, मजा आया न!" वे बार-बार मुझे कहते और मैं खिलखिलाने लगती। बेशक, तब मुझे कुछ भी समझ नहीं आता कि वे क्या कह रहे हैं, लेकिन वे थोड़ा परेशान थे। दादा जब पाँच महीने के थे, तभी से उन्होंने अपने आप को बैलेंस करना शुरू कर दिया था।

मैं बस, छह महीने की हुई थी कि पापाजी ने मुझे बैठना सिखाना शुरू कर दिया। वे मुझे बिस्तर के बीच में बिठा देते थे और मैं आगे की तरफ गिर जाती थी। मेरे आसपास काफी सोच-समझकर कुश रख दिए जाते थे, ताकि मैं उनमें से ही किसी पर गिरूँ। वे बार-बार मुझे बिठाते और मैं बार-बार गिरती थी।

"शायद अभी इसे थोड़ा समय लगेगा।" माँ ने कहा, जो कमरे के कोने में दादा को अपनी गोद में लेकर खाना खिला रही थीं। "शायद तुम ठीक कहती हो।" इतना कहते हुए उन्होंने मुझे प्यार से बिस्तर के किनारे पर बिठा दिया और दूसरी तरफ रखे पानी के गिलास की तरफ हाथ बढ़ा दिया। वह जब पानी पी रहे थे, तब उन्होंने जो देखा, उसे मेरे बड़े होने तक कई बार

दोहरा चुके हैं। बीस सेकंड गुजर चुके थे, फिर भी मैं बिस्तर के किनारे पर बिल्कुल सीधे बैठी हुई थी। एक मिनट बीत गया और मैं स्थिर बैठी हुई थी। पापाजी की आँखों में चमक आ गई और उन्होंने गर्व से कहा, "हमारी बेटी कंफर्ट जोन के लिए नहीं बनी!" चेहरे पर जीत का भाव लिये उन्होंने माँ को देखा और कहा, "हमारी बेटी को किनारे पर रहना पसंद है।"

~•~

"मुझे लगता है, तुम्हें जाकर अपने भाई को जगा देना चाहिए। वे आए नहीं अब तक।" मेरी सीट के सामने बैठे लड़के ने कहा। पहली और आखिरी बार उसने मुझसे बात की थी। ट्रेन मैसूर स्टेशन पर रुक गई और मैंने अपनी सीट के नीचे बँधे अपने सामान को अनलॉक किया।

"वे इस ट्रेन में नहीं हैं।" मैंने उससे कहा और बाहर जानेवाले रास्ते पर चल पड़ी। वहीं वह हैरान होकर देखता रह गया। सुहावनी दोपहरी थी और सुबह की फुहारों से रेलवे स्टेशन के बाहर की सड़क अब तक गीली थी। हवा में नमी थी, लेकिन वह इतनी गरम नहीं थी, जितना हमारे शहर में हुआ करती है। मैं जब एस.एस.बी. सेंटर जाने के लिए टैक्सी में बैठी तो मेरी आँखों के सामने वह तसवीर आ गई। जब मैं बच्ची थी, तब मेरे पिता ने हर पल मुझे कितना प्यार-दुलार दिया था। उन पलों में उन्हें मेरे बारे में जो चीजें पता चलीं, उन्हें वे बाद में बताया करते थे। उन्हें लगता था कि उन चीजों की वजह से ही मैं अलग थी। उनसे मुझे कई तरीके से मदद मिली, लेकिन उस समय तक मैं उन्हें समझ नहीं पाई थी। लेकिन ट्रेन के इस सफर के दौरान मुझे समझ आने लगा कि कैसे मेरे ऊपर उनका अटूट भरोसा आज मेरी मदद करने वाला है। टैक्सी

"वे इस ट्रेन में नहीं हैं।" मैंने उससे कहा और बाहर जानेवाले रास्ते पर चल पड़ी। वहीं वह हैरान होकर देखता रह गया। सुहावनी दोपहरी थी और सुबह की फुहारों से रेलवे स्टेशन के बाहर की सड़क अब तक गीली थी।

ने जब मुझे सेंटर के बाहर ड्रॉप किया, जहाँ सैकड़ों महिला उम्मीदवार खड़ी थीं और अपने सामान के साथ इंतजार कर रही थीं, तब अचानक मुझे लगा जैसे मेरा कद सिकुड़ता जा रहा है और मैं इन अनजान चेहरों के बीच चुपचाप खड़ी हूँ। सब मुझे खुलकर घूर रही थीं, मेरे बारे में अपनी राय बना रही थीं।

अब क्या होगा, गुंजन सक्सेना ? अब क्या होगा ?

□

दो

टैक्सी से उतरना तो आसान था, लेकिन अनजान लड़कियों के समूह के बीच खड़े रहना मुश्किल। सबसे पहले मैंने एक ही चीज देखी कि शॉर्टलिस्ट किए गए उम्मीदवारों की भीड़ थी। 250 अनजान चेहरे, जिनमें से कई को स्क्रीनिंग के तुरंत बाद, इंटरव्यू के पहले ही दिन, घर लौट जाना होगा। उस घबराई भीड़ पर अनिश्चितता के बादल मँडरा रहे थे। उनमें से एक मैं भी थी। क्या मुझे भी घर लौटना होगा? मैंने किसी भी नकारात्मक सोच को झटक दिया और दस्तावेजों की शुरुआती जाँच की एक लाइन में खड़ी हो गई। मैसूर के सिद्धार्थ नगर स्थित सी वी कॉम्प्लेक्स में एयरफोर्स स्टाफ सेलेक्शन बोर्ड के लोहे के बड़े गेट के बाहर वायु सेना के वरदीधारी जवानों ने टेबल लगा रखे थे।

"तुम किस इंस्टीट्यूट से हो?" छोटे बालों वाली एक लंबी, साँवली और पतली-दुबली लड़की ने मेरे कंधे पर थपकी लगाते हुए पूछा। सेंटर के गेट पर मेरे पहुँचने के बाद वह पहली लड़की थी, जिसने मुझसे बात की थी।

"एक्सक्यूज मी?" मैं उसकी तरफ देखने के लिए मुड़ी।

"देखो उधर।" उसने दक्षिण भारतीय अंदाज में कहा। मैंने उसकी उँगली की दिशा में नजर घुमाई, जो दाहिने से पहली कतार की ओर इशारा कर रही थी। "वह एक ही रंग की टी-शर्ट पहनकर आई लड़कियों को देख रही है, जो अभी से समझ रही हैं कि अफसर बन चुकी हैं। वे 'एक्सेल' एस.एस.बी. सेंटर की लड़कियाँ हैं। कहने का अंदाज तो उसका बेबाक था, लेकिन बात

सही थी। वे हम जैसी नहीं थीं, जो अपने पाजामों में खड़ी थीं, जो लंबे सफर से अब तक थकी-माँदी थीं। वहीं जो पाँच-छह लड़कियाँ थीं, उन्होंने हलके पीले रंग की टी-शर्ट पहनी थी, जिनके बटन गरदन तक लगे थे और उन्हें सफेद शॉर्ट्स के अंदर अच्छी तरह से टाँका गया था। उनके इंस्टीट्यूट का लोगो उनकी शर्ट के पीछे छपा था। विश्राम की मुद्रा, चेहरा उठा हुआ और सीना बाहर निकाले वे आपस में एक-दूसरे से खुसर-फुसर करती हुईं हमारे जैसों को घूरकर अपनी राय बना रही थीं।

"शायद ये ट्रेनिंग सेंटर वाले उन्हें यही सिखाते हैं।" इसके साथ ही मैंने यह भी कहा, "वे सिखाते हैं कि कैसे अफसर के जैसा एक्ट करो।" "एक्ट करो ? या नाटक करो ?" उस दक्षिण भारतीय लड़की ने कमेंट किया।

"शायद ये ट्रेनिंग सेंटर वाले उन्हें यही सिखाते हैं।" इसके साथ ही मैंने यह भी कहा, "वे सिखाते हैं कि कैसे अफसर के जैसा एक्ट करो।"

"एक्ट करो ? या नाटक करो ?" उस दक्षिण भारतीय लड़की ने कमेंट किया।

"तुम जो हो नहीं, उसके होने का नाटक नहीं कर सकते, चाहे तुम्हें कैसी भी ट्रेनिंग दे दी जाए।" मैंने कहा।

"करेक्ट! और मैं अगर इंटरव्यू लेती तो उन्हें सिर्फ टी-शर्ट के कलर के लिए ही निगेटिव दस नंबर दे देती।" उसने कहा और हम दोनों हँसने लगीं। वह मेरे जैसी नहीं थी। वे खुशमिजाज और मजाकिया स्वभाव की थी।

"लेकिन तुम यह नहीं कह सकतीं कि उनके बीच सच में कुछ अच्छी लड़कियाँ भी हो सकती हैं।" मैंने कहा, जिस पर उसने अपनी आँखें असहमति में घुमा दीं।

"वैसे, मेरा नाम गुंजन है। मैं किसी भी इंस्टीट्यूट से नहीं हूँ।"

"मैं हार्थिका कुमार हूँ और मैं भी तुम्हारी ही तरह हूँ।" उसने हाथ बढ़ाया और हम दोनों ने हाथ मिलाया। "यही नहीं, मैं भूख से मरी जा रही हूँ। ये लोग हमें कुछ खाने को देंगे भी या नहीं ?"

"लंच का इंतजाम किया गया है। यह ज्वाइनिंग के निर्देशों में लिखा है।" मैंने कहा। इसके बाद मुझे ध्यान आया कि लंच के बाद पहला टेस्ट कराया जाएगा। हार्थिका की बातों से मेरे चेहरे पर जो हलकी सी मुसकान आई थी, वो हवा हो गई, साथ ही थोड़ी सी भूख भी, जो मुझे लगी थी। मुझे ऐसा महसूस हो रहा था, जिसके लिए मैं तैयार नहीं थी। यही नहीं, अब मुझे यह भी पता चल चुका था कि मेरा मुकाबला नामी ट्रेनिंग इंस्टीट्यूट्स की लड़कियों से होने वाला है।

"लंच का इंतजाम किया गया है। यह ज्वाइनिंग के निर्देशों में लिखा है।" मैंने कहा। इसके बाद मुझे ध्यान आया कि लंच के बाद पहला टेस्ट कराया जाएगा। हार्थिका की बातों से मेरे चेहरे पर जो हलकी सी मुसकान आई थी, वो हवा हो गई, साथ ही थोड़ी सी भूख भी, जो मुझे लगी थी।

भारतीय वायु सेना के दो कर्मियों, एक कॉरपोरल और एक सार्जेंट, ने हमारे कागजात चेक किए, हर एक को एक 'चेस्ट नंबर' दिया, जिन्हें उम्मीदवार टेस्ट के दौरान पहनेंगे, जो एप्रन जैसे कपड़े के वर्गाकार टुकड़े पर छपा होता है और फिर हमें अंदर जाने दिया। एस.एस.बी. इंटरव्यू के समाप्त हो जाने तक यही नंबर हमारी पहचान होगा। मुझे चेस्ट नंबर 4 दिया गया था। हम जैसे ही गेट के अंदर दाखिए हुए, करीब 30 पुरुष उम्मीदवारों का एक स्क्वॉड वैसे ही चेस्ट नंबर के साथ उसी सेंटर पर चल रहे एस.एस.बी. सेंटर के इंटरव्यू के लिए आया था, जो अब तेजी से हमारी बगल से गुजरा। उन्होंने हमारी ओर देखा भी नहीं। सेंटर के अंदर का माहौल तनाव से भरा लग रहा था और एक ऐसा सन्नाटा छाया था, मानो वहाँ जिन हजारों सपनों ने दम तोड़ा था, उनके भूत वहाँ मँडरा रहे थे। लेकिन दूसरी जगहों पर, जैसे स्काई-ब्लू बॉर्डर वाली सफेद ऑफिस बिल्डिंग के सामने के उस बड़े गार्डन में, बैरकों और बैठक के कमरे में और एक एस.टी.डी. बूथ के साथ उस छोटे से कैफेटेरिया में सफल होने की खुशी भी दिख रही थी। कई वायु वीरों ने, जिन्होंने आसमान पर राज किया होगा,

जरूर इसी जगह पर अपनी पहली मुश्किलों को पार किया होगा।

"गुड आफ्टरनून कैंडिडेट्स! मैं स्क्वाड्रन लीडर मनोज यादव हूँ और आज होनेवाली गतिविधियों का कॉर्डिनेशन मैं ही करूँगा। अगर आप लोगों की बातचीत खत्म हो गई हो तो अपने आप को दस-दस कैंडिडेट की पच्चीस लाइनों में अरेंज कर लो।" स्क्वाड्रन लीडर मनोज यादव ने अपने सामने खड़ी लड़कियों से कहा। वे मध्यम कद-काठी, गोरे रंग के शार्प क्रू-कट बालों वाले अफसर थे, जिन्होंने बड़े करीने से प्रेस की गई यूनिफॉर्म पहनी थी। उनके आते ही बातचीत बंद हो गई। धीरे-धीरे लड़कियों ने युवा अफसर के उस सख्त आदेश का, जिसे सबने बिल्कुल साफ-साफ सुना, पालन करते हुए खिसकना शुरू कर दिया। कई खामोशी से उन्हें घूर रही थीं।

हमें जब हार्थिका की बेवकूफी भरी बात के बीच का मतलब समझ आया तो हम मुसकराने लगे। उस अफसर ने हमें देख लिया और हमें घूरने लगा। हम पकड़ी गई थीं। हम थोड़ा कन्फ्यूज भी थीं। हमने इधर-उधर देखने की कोशिश की, लेकिन अब बहुत देर हो चुकी थी।

"हाय, कितना हैंडसम है!" हार्थिका ने मेरे कानों में धीरे से कहा, "गॉड, अगर ये हमारे कॉर्डिनेटिंग ऑफिसर हैं तो प्लीज मुझे स्क्रीन टेस्ट पास करा दो।"

"अगर तुम्हारा फोकस वहाँ है," मैंने कहा, "तो तुम्हें सच में भगवान् की मदद की जरूरत है।"

"मुझे कुछ नहीं सूझ रहा, गुंजन! मुझे भूख लगी है।"

हमें जब हार्थिका की बेवकूफी भरी बात के बीच का मतलब समझ आया तो हम मुसकराने लगे। उस अफसर ने हमें देख लिया और हमें घूरने लगा। हम पकड़ी गई थीं। हम थोड़ा कन्फ्यूज भी थीं। हमने इधर-उधर देखने की कोशिश की, लेकिन अब बहुत देर हो चुकी थी।

"तुम दोनों को इतनी खुशी किस बात की है?" उन्होंने सीधे ही पूछ लिया। हम दोनों में से किसी ने भी कुछ नहीं कहा, "मैं देखता हूँ, एप्टीट्यूड

टेस्ट के बाद भी तुम दोनों में से किसकी हँसी बनी रहेगी।"

लंच में हार्थिका के मुकाबले मैंने न के बराबर खाया। दोपहर बाद हम जब परीक्षा हॉल में दाखिल हुए, तब मेरे चेहरे पर मुसकान नहीं थी। मुझे खामोशी और उलझन का एहसास हो रहा था। मैंने एप्टीट्यूड टेस्ट के लिए तैयारी नहीं की थी। पापाजी ने मुझसे कहा था कि यह आसान होगा और मैं इतनी होशियार हूँ कि उसे पास कर लूँगी। लेकिन परीक्षा हॉल के भीतर की घबराहट और साथी उम्मीदवारों के चेहरों ने अचानक इस टेस्ट को डरावना बना दिया था। मुझे अपने ऊपर ही शक होने लगा। "लेकिन एप्टीट्यूड सिर्फ बेसिक आईक्यू है, गुंजन।" पापाजी के शब्द मेरे दिमाग में गूँज रहे थे। पता नहीं, उन्हें कैसे लगा कि मैं इतनी होशियार हूँ कि इस टेस्ट को पास कर लूँगी? उन्होंने सही-सही अंदाजा लगाया था या फिर यह बस, अपनी बेटी के लिए एक पिता का प्यार था! अब तो प्रश्न-पत्र देखकर ही पता चलेगा। फिर मैं इंतजार करने लगी।

छह महीने से मेरे माता-पिता रात को अच्छी तरह सो नहीं पाए थे। छह लंबे और थका देनेवाले महीने, जब रात और दिन एक जैसे ही मुश्किलों भरे होते थे, जो डायपर बदलने और घर में मौजूद दो छोटे बच्चों की जरूरतों को पूरा करने में निकल जाते थे।

~•~

फरवरी 1975

छह महीने से मेरे माता-पिता रात को अच्छी तरह सो नहीं पाए थे। छह लंबे और थका देनेवाले महीने, जब रात और दिन एक जैसे ही मुश्किलों भरे होते थे, जो डायपर बदलने और घर में मौजूद दो छोटे बच्चों की जरूरतों को पूरा करने में निकल जाते थे। छोटे अंशुमान को अपनी दादी की याद आती थी, जो जनवरी के पहले हफ्ते में उत्तर प्रदेश के बदायूँ लौट चुकी थीं; क्योंकि गुवाहाटी की उमस भरी सर्दी उनके जोड़ों के दर्द को असहनीय बना रही थी।

पापाजी और माँ को भी उनकी कमी खल रही थी। दादा की देखभाल में उनसे मदद मिल जाती थी, जब मैं समय-समय पर रो-रोकर आसमान सिर पर उठा लिया करती थी और अपनी भूख मिटाने की माँग करती थी; लेकिन फरवरी की एक रात मैं लगातार सोती रही, जिससे पापाजी और माँ को लंबे समय बाद बेहद जरूरी आराम मिला।

"मेरी आँखों के नीचे काले गड्ढे बन गए हैं क्या?" माँ ने पूछा। लंबे समय बाद उन्हें अपने लिए थोड़ा वक्त मिला और पापाजी ने आखिरकार उस पुराने रेडियो को बाहर निकाला, जिसका डायल जाम होने लगा था। सुबह के 6.30 बज रहे थे।

"मेरी आँखों के नीचे काले गड्ढे बन गए हैं क्या?" माँ ने पूछा। लंबे समय बाद उन्हें अपने लिए थोड़ा वक्त मिला और पापाजी ने आखिरकार उस पुराने रेडियो को बाहर निकाला, जिसका डायल जाम होने लगा था। सुबह के 6.30 बज रहे थे।

"अनिद्रा के लक्षण हैं।" पापाजी ने रेडियो के पाट-पुरजों को ढीला करते हुए कहा।

"कितना अजीब है!" माँ ने कहा, "हमारे पास समय है, लेकिन सो नहीं सकते। अंशुमान कम-से-कम रात तो शांति से गुजार लिया करता था।"

"मेरी छोटी गुंजू को कुछ मत कहो।" अब भी अपने स्क्रू ड्राइवर के साथ व्यस्त मेरे पिता ने कहा, "एक दिन वह हमारा नाम रोशन करेगी, देखना तुम।"

"बिल्कुल करेगी।" माँ ने मुसकराते हुए कहा।

पापाजी ने डायल को एडजस्ट किया और कुछ अजीब सी आवाजों के बाद रेडियो में गाना बजा—'करवटें बदलते रहे सारी रात हम'। दादा को जैसे कुछ समझ आ गया हो, उसने अपने नन्हे हाथों से मेरा प्रैम खींचा और कमरे में ले आया। मैं रेडियो से भी ऊँची आवाज में रोने लगी थी। माँ तुरंत बिस्तर से उतरी और मुझे गोद में उठा लिया। पापाजी ने दादा के बालों को सहलाया और उसके जवाबदेही लेने पर उसे प्यार किया। दादा घूमे और नींद

से बोझिल होने की वजह से अपने बिस्तर पर धम्म से गिर पड़े।

मुझे माँ की गोद में रोते हुए पूरा एक घंटा हो चुका था। झूले झुलाने और दूध पिलाने का कोई फायदा नहीं हुआ। कुछ देर के लिए पापाजी ने मेरा ध्यान भटकाया, लेकिन उनका सब्र भी जवाब दे गया। बस, एक ही आदमी था, जिस पर कोई असर नहीं पड़ा था, वह थे दादा, जो अब भी ऐसे सो रहे थे, मानो उन्हें एनेस्थीसिया दिया गया हो।

"लो, इसे ट्राई करो।" पापाजी आखिरी सॉल्यूशन लेकर आए थे—कुछ ऐसा, जिसे ट्राई करने में माँ को हमेशा से ही परहेज था।

"चुसनी मत दो, प्लीज।" लेकिन माँ यह कह ही रही थीं कि पापाजी ने मेरे होंठों के बीच चुसनी को रख दिया। बेस्वाद, बिना गंधवाली चुसनी ने अपना कमाल दिखा दिया और मैंने तुरंत रोना बंद कर दिया। पापाजी को अपनी जीत पर बड़ा गर्व हुआ और वे मुसकरा उठे। लेकिन चिंता से बेहाल माँ ने कहा, "इसके दाँत बाहर निकल आएँगे।"

"ये सब भ्रम है।" पापाजी ने कहा और मुझे देखकर अजीब-अजीब सी शक्ल बनाने लगे।

"लेकिन मुझसे तो सबने यही कहा है।" माँ इतनी जल्दी हार माननेवालों में से नहीं थीं। खैर, मैं तो खिलखिला रही थी, मजे ले रही थी। पापाजी ने मुझे गोद में उठाया और बोले, "सबकी अपनी-अपनी राय होती है। जरूरी नहीं कि यह सच ही हो। कई लोग तो यह भी कहते हैं कि जब घर में नवजात बच्चे हों तो कुत्ता नहीं रहना चाहिए, लेकिन हमारे घर तो है। कुत्ते की देखभाल करने की शिक्षा से बच्चे जिम्मेदार बनते हैं। कोई क्या कहता है, इसकी चिंता

पापाजी ने मुझे गोद में उठाया और बोले, "सबकी अपनी-अपनी राय होती है। जरूरी नहीं कि यह सच ही हो। कई लोग तो यह भी कहते हैं कि जब घर में नवजात बच्चे हों तो कुत्ता नहीं रहना चाहिए, लेकिन हमारे घर तो है। कुत्ते की देखभाल करने की शिक्षा से बच्चे जिम्मेदार बनते हैं। कोई क्या कहता है, इसकी चिंता मत करो।"

मत करो।" पापाजी ने यह कहते हुए मेरी आँखों में देखा और बार-बार अपने हाथों को ऐसे हिलाया, जैसे वह चुसनी को दूर फेंक रहे हों। माँ अभी कुछ कह ही रही थीं कि मैंने कुछ ऐसा किया, जिससे दोनों ही हैरान रह गए। मैंने चुसनी को पकड़ा और पापाजी की नकल करते हुए उसे दूर फेंक दिया। दोनों एक-दूसरे को देखने लगे और अवाक् रह गए। फिर पापाजी ने चुसनी को उठाया और पहले की तरह ही उसे दूर फेंक दिया।

"ये क्या देख रही हूँ मैं?" माँ ने धीरे से कहा।

"हमारी बेटी ने हमें दिखा दिया कि वह कितनी होशियार है!" पापाजी ने खुश होते हुए कहा और मेरी तरफ देखा। "बड़ी स्यानी है तू, है न?"

"हाँ, कह रही है आपकी बात सुनकर। बड़ी अच्छी फॉलोअर है।" माँ ने पूरी आशावादिता के साथ कहा।

"वो तो मैं देख ही रहा हूँ।" पापाजी ने कहा और मेरे माथे को चूम लिया, "लेकिन मैं चाहता हूँ कि ये एक अच्छी लीडर भी बने।"

पापाजी अकसर मुझसे इस तरह की घटनाओं के बारे में बात करते थे। ऐसा लगता था, जैसे वे मेरे भीतर कुछ धारणाओं को रचा-बसा देना चाहते थे, ताकि समय आने पर इनमें से कोई कहानी मेरी मदद कर सके। मेरे हाथों में जब एप्टीट्यूड टेस्ट का प्रश्न-पत्र आया तो उसे देखकर मैं समझ गई कि वह समय आ चुका था।

~•~

पापाजी अकसर मुझसे इस तरह की घटनाओं के बारे में बात करते थे। ऐसा लगता था, जैसे वे मेरे भीतर कुछ धारणाओं को रचा-बसा देना चाहते थे, ताकि समय आने पर इनमें से कोई कहानी मेरी मदद कर सके। मेरे हाथों में जब एप्टीट्यूड टेस्ट का प्रश्न-पत्र आया तो उसे देखकर मैं समझ गई कि वह समय आ चुका था। टेस्ट बुनियादी समस्याओं का हल निकालने

में कौशल का उपयोग करने से संबंधित था। अचानक मुझे अपनी योग्यता पर भरोसा होने लगा कि मैं आसानी से ऐसा कर सकती हूँ और अपने अंदर झाँकने का जीवन बदल देनेवाले इंटरव्यू से अच्छा समय और क्या हो सकता था! अपनी चिंता को झटपट किनारे रखते हुए मैंने टेस्ट देने की शुरुआत कर दी। यह समय आधारित था, हर सवाल के लिए लगभग 30 सेकंड। समय के साथ मेरी रेस शुरू हो गई और मैंने टेस्ट को दो मिनट पहले ही खत्म कर दिया और सामने देखा। मेरे साथ की एक डेस्क पर हार्थिका आंसर शीट पर नजरें गड़ाए हुई थी; लेकिन उसने भी अपना टेस्ट समय पर खत्म कर लिया। परीक्षक ने जब हमारी आंसर शीट एकत्रित की तो हमने एक-दूसरे की ओर आँखों से इशारा किया। हम सभी नतीजों का इंतजार बेसब्री से कर रहे थे।

पश्चिम के आसमान में सूरज ढलने की ओर बढ़ चला था और सारे उम्मीदवार परीक्षा हॉल के बाहर कतार में इंतजार कर रहे थे। शाम की हवा में हलकी ठंड थी, जिसके साथ-साथ मेस में तैयार किए जा रहे डिनर की खुशबू हम तक पहुँच रही थी।

पश्चिम के आसमान में सूरज ढलने की ओर बढ़ चला था और सारे उम्मीदवार परीक्षा हॉल के बाहर कतार में इंतजार कर रहे थे। शाम की हवा में हलकी ठंड थी, जिसके साथ-साथ मेस में तैयार किए जा रहे डिनर की खुशबू हम तक पहुँच रही थी। कुछ लड़कियाँ बड़ी दिलचस्पी के साथ सवालों और उनके संभावित जवाबों पर बातचीत कर रही थीं। दूसरी तरफ, हार्थिका एक और लड़की के साथ अंदाजा लगा रही थी कि डिनर का मेन्यू क्या हो सकता है और हमारी तरह उसे किसी बात की चिंता नहीं सता रही थी। मेरी बेचैनी बढ़ती जा रही थी; लेकिन मैं खुद को जितना संभव था, शांत रखकर खड़ी रही। हमें जैसे ही स्क्वाड्रन लीडर मनोज यादव के कदमों की आहट सुनाई पड़ी, मेरा हृदय तेजी से धड़कने लगा। उनके हाथ में एक फाइल थी। उसके भीतर रिजल्ट थे। एक साथ कई बातें मेरे दिमाग में कौंध गईं। अपने सामने कॉर्डिनेटिंग ऑफिसर को

खड़ा देख किसी को भी लाइन में चुपचाप खड़े रहने के निर्देश की जरूरत नहीं पड़ी। मेरे पैर काँप रहे थे, लेकिन मुझे उसका एहसास भी नहीं हुआ।

"गुड ईवनिंग कैंडिडेट्स!" स्क्वाड्रन लीडर मनोज यादव ने यहीं से शुरुआत की, "मैं आप सभी को बता दूँ कि आप सभी ने अच्छा प्रदर्शन किया है। इसलिए हमारे लिए सेलेक्शन करना आसान नहीं था।" उनकी बातें सुनते हुए मेरी साँसें जैसे थम सी गई थीं। "इस टेस्ट में आप सभी विनर हैं; लेकिन आप में से कुछ ने असाधारण रूप से अच्छा प्रदर्शन किया है, जो हमारे सेलेक्शन के मापदंडों को पूरा करता है। अब मैं जिन चेस्ट नंबर्स को अनाउंस करूँगा, उनसे रिक्वेस्ट है कि वे मेरे बाईं ओर आकर खड़े हो जाएँ।" और फिर उन्होंने नंबर बताना शुरू कर दिया।

> ***"चेस्ट नंबर 238, 236, 224, 208, 199, 197, 183…" हे भगवान्! इन्होंने उलटे क्रम में शुरुआत क्यों की? दाँतों से निचले होंठ को दबाए मैं इंतजार कर रही थी। एक मिनट बाद मैंने खुद को एक बड़े ग्रुप के बीच खड़ा पाया, क्योंकि छोटा ग्रुप उनके बाईं ओर इकट्ठा हो रहा था।***

"चेस्ट नंबर 238, 236, 224, 208, 199, 197, 183…" हे भगवान्! इन्होंने उलटे क्रम में शुरुआत क्यों की? दाँतों से निचले होंठ को दबाए मैं इंतजार कर रही थी। एक मिनट बाद मैंने खुद को एक बड़े ग्रुप के बीच खड़ा पाया, क्योंकि छोटा ग्रुप उनके बाईं ओर इकट्ठा हो रहा था। ये वही लोग होंगे, जिन्होंने स्क्रीनिंग पास कर ली होगी। जब चेस्ट नंबर डबल डिजिट पर आया तो मैंने अपनी आँखें बंद कर लीं और अँधेरे में उस तसवीर को साफ-साफ देखने लगी। पापाजी, माँ और दादा मुझे देखकर मुसकरा रहे थे। पल भर के लिए सारी आवाजें जैसे शांत पड़ गई थीं।

"चेस्ट नंबर 04…04," किसी ने पीछे से मुझे हलका-सा धक्का दिया और मैंने झट से अपनी आँखें खोलीं। अभी-अभी मेरा ही चेस्ट नंबर अनाउंस किया गया था। मैं तुरंत स्क्वाड्रन लीडर मनोज यादव के बाईं ओर बढ़ने लगी

और उनकी आँखें मेरा पीछा कर रही थीं।

"दैट्स ऑल।" उन्होंने अनाउंस किया।

लेकिन अब तक हम यह नहीं जानते थे कि इन दो समूहों में से लकी ग्रुप कौन सा है। हम में से एक को उनसे पूछना पड़ा। उन्होंने कहा, "यह मैं आपको डिनर के बाद बताऊँगा। अगर मैंने अभी कुछ भी कहा तो आप में से ज्यादार खाना ही नहीं खाएँगे।"

"ऐसा लगता है, जैसे अभी हम खुशी-खुशी मजे लेकर खाना खाएँगे!" हार्थिका, जो मेरे साथ वाले ग्रुप में ही खड़ी थी, उसने बेहद धीमी आवाज में कहा।

डिनर जल्दी ही लगा दिया गया। डिनर टेबल मानो दोनों ग्रुप के सदस्यों के बीच चर्चा के क्षेत्र बन गए हों, जहाँ सभी इस आधे-अधूरे अघोषित नतीजे के रहस्य को सुलझाने में जुटे थे। मेरी भूख अब जा चुकी थी या शायद थी, लेकिन मेरा कुछ भी खाने का मन नहीं कर रहा था! डाइनिंग हॉल के कोने में रखे टेलीविजन पर एक न्यूज चैनल सुष्मिता सेन को मिस यूनिवर्स 1994 का ताज पहनाते दिखा रहा था। मैं जितनी देर तक वहाँ बैठी रही, उसके चेहरे की खुशी को देखते हुए अपनी दाल को चम्मच से घुमाती रही।

डाइनिंग हॉल के कोने में रखे टेलीविजन पर एक न्यूज चैनल सुष्मिता सेन को मिस यूनिवर्स 1994 का ताज पहनाते दिखा रहा था। मैं जितनी देर तक वहाँ बैठी रही, उसके चेहरे की खुशी को देखते हुए अपनी दाल को चम्मच से घुमाती रही।

डिनर के बाद हम उसी बरामदे पर दो समूहों में इकट्ठा हुए। स्क्वाड्रन लीडर यादव, जिन्होंने मुफ्ती* पहन रखा था, वे वहाँ पहुँचे। "आप में से जिनके टेस्ट क्लियर नहीं हुए हैं, उनके लिए रात में ठहरने का इंतजाम किया

---

* मुफ्ती या सिवीज (जो सिविलियन पोशाक के लिए स्लैंग है), एक सादी या सामान्य पोशाक होती है, जिसे ऐसा व्यक्ति पहनता है, जो आमतौर पर किसी सेना की वरदी को पहनता है या पहन चुका है। 'मुफ्ती' शब्द का इस्तेमाल वरदी के विपरीत कैजुअल ड्रेसिंग के लिए किया जाता है।

गया है। आप लोग कल सुबह के नाश्ते के बाद जा सकते हैं। जिन लोगों का आज रात का रिजर्वेशन है, उन्हें स्टेशन बस रेलवे स्टेशन या बस स्टॉप तक छोड़ देगी।" उन्होंने कहा। तब मुझे एहसास हुआ कि मेरे पापा ने मुझे उसी दिन का रिजर्वेशन लेने नहीं दिया था। उन्हें डर था कि कहीं उनकी आशंका मेरे अवसर के लिए अशुभ न साबित हो जाए।

"मेरे बाईं ओर खड़े 105 उम्मीदवारों को बधाई!" स्क्वाड्रन लीडर यादव हमारी तरफ देखकर मुसकराने लगे। मैंने राहत की साँस ली। मैं जल्द-से-जल्द इस खबर को पापाजी को देना चाहती थी। हमारे ग्रुप की कुछ लड़कियों ने ऊँची आवाज में कहा, "यस!" कुछ ने एक-दूसरे को गले लगा लिया। मैंने हार्थिका से हाथ मिलाया और मुसकराने लगी। हमने पहली बाधा को पार कर लिया था।

□

तीन

"ये किसकी फोटो है ?" हार्थिका ने मेरे खुले हुए सूटकेस पर नजरें गड़ाते हुए पूछा। हमारे बिस्तर बैरक के भीतर अगल-बगल थे और हमें एक ही लगेज शेल्फ सामान रखने के लिए दिया गया था।

"मेरे पापा की फोटो है, जब वे एकेडमी में थे।" मैंने सामान निकालते हुए कहा। "वे आर्मी में हैं ?" हार्थिका ने पूछा। मैंने 'हाँ' कहा। मैंने अब भी पापा को नहीं बताया था कि मैंने स्क्रीनिंग टेस्ट क्लियर कर लिया है।

"तुम इसे क्यों रखती हो ?" उत्सुक हार्थिका ने पूछा।

"इसलिए, क्योंकि तुम भी अपनी माँ की पुरानी घड़ी अपने बैग में रखती हो।" मैंने कहा।

"ओह, तो तुमने देख भी लिया ? तुम्हें कैसे पता कि यह मेरी माँ की है ?" भौंचक्की हार्थिका ने पूछा।

"करीब दस साल पहले मेरी माँ के पास भी ऐसी ही घड़ी थी और फिर, तुमने इसे बैग में रखा हुआ है। तुम्हें डर है कि कहीं गुम न हो जाए और तुम इसे पहनती नहीं, तो फिर तुमने इसे फैशन के लिए तो नहीं ही रखा होगा ना।" मैंने तर्क देते हुए कहा।

"यह हुआ न सक्कथ (गजब की बात)।" उसने मुझे धौल जमाते हुए मजाक में कहा।

रात के 8.30 बज रहे थे और कई लड़कियाँ, जो टेस्ट क्लियर नहीं कर पाई थीं, वे रेलवे स्टेशन या बस स्टैंड के लिए निकल चुकी थीं। जिन्होंने

अगले दिन का रिजर्वेशन ले रखा था, उन्हें एक अलग बैरक दी गई थी; जबकि हम में से जिनको अगले पाँच दिनों तक रुकना था, उन्हें दस बेड वाले ग्यारह बैरक दिए गए थे, जिनके दरवाजे एक वर्गाकार बरामदे में खुलते थे, जहाँ उस वर्ग के आधे-आधे हिस्से में दो बैडमिंटन कोर्ट बने थे। गलियारे के किनारे की दीवारों पर भारतीय वायु सेना के वीरों की तसवीरों और देशभक्ति की मशहूर उक्तियाँ फ्रेम में लगी थीं। उनमें से एक तसवीर, जो आज भी मुझे याद है, वह सन् 1971 के युद्ध के हीरो फ्लाइंग ऑफिसर निर्मलजीत सिंह सेखों, परम वीर चक्र की थी और उसके साथ लिखा था—'जिन्होंने विश्वास किया और लड़ाई लड़ी, शौर्य उनका, कर्तव्य हमारा।'

> ***"सुनो, सब जल्दी करो। पायलट एप्टीट्यूड बैटरी टेस्ट (पी.ए.बी.टी.) के लिए बरामदे में लाइन में खड़ी हो जाओ। 8.45 बजे टेस्ट शुरू होगा।" दीपा एक बैरक से दूसरे बैरक तक इस उत्साह के साथ भाग रही थी कि अपनी ड्यूटी सही ढंग से निभा सके।***

"सुनो, सब जल्दी करो। पायलट एप्टीट्यूड बैटरी टेस्ट (पी.ए.बी.टी.) के लिए बरामदे में लाइन में खड़ी हो जाओ। 8.45 बजे टेस्ट शुरू होगा।" दीपा एक बैरक से दूसरे बैरक तक इस उत्साह के साथ भाग रही थी कि अपनी ड्यूटी सही ढंग से निभा सके। स्क्वाड्रन लीडर मनोज यादव ने उसे हम सभी तक अपने आदेश पहुँचाने के लिए चुना था।

"देख लो, ऐसे ही नंबर बनते हैं।" अदिति ने हम सभी की तरफ देखते हुए कहा। अदिति एक्सेल एकेडमी की कैंडिडेट थी।

"एक और टेस्ट! ये लोग कल तक रुक नहीं सकते थे।" किसी ने कहा। आसमान पर दबदबा कायम करनेवाले लड़ाकू विमानों को उड़ाने के लिए, भारतीय वायु सेना के किसी भी उम्मीदवार के लिए पी.ए.बी.टी. टेस्ट पास करना जरूरी है। पापाजी को अपने एयर फोर्स के दोस्त से यह बात पता चली थी। लेकिन इस टेस्ट के बारे में जानने के बावजूद मेरे हाथ-पाँव फूलने

लगे थे। इस टेस्ट को इस तरह तैयार किया गया था, ताकि पायलट बनने के किसी कैंडिडेट के एप्टीट्यूड को टेस्ट किया जा सके। यह एक ही टेस्ट नहीं था, बल्कि इसमें तीन तरह के टेस्ट थे, जिन्हें कई अलग-अलग टेस्ट में बाँटा गया था। इंस्ट्रूमेंट्स बैटरी टेस्ट (आई.एन.एस.बी.) पेपर-पेंसिल टेस्ट होगा, जबकि सेंसरी मोटर एपरेटस टेस्ट (एस.एम.ए.) और कंट्रोल वेलोसिटी टेस्ट (सी.वी.टी.) मशीन आधारित टेस्ट होगा। भयंकर नाम वाले ये टेस्ट, जैसा कि पापाजी ने मुझे बताया था, जरूरी थे और एयर फोर्स के लिए इन्हें कराना सही था, ताकि सर्वश्रेष्ठ पायलट को चुना जा सके और 'चिंपैंजी के हाथ में मशीनगन' वाली स्थिति को टाला जा सके।

एक नॉन-कमीशंड ऑफिसर (एन.सी.ओ.) (कॉरपोरल और सार्जेंट) ने हमें बरामदे से किसी दूसरी बिल्डिंग के एक हॉल में चलने को कहा। उम्मीदवारों को हॉल के साथ बने दो कमरों में भेज दिया गया। हम जब कमरे की तरफ बढ़ रहे थे, तब हमें उपकरणों के चलने की दबी सी आवाज सुनाई दे रही थी और हॉल के कोने में कंपन पैदा कर रही थी। कुछ देर में सबकुछ शांत हो गया और सभी अपनी-अपनी सीट पर बैठ गए। एक पल के लिए लगा, जैसे पूरा इंतजाम किसी गुप्त प्रयोगशाला के जैसा है, जहाँ हमारी भूमिका विलायती चूहों की होगी। विंग कमांडर स्तर के एक ऑफिसर इंस्ट्रक्टर ने हमें लिखित टेस्ट के बारे में जानकारी दी।

हम जब कमरे की तरफ बढ़ रहे थे, तब हमें उपकरणों के चलने की दबी सी आवाज सुनाई दे रही थी और हॉल के कोने में कंपन पैदा कर रही थी। कुछ देर में सबकुछ शांत हो गया और सभी अपनी-अपनी सीट पर बैठ गए।

"गुड ईवनिंग कैंडिडेट्स! आप सब थक गई होंगी। लेकिन चिंता न करें, हम इस टेस्ट को जल्दी ही पूरा कर लेंगे और याद रखें, सिर्फ वही मशीन टेस्ट में शामिल हो सकेंगे, जो इस टेस्ट को क्वालिफाई करेंगे। इसलिए ऑल द बेस्ट।"

मैंने उन्हें बड़े ध्यान से सुना। मैं जानती थी कि मुझे क्वालिफाई करना है—मुझे उड़ना है, यही मेरा लक्ष्य था। "इंस्ट्रूमेंट्स बैटरी टेस्ट दो हिस्सों में होगा। इसका मकसद यह देखना है कि किसी एयरक्राफ्ट के इंस्ट्रूमेंट पैनल पर लगे डायल को आप पढ़ और समझ पाते हैं या नहीं।" उन्होंने कहा। उस ऑफिसर ने हमें बड़े-बड़े डमी मीटर दिखाए—एक कंपास मीटर, क्लाइंबिंग या डाइविंग मीटर, हॉरिजोंटल मीटर और एक अल्टीमीटर। उन्होंने संक्षेप में उनके उपयोग और काम करने के बारे में बताया। "किसी का कोई सवाल?" उन्होंने पूछा। किसी ने कुछ नहीं कहा। जिसके बाद उन्होंने एक वारंट ऑफिसर और एक सार्जेंट को बुलाया, जिन्होंने आंसर शीट बाँट दिए और इस तरह टेस्ट शुरू हो गया।''

मुझे उड़ना है, यही मेरा लक्ष्य था। "इंस्ट्रूमेंट्स बैटरी टेस्ट दो हिस्सों में होगा। इसका मकसद यह देखना है कि किसी एयरक्राफ्ट के इंस्ट्रूमेंट पैनल पर लगे डायल को आप पढ़ और समझ पाते हैं या नहीं।"

~•~

अगस्त 1976

शायद ही कभी होता है कि किसी को खुशी और दर्द का अनुभव एक साथ ही हो। पहले तो आपको इतना परिपक्व होना चाहिए, तभी आप इस एहसास को समझ पाएँगे; लेकिन मैंने जब इसका अनुभव पहली बार किया, तब तक बहुत ज्यादा परिपक्व हो चुकी थी। वैसे भी, दो साल की बच्ची कितना जानती है! मैं बस, इतना जानती थी कि अगर कोई चीज मेरा ध्यान खींचती है तो वह मुझे चाहिए होता था। उत्सुकता मेरी रगों में दौड़ती थी। झाँसी का वह बँगला, जो मेरे पापा को उस समय अलॉट किया गया था, जब वे झाँसी मिलिट्री स्टेशन में पोस्टेड थे। तब उस बँगले के पीछे जिस चीज ने मेरा ध्यान आकर्षित किया, वह मेरे साथ भविष्य में हर जगह मेरे साथ चलेगा,

इसका मुझे जरा सा भी अंदाजा नहीं था।

बेतवा नर्सरी पास में ही थी, इसलिए पापाजी और माँ ने मुझे वहाँ भेजने की तैयारी की, ताकि मैं वहाँ दूसरे बच्चों के साथ कुछ समय बिताऊँ और सीख सकूँ। दादा पहले ही नर्सरी में जा रहे थे, इसलिए मुझे लगता था कि मैं घर में ही रह गई। दादा जब भी स्कूल जाने लगते तो मैं रोने लगती थी। कभी-कभी तो मैं चुप ही नहीं होती थी। आखिरकार, माँ ने हेडमिस्ट्रेस को काफी समझाया, तब जाकर मुझे दादा की क्लास में उनकी बगल में बैठने की परमिशन मिली। लेकिन वह परमिशन सिर्फ दो घंटे के लिए दी गई थी। फिर भी, मैं संतुष्ट थी। पापाजी के दोस्त कहा करते थे कि स्कूल जाने के लिए मेरी उम्र बहुत कम थी। "लेकिन मेरी गुंजू घर पर बोर हो जाती है और उसकी एनर्जी को काबू में रखना हमारे वश की बात नहीं। उसे नई-नई चीजें सीखनी हैं।" पापा उनसे यही कहते थे। नतीजा यह हुआ कि मेरे रुटीन में एक प्ले स्कूल को जोड़ दिया गया। माँ मुझे और दादा को हर सुबह 10 बजे ड्रॉप करतीं और मुझे 12 बजे लेने आ जाती थीं। दादा बाद में पापाजी के साथ घर आते थे, क्योंकि हमारी क्लास की टाइमिंग में कुछ समय का अंतर था। किसी-किसी दिन मैं स्कूल में और थोड़ी देर तक रुकने की जिद किया करती थी। मुझे लगता है, मुझे वहाँ रहना अच्छा लगता था; लेकिन मेरे टीचर्स को यह मंजूर नहीं था।

पापाजी के दोस्त कहा करते थे कि स्कूल जाने के लिए मेरी उम्र बहुत कम थी। "लेकिन मेरी गुंजू घर पर बोर हो जाती है और उसकी एनर्जी को काबू में रखना हमारे वश की बात नहीं। उसे नई-नई चीजें सीखनी हैं।"

"आ जा, गुंजन! अंदर आ जा!" माँ ने कहा, जब एक दिन मैं अपने गार्डन में एक अजीब सी आवाज को सुनकर रुक गई थी, जो हमारे बँगले के दूसरी तरफ से आ रही थी। माँ ने मुझे कुछ ही देर पहले स्कूल से लिया था और घर पहुँची थीं।

"तुम्हें फिर से स्कूल जाना है?" उन्होंने मेरी तरफ आते हुए पूछा। वही

मेरा छोटा सा स्कूल का बस्ता अब भी उनके कंधे पर टँगा था। लेकिन मेरा पूरा ध्यान उस आवाज पर टिका था।

"देख, दादा जैसे ही स्कूल से आएगा, मैं तुझे और उसे खेलने दूँगी। पर अभी ये फ्रॉक बदल ले और कुछ खा ले, ठीक है!" उन्होंने मेरे चेहरे को प्यार से सहलाते हुए कहा। पर मैं एक इंच भी नहीं हिली।

"माँ..." मैंने अपना हाथ आवाज की दिशा की तरफ उठाते हुए कहा। मुद्राएँ ही मेरी बोली का विकल्प हुआ करती थीं, क्योंकि मैं बोलना सीख ही रही थी।

मॉनसून के बादल आसमान में घिर आए थे और बारिश होने ही वाली थी। आँगन के पीछे की चारदीवारी के साथ मलबे का एक ढेर था, जिस पर मैं चढ़ जाती थी। उस समय मुझे वह छोटी पहाड़ी के जैसा लगता था। फिर भी मैं उसके ऊपर तक चढ़ गई।

"ठीक है, तू जहाँ चाहती है, हम वहीं खेलेंगे। चल, अब अंदर चलते हैं!" वे मेरी बात समझ ही नहीं पा रही थीं। उन्होंने मुझे प्यार से उठाया और अंदर ले गईं। उस समय तक वह आवाज बंद हो गई थी। मैं जब आलू का चोखा और दाल-चावल खा रही थी, तब मैं उस आवाज को याद कर रही थी। मैंने उसे पहले भी सुना था।

"वाह! तूने सारा खत्म कर लिया, मेरी नन्ही परी। आज तू कितना खेली?" माँ ने खाने का आखिरी चम्मच खिलाते हुए कहा। आमतौर पर मुझे खिलाना उनके लिए बहुत मुश्किल का काम होता था; लेकिन मैंने अपना खाना चुपचाप खत्म कर लिया, क्योंकि मैं दौड़कर बाहर जाना और उस नई आवाज का रहस्य जल्द-से-जल्द सुलझाना चाहती थी। माँ ने मुझे सोफे पर बिठाया और किचन में चली गईं। चूँकि कोई और वहाँ था नहीं, इसलिए मौका मिलते ही मैं सोफे से उतरी और छोटे-छोटे कदमों से दौड़ती हुई सीधे आँगन में चली गई। मॉनसून के बादल आसमान में घिर आए थे और बारिश होने ही वाली थी। आँगन के पीछे की चारदीवारी के साथ मलबे का एक ढेर था, जिस पर

मैं चढ़ जाती थी। उस समय मुझे वह छोटी पहाड़ी के जैसा लगता था। फिर भी मैं उसके ऊपर तक चढ़ गई। कुछ समय तक मैं वहीं रही, उस आवाज को फिर से सुना और उसकी हलकी आवाज जल्दी ही मेरे कानों तक पहुँच गई। यह देखने के लिए कि वह आखिर क्या था, मैं उचककर खड़ी हो गई और आगे की तरफ झुक गई। चारदीवारी का सबसे ऊपरी हिस्सा गोल था और जिसने अभी-अभी समतल फर्श पर खुद को संतुलित करना सीखा था, उसके लिए यहाँ खुद को सँभाल पाने का सवाल ही नहीं था। नतीजा यह हुआ कि दीवार के ऊपर बैठने की मेरी कोशिश नाकाम हो गई और मैं सीधे मुँह के बल गिर पड़ी, लेकिन ये बेनतीजा नहीं था। मैं जब हवा में ही थी, तभी मैंने एक छोटे से भूरे पपी को सूखी पत्तियों के ढेर के पास रोते हुए एक झलक देखा। रहस्य सुलझ गया था। अगले ही पल मैं सूखी पत्तियों और डालियों के ढेर पर गिर गई। फ्रॉक के अंदर कुछ चुभने के भयानक दर्द की वजह से मैं चीख-चीखकर रोने लगी। मैं काँटों पर गिर गई थी। फिर मुझे अपने चेहरे के किनारे थोड़ी नमी और गीलेपन का एहसास हुआ। छोटा पपी मेरे घावों को चाट रहा था। मैं खिलखिलाने लगी, लेकिन फिर से रोने भी लगी। मुझे समझ नहीं आ रहा था कि मैं क्या करूँ। खुशी और दर्द दोनों एक साथ मिले।

इसके बाद जो मुझे अगली चीज याद है, वह है एक महिला की आकृति, जो मेरी तरफ दौड़कर आ रही थी। "गुंजन, गुंजन! तू ठीक तो है? देख, मम्मी आ गई।" वो माँ थीं, जिन्होंने मुझे गोद में उठा लिया था।

इसके बाद जो मुझे अगली चीज याद है, वह है एक महिला की आकृति, जो मेरी तरफ दौड़कर आ रही थी। "गुंजन, गुंजन! तू ठीक तो है? देख, मम्मी आ गई।" वो माँ थीं, जिन्होंने मुझे गोद में उठा लिया था। पहले तो वे बहुत ज्यादा डर गई थीं और उन्होंने जल्दी-जल्दी मेरे पूरे शरीर पर देखा कि कहीं चोट के निशान तो नहीं हैं। पत्तियों के ढेर की वजह से ज्यादा चोट नहीं लगी थी। मुझे जब बचा लिया गया तो मैंने रोना बंद कर दिया। माँ

को जब इत्मीनान हुआ कि कोई टूट-फूट नहीं हुई है तो उनकी घबराहट भी खत्म हो गई।

"बस, थोड़ी सी खरोंच लगी है, गुंजू। तू तो ताकतवर बेबी है न?" उन्होंने मुझसे ज्यादा खुद को तसल्ली दी। उन्होंने मुझे अपने सीने से चिपका लिया और राहत की साँस ली। उस पपी ने माँ को देखते ही खुद को पत्तियों में छिपा लिया था। माँ जब गोद में मुझे लेकर वहाँ से जाने लगीं!" तो मैंने फिर से चिल्लाना शुरू कर दिया। "न...न!" मैं चीखने और उनकी गोद से उतरने की जिद करने लगी।

मैंने फिर 'हाँ' कहा। कुछ देर पपी को देखने के बाद माँ ने मेरी तरफ देखा। "अरे, उसकी ममा अभी आएगी और उसे ले जाएगी। चल, अब हम चलते हैं।" माँ का इतना कहना था कि मैं फिर से ठुनकने लगी और चुप ही नहीं हुई। "अरे! श्शश्श! बेटा, क्या हुआ?"

"क्या हुआ, मेरी बच्ची?" माँ रुक गईं और मुझसे पूछा। पल भर बाद ही मैंने पत्तियों के ढेर की ओर इशारा किया और तब उन्होंने उस पपी को पहली बार देखा।

"डॉगी?" हैरान होकर माँ ने पूछा।

मैंने कहा, "हाँ।"

"तुम यहाँ उस डॉगी के लिए आई थी?" माँ ने पूछा।

मैंने फिर 'हाँ' कहा। कुछ देर पपी को देखने के बाद माँ ने मेरी तरफ देखा। "अरे, उसकी ममा अभी आएगी और उसे ले जाएगी। चल, अब हम चलते हैं।" माँ का इतना कहना था कि मैं फिर से ठुनकने लगी और चुप ही नहीं हुई। "अरे! श्शश्श! बेटा, क्या हुआ?" उन्होंने मेरे आँसू पोंछने शुरू कर दिए। पपी ने भी मेरे साथ रोना शुरू कर दिया। मैंने आसमान की तरफ हाथ उठाया और माँ समझ गईं कि मैं काले बादलों की ओर इशारा कर रही हूँ। "ओह, गुंजन!" उन्होंने कहा। जब उन्हें एहसास हुआ कि मैं क्या कहना चाह रही थी। "अच्छा, तो तू नहीं चाहती कि वो बारिश में भीग जाए! ठीक है, चल, उसे अंदर ले चलते हैं, तब तो तू रोना बंद कर देगी न?" धीरे-धीरे मैं चुप हो गई।

माँ ने मुझे धीरे से जमीन पर उतार दिया और पपी की तरफ हाथ बढ़ाया, जो पहले पत्तियों में और अंदर घुस गया; लेकिन माँ ने उसे अपने दाहिने हाथ से उठा लिया। मैंने ताली बजाई और खिलखिलाने लगी, जबकि माँ मुझे देखकर मुसकरा रही थीं। बारिश की एक बूंद मेरे गाल पर आकर गिरी, जहाँ अभी-अभी आँसुओं की धारा सूखी थी। पपी की बड़ी-बड़ी आँखें मुझ पर गड़ी थीं। मैंने माँ का बायाँ हाथ पकड़ा और साथ-साथ हम तीनों अपने घर के अंदर चल दिए।

पापाजी माँ को मनाने में कामयाब हो गए और फिर दोनों पपी को घर में रखने पर सहमत हो गए। चिंपू अब हमारे परिवार का अभिन्न सदस्य बन गया था। दादा ने पपी का नाम दादी की रात को सुनाई जानेवाली कहानियों में से एक के किरदार के नाम पर रख दिया।

उस दोपहर मूसलधार बारिश हुई। घर के अंदर माँ ने मुझे और मेरे नए दोस्त को नहलाया, हमारे शरीर को पोंछा और बरामदे में बिठाया। तभी पापाजी की जिप्सी पहुँची। पापाजी ने दादा को अपने साथ चिपटाया और तेजी से दौड़कर अंदर आए, जबकि उनका ड्राइवर उनके पीछे-पीछे छाता लिये भागा, जो उस भयंकर बारिश से उन्हें बचाने में नाकाम था।

"पापा!" दादा ने पपी को मेरे बगल में बैठा देख खुशी से कहा और पापाजी का हाथ छुड़ाकर हमारी तरफ दौड़े। "हम इसे रख सकते हैं? हम इसे रख लेंगे न?" उन्होंने पूछा।

"यह कहाँ से आया?" आश्चर्यचकित पापाजी ने माँ से पूछा।

"आपकी बेटी ने इसे बचाया है।" माँ ने कहा। "जाइए, आप पहले कपड़े बदलिए, फिर लंच करते हुए मैं आपको सबकुछ बताऊँगी।"

पापाजी ने मुझे गौर से देखा, मुसकराए और सहमति में सिर हिला दिया। इस बीच दादा ने अपने गीले हाथों से पपी को सहलाना शुरू कर दिया।

पापाजी माँ को मनाने में कामयाब हो गए और फिर दोनों पपी को घर में रखने पर सहमत हो गए। चिंपू अब हमारे परिवार का अभिन्न सदस्य बन गया

था। दादा ने पपी का नाम दादी की रात को सुनाई जानेवाली कहानियों में से एक के किरदार के नाम पर रख दिया। कुछ दिनों तक मैं सुबह में प्ले स्कूल जाने से मना करती रही और पूरा दिन चिंपू के साथ बिताने लगी। पापाजी ने उसे वैक्सीन लगवाई और उसके लिए डॉग फूड लेकर आए। माँ ने घर के अंदर और आसपास सफाई का खयाल रखा। "चिंपू तुम्हारे बिस्तर पर नहीं सोएगा।" और "चिंपू को तुम अपने हाथों से खाना नहीं खिलाओगी।" माँ ने घर के नियम तय कर दिए, जो लगभग हर दिन टूटते थे। चिंपू के भूरे बाल हर जगह मौजूद रहते थे—सोफा पर, कारपेट पर, बरामदे में, बाथरूम में, हमारे बिस्तरों पर और हमारे कपड़ों पर। उसने हमारे साथ पिकनिक पर जाना भी शुरू कर दिया। सफर के दौरान पापा उसे अपने स्कूटर के आगे की बास्केट में रख दिया करते थे। मैं खुश थी। मेरी चिंपू के साथ कई यादें जुड़ी हैं, अच्छी यादें।

सितंबर की एक दोपहर, माँ सो रही थीं, जबकि चिंपू, दादा और मैं पापा की देख-रेख में बरामदे पर खेल रहे थे। दादा और मैं चिंपू का पीछा कर रहे थे, जो हम दोनों से ज्यादा तेजी से भाग रहा था।

सितंबर की एक दोपहर, माँ सो रही थीं, जबकि चिंपू, दादा और मैं पापा की देख-रेख में बरामदे पर खेल रहे थे। दादा और मैं चिंपू का पीछा कर रहे थे, जो हम दोनों से ज्यादा तेजी से भाग रहा था। चिंपू को पकड़ने की साहस भरी कोशिश में दादा ने छलाँग लगाई और अंदाजा गलत होने की वजह से उन्होंने लगभग चिंपू को दबा ही दिया। चिंपू ने भी दो या तीन बार रोने की आवाज निकाली और चार के बजाय तीन पैरों पर अंदर की तरफ दौड़ा।

"दादा...टिंपू...नो!" मैं इतना ही किसी तरह दादा से कह पाई। मैं जान गई थी, उनकी वजह से चिंपू को चोट लगी है। दादा ने अपनी निकर ऊपर की और अपने होंठों पर उँगली रखते हुए इशारा किया कि मैं चुप रहूँ। उन्होंने दबे पाँव जाकर देखा कि कहीं पापाजी ने हमें देखा तो नहीं और जब देखा तो पाया कि वे कुरसी पर बैठे ऊँघ रहे हैं और उनके हाथ में एक पुस्तक है।

फिर दादा ने अपना सिर झुकाया और इशारा किया कि मैं घर के अंदर उनके पीछे-पीछे चली आऊँ। अपने फूलों के छींटवाले पाजामे में मैं धीरे-धीरे उनके पीछे चल पड़ी। हमने देखा कि चिंपू अपने गद्दे पर लेटा है और अपने दाहिने पंजे को चाट रहा है, जिसमें चोट लगी थी। यह देखकर मैंने अपने निचले होंठ को ऊपर उठाया और दादा को घूरकर देखा। "सॉरी गुंजू, मैंने जानकर नहीं किया।" दादा ने कहा, "चलो, इसकी चोट को ठीक कर देते हैं। ठीक है ?" मैं उनकी बात समझ गई और 'हाँ' कह दिया। फिर अपनी ठुड्डी को हाथों में लेकर वह सोचने लगे। मैंने उनकी नकल करते हुए अपनी ठुड्डी को पकड़ा। डरा-सहमा चिंपू हमें देख रहा था और हम एक और कारनामा करने की सोच रहे थे।

कुछ देर तक हम वहीं खड़े रहे, पर किया कुछ नहीं। फिर मैंने कुछ ऐसा देखा, जिससे मुझे पापाजी के इलाज की याद आ गई। दो रात पहले माँ का टखना कर्नल उषा के घर डिनर के बाद मुड़ गया था। घर आने पर मैंने देखा था कि पापाजी ने माँ के टखने पर लाल रंग की काँच की बोतल से लेकर कुछ लगाया था।

कुछ देर तक हम वहीं खड़े रहे, पर किया कुछ नहीं। फिर मैंने कुछ ऐसा देखा, जिससे मुझे पापाजी के इलाज की याद आ गई। दो रात पहले माँ का टखना कर्नल उषा के घर डिनर के बाद मुड़ गया था। घर आने पर मैंने देखा था कि पापाजी ने माँ के टखने पर लाल रंग की काँच की बोतल से लेकर कुछ लगाया था। मैंने उस बोतल को किचन की शेल्फ पर देखा था। मैंने दादा का हाथ पकड़ा और उन्हें किचन में लेकर आई। "क्या है ?" उन्होंने पूछा।

मैंने बोतल की तरफ इशारा किया और कहा, "दादा··बोटिल··चिंपू पेन गो।" उन्होंने भी समझ लिया, जो मैंने कहा और चूँकि वह मुझसे लंबे थे, इसलिए उन्हें ही उस बोतल को उतारना था। किसी तरह उन्होंने उसे उतारा। बोतल को खोला गया और एक तौलिया को उसकी दवाई से गीला किया गया।

मैंने अपनी नाक अपने एक हाथ से बंद कर ली, क्योंकि उसकी गंध बहुत तेज और विषैली थी। मैं तौलिया लेकर चिंपू के साथ दौड़ी और उसके दाहिने पंजे को उससे पोंछना शुरू कर दिया। दादा को कुछ समझ नहीं आया, फिर भी वह मुझे ऐसा करते देखते रहे। चिंपू के रोएँ उस लिक्विड से भीग चुके थे और उसने उसे चाटना शुरू कर दिया। कुछ देर बाद चिंपू खड़ा हो गया अपने चारों पैरों पर। यह सोचकर कि मेरा इलाज काम कर गया, मैं मुसकराने लगी। चिंपू ने तौलिया मेरे हाथ से छीन लिया और उसे भी चाटने लगा। मैंने दादा की तरफ जीत की मुसकान के साथ देखा।

दादा उलझन के साथ चिंपू को देखने लगे, जो तौलिए को लगातार चाट रहा था। कुछ मिनट बाद उसके पिछले पैर थोड़ा लड़खड़ाए और फिर वह करवट लेकर गिर गया। किसी तरह वह फिर से खड़ा हुआ और तेजी से बाहर की तरफ, आड़ा-तिरछा, अपना संतुलन बनाते हुए भागा।

दादा उलझन के साथ चिंपू को देखने लगे, जो तौलिए को लगातार चाट रहा था। कुछ मिनट बाद उसके पिछले पैर थोड़ा लड़खड़ाए और फिर वह करवट लेकर गिर गया। किसी तरह वह फिर से खड़ा हुआ और तेजी से बाहर की तरफ, आड़ा-तिरछा, अपना संतुलन बनाते हुए भागा। बरामदे में आकर पपी बीच में ही रुक गया और भौंकने लगा। साथ ही पापाजी को देखकर अजीब सी आवाज में गुर्राने लगा, जिससे उनकी नींद खुल गई। चिंपू उनकी तरफ कुछ कदम आगे बढ़ा। वह अब भी अपनी हलकी आवाज में गुर्रा रहा था। फिर संतुलन बिगड़ते ही वह नीचे गिर पड़ा। पापाजी ने लड़खड़ाते चिंपू को सहारा दिया। जैसे ही चिंपू खड़ा हुआ, वह पीछे मुड़ा और अंदर भाग गया—कभी बाईं तो कभी दाईं ओर लहराता हुआ। पापाजी उसके पीछे-पीछे आए। हम किचन के पास खड़े थे और चिंपू हमारी बगल से किसी अनगाइडेड मिसाइल की तरह भागा। अपना सिर लंबे और पतले गुलदान में धड़ाम से दे मारा। इससे पहले कि पापाजी उसे पकड़ें, गुलदान फर्श पर गिरा और चूर-चूर हो गया।

"ओह नो!" पापाजी ने धीरे से कहा।

"क्या हुआ ?" बेडरूम से माँ की आवाज आई। वे तुरंत बाहर निकलीं और आश्चर्य के साथ अपने पसंदीदा फूलदान को कई टुकड़ों में बिखरा देखा। पापाजी की सवालों से भरी निगाह हमें घूर रही थी। माँ सावधानी से काँच के टुकड़ों से रास्ता बनाती हुई आगे बढ़ीं और देखा कि चिंपू अपने चारों पैर हवा में उठाकर ऐसे चला रहा है, मानो दौड़ रहा है, जबकि वह वहीं उस टूटे फूलदान के पास चित लेटा था। पापाजी ने झुककर चिंपू को अपने हाथों में उठाया, अपने चेहरे के करीब लाए और उसे सूँघा। चिंपू अब लगभग बेहोश हो चुका था। पापाजी के चेहरे की खिंची मांसपेशियाँ बता रही थीं कि कुछ गड़बड़ है। माँ ने तौलिया और खुली हुई बोतल को देखा, जो अब किसी अपराध के सबूत के तौर पर सामने दिख रहे थे। दादा और मैं चुपचाप ऐसे खड़े थे, जैसे पूरी तरह निर्दोष हों।

पापाजी की सवालों से भरी निगाह हमें घूर रही थी। माँ सावधानी से काँच के टुकड़ों से रास्ता बनाती हुई आगे बढ़ीं और देखा कि चिंपू अपने चारों पैर हवा में उठाकर ऐसे चला रहा है, मानो दौड़ रहा है, जबकि वह वहीं उस टूटे फूलदान के पास चित लेटा था।

"यह क्या किया है तुम दोनों ने ?" माँ ने दादा से बड़े शांत स्वर में पूछा। पहले तो दादा ने एक शब्द नहीं कहा, क्योंकि फूलदान टूटने के बाद से ही उनके होश गुम थे, फिर माँ ने उन्हें समझाया, "कोई बात नहीं, बेटा, फूलदान की चिंता मत करो। मुझे बस, ये बताओ कि हुआ क्या, नहीं तो चिंपू ठीक नहीं होगा। तुम नहीं चाहते न कि ऐसा हो ?" धीरे-धीरे दादा ने उन्हें पूरी घटना बता दी।

"तो तुम्हारा कहना है कि यह गुंजू का आइडिया था ?" माँ ने कहा और दादा ने 'हाँ' कह दिया। फिर माँ ने पापाजी की तरफ देखा, जो मुसकरा रहे थे। "इसने आपके रम-मसाज का फॉर्मूला आजमाया है! यह आपकी पक्की फौजी बच्ची है।" माँ ने कहा और फिर दोनों ठहाके लगाकर हँसते-हँसते

लोट-पोट हो गए। "हमें अपने बच्चों को सिखाना होगा कि रम हर समस्या का इलाज नहीं है।" पापाजी ने हँसते-हँसते कहा। दादा और मैं एक-दूसरे को हक्के-बक्के होकर देख रहे थे। चिंपू दो बार भौंका और फिर से बेहोश हो गया और फिर पाँच घंटे की लंबी नींद के बाद उठा।

~•~

बचपन में अपने परिवार में मैं एकदम सुरक्षित थी। मेरे माता-पिता के सामने चुनौती यह थी कि सीखने का ऐसा माहौल बनाया जाए, जो सुरक्षित होने के साथ ही अनोखा और प्रेरणा जगाने वाला हो—और बेशक दोनों इसमें सफल हुए। कभी-कभी चीजों को जानने का बच्चे का तरीका खतरनाक हो सकता है।

बचपन में अपने परिवार में मैं एकदम सुरक्षित थी। मेरे माता-पिता के सामने चुनौती यह थी कि सीखने का ऐसा माहौल बनाया जाए, जो सुरक्षित होने के साथ ही अनोखा और प्रेरणा जगाने वाला हो—और बेशक दोनों इसमें सफल हुए। कभी-कभी चीजों को जानने का बच्चे का तरीका खतरनाक हो सकता है। मेरे साथ भी ऐसा ही कुछ हो सकता था। मैंने अपने माता-पिता को इलेक्ट्रिक सॉकेट्स में धातु की चीजों को लगाते, रेडियो के पुरजों को लगाते-खोलते, आग जलाने के लिए माचिस का इस्तेमाल करते और इलेक्ट्रॉनिक उपकरणों के पुश बटन को दबाते देखा था। मैं हर काम की नकल किया करती थी, इसलिए मेरी उत्सुकता अकसर मुझे चीजों को जानने के पीछे लगा देती थी। मैं फोर्क को इलेक्ट्रिक सॉकेट में डाल सकती थी, मैं चीजों को तोड़ सकती थी, मैं खुद को चोट पहुँचा सकती थी; लेकिन मेरे माता-पिता ने लगातार मेरा ध्यान रखा, मेरी खोज के तरीकों पर नजर रखी और उसके साथ ही मेरे भीतर आजादी की भावना को भी पनपने दिया। इस कारण मेरी उत्सुकता को बिल्कुल सही रास्ता मिला और इसके चलते मैं चीजों को बहुत जल्दी सीखने लगी।

आई.एन.एस.बी. टेस्ट मेरे बाएँ हाथ का खेल था, हालाँकि कई दूसरों के लिए ऐसा नहीं था। हार्थिका निराश थी। वह कन्फ्यूज थी कि उसने सवालों के गलत जवाब लिख दिए हैं। लेकिन मैं राहत महसूस कर रही थी कि टेस्ट खत्म हुआ। ऑफिसर इंस्ट्रक्टर ने आंसर शीट्स एकत्रित कीं और हमारे नाम पुकारे, दो उम्मीदवार एक बार में और फिर हमें दो-दो की जोड़ियों में साथ के कमरे में भेजा, जहाँ से मशीनों के चलने की आवाजें आ रही थीं। मैं उत्सुक भी थी और नर्वस भी। मैं जब पहले कमरे के दरवाजे से अंदर गई तो मैंने जॉयस्टिक, बटन और स्क्रीन वाली दो मशीनों को देखा। क्या मैं इन्हें समझ पाऊँगी? लेकिन मुझसे पहले कई लोगों ने इसे समझ लिया था और पास हो चुके थे। मैंने मन-ही-मन कहा कि मुझे दिक्कत नहीं होगी। अंदर एक इंस्ट्रक्टर सार्जेंट थे, जिन्होंने अपनी ब्रीफिंग शुरू की, "गुड ईवनिंग टू बोथ ऑफ यू! सेंसरी मोटर एपरेटस टेस्ट में आपका स्वागत है। सुनने में यह थोड़ा मुश्किल लग सकता है, लेकिन यह टेस्ट काफी आसान है।"

आई.एन.एस.बी. टेस्ट मेरे बाएँ हाथ का खेल था, हालाँकि कई दूसरों के लिए ऐसा नहीं था। हार्थिका निराश थी। वह कन्फ्यूज थी कि उसने सवालों के गलत जवाब लिख दिए हैं। लेकिन मैं राहत महसूस कर रही थी कि टेस्ट खत्म हुआ।

यह टेस्ट किसी कंसोज गेम को खेलने जैसा था, लेकिन उसका उद्‌देश्य उम्मीदवार के साइकोमोटर कॉर्डिनेशन स्किल, यानी सोच-विचारकर गतिविधियों को करने के कौशल का अंदाजा लगाना था। एक काली स्क्रीन पर दो आयतें थीं—एक छोटी और दूसरी बड़ी। स्क्रीन पर एक डॉट था, जिसे एक जॉयस्टिक से छोटे आयत के बीच एडजस्ट करना था। सामने देखते हुए भी आँखों के कोने से देखकर पास के पैनल पर बत्ती जलते ही बटन को दबाना था। स्क्रीन पर लाल और हरी बत्ती को अपने बाएँ हाथ से बंद करना था। यह सबकुछ तेजी से और एक साथ करना था। दूसरा टेस्ट कंट्रोल वेलोसिटी टेस्ट था। जॉयस्टिक की मदद से सुराखों पर एक छोटे से चुंबकीय

डॉट को सुपरइंपोज करना था, जो घूमते हुए ड्रम पर दो समानांतर रेखाओं में दौड़ रहा था।

ब्रीफिंग के बाद सार्जेंट ने हमसे पूछा कि क्या हम तैयार हैं? मैंने अपना हाथ अपने चेस्ट नंबर पर रखा। मुझे पापाजी के कहे शब्द याद आए, 'चार तुम्हारा लकी नंबर है, गुंजन।' मैं जब छोटी थी, तब वे अकसर मुझसे कहा करते थे कि वे अंक ज्योतिष में विश्वास रखते हैं। पता नहीं क्यों, लेकिन यह बात मेरे दिमाग में रह गई। मैंने गहरी साँस ली, जॉयस्टिक को कसकर पकड़ा, स्क्रीन पर नजर गड़ाई, अपनी आँखों को स्थिर किया और इंस्ट्रक्टर से कहा, "मैं तैयार हूँ।"

□

चार

युद्ध टैंकों, जहाजों, तोपों, फाइटर जेट्स, पनडुब्बियों या परमाणु बमों से नहीं जीते जाते हैं—युद्ध इनसानों द्वारा जीते जाते हैं। दुनिया की बड़ी-से-बड़ी सेना को बड़े-से-बड़े युद्ध में यह बात समझ आई कि युद्ध एक कारोबार है और अगर आपको उसे जीतना है तो उसे स्थापित सिद्धांतों के अनुसार आगे बढ़ाना होगा। आखिर, सैनिकों को इतना फिट कैसे रखा जाए कि वे युद्ध लड़ सकें? आखिर में ऐसे स्त्रियों व पुरुषों से बातचीत की गई, जिनका काम इस तरह की समस्याओं का हल निकालना था, यानी मनोवैज्ञानिकों से पूछा गया, जिन्होंने कई तरह के टेस्ट तैयार किए, जिनके जरिए बुद्धिमत्ता, योग्यता और अनुकूल होने की क्षमता का अंदाजा लगाया जा सका। ऐसे टेस्ट की सहायता से उन स्त्रियों और पुरुषों को चुना जा सका, जो भविष्य के लीडर बन सकते हैं और जो अयोग्य हैं, उन्हें भी छाँटकर अलग किया जा सका। चतुराई भरे तरीकों को इस्तेमाल में लाया गया, जिससे समान बौद्धिक स्तर के लोगों को एक साथ लाया जा सका और सैन्य प्रशिक्षण संभव हो सका। मनोवैज्ञानिकों का सुझाव कारगर साबित हुआ। इसके फलस्वरूप यह नतीजा निकाला गया कि युद्ध में शारीरिक शक्ति के अलावा एक ही चीज मायने रखती है और वह है मानसिक दृष्टिकोण। इतिहास गवाह है कि सिर्फ महान् लीडर ही इसे समझ सके और इसका लाभ उठा सके हैं।

किसी भी लीडर के लिए हार सिर्फ एक सोच है। यह दिमाग में रहती है और इसका कोई भौतिक रूप नहीं होता, और हर व्यक्ति में यह सोच अलग-

अलग होती है। लड़ाई में नेतृत्व करनेवाले सही सोच और मनोवैज्ञानिक रूप से मजबूत लोगों की तलाश के लिए भारतीय सैन्य बलों ने कई सारे मनोवैज्ञानिक टेस्ट तैयार किए और एस.एस.बी. परीक्षा में एक बड़ा हिस्सा ऐसे ही टेस्ट का होता है—वर्ड एसोसिएशन टेस्ट (डब्ल्यू.ए.टी.), थीमैटिक एप्रीसिएशन टेस्ट (टी.ए.टी.), सेल्फ-डिसक्रिप्शन टेस्ट (एस.डी.) टेस्ट और सिचुएशन रिएक्शन टेस्ट (एस.आर.टी.)। कई लोगों के लिए ये महज संक्षिप्त शब्द हो सकते हैं, लेकिन सेना में भरती होनेवालों के लिए ये उन शैतानों की तरह हैं, जो एस.एस.बी. सेंटर के गेट पर खड़े होते हैं और उनके दिमाग के सबसे अँधेरे कोने में झाँककर उनके सच्चे और छिपे हुए व्यक्तित्व का पता लगा लेते हैं। ऐसे सभी टेस्ट के लिए समय-सीमा निर्धारित होती है, इसलिए उम्मीदवार अपनी भावनाओं को छिपा नहीं पाता/पाती है और जब उम्मीदवार विचारों, एहसासों एवं कदमों के द्वारा जवाब देता/देती है तो मनोवैज्ञानिक उसके असली व्यक्तित्व का पता लगा लेते हैं जैसा कि मनोवैज्ञानिक दावा करते हैं। चाहे कितनी भी कोचिंग क्यों न ली जाए, उम्मीदवार इन मनोवैज्ञानिक परीक्षणों को धोखा नहीं दे सकता है। जिन लोगों ने ऐसी कोशिश की है, उन्हें आखिर में रिजेक्ट कर दिया जाता है। चूक की जरा सी भी गुंजाइश नहीं है—एक गलत चयन और पूरी प्लाटून, बटालियन, यहाँ तक कि डिवीजन को भी नुकसान उठाना पड़ सकता है। किसी को बहुत कम उम्र का, अधिक उम्र का, फ्लैट फीट, एंग्जायटी, फोबिया वगैरह के लिए खारिज किया जा सकता है। किसी को पूरी तरह शारीरिक रूप से फिट न होने, समय पर दौड़ पूरी न करने या जितने पुशअप्स करने चाहिए, उतने न कर पाने के

किसी को बहुत कम उम्र का, अधिक उम्र का, फ्लैट फीट, एंग्जायटी, फोबिया वगैरह के लिए खारिज किया जा सकता है। किसी को पूरी तरह शारीरिक रूप से फिट न होने, समय पर दौड़ पूरी न करने या जितने पुशअप्स करने चाहिए, उतने न कर पाने के लिए ठुकराया जा सकता है।

लिए ठुकराया जा सकता है। इसी तरह, जिसका मानसिक दृष्टिकोण अपेक्षित स्तर के अनुसार नहीं है, उसे भी खारिज किया जा सकता है। मनोवैज्ञानिक टेस्ट छानने की इस प्रक्रिया में मदद करते हैं।

आखिरकार, एस.एस.बी. इंटरव्यू के दूसरे दिन ऐसे सभी मनोवैज्ञानिक टेस्ट में शामिल होने की मेरी बारी थी। पिछली रात की थकान अब भी मुझ पर हावी थी। मुझे याद है, उस रात मैंने जॉयस्टिक के साथ मशीनों के सामने बैठे होने और स्क्रीन देखने का सपना देखा था। पी.ए.बी.टी. ने मुझे काफी थका दिया था। दीपा को दूसरे दिन के आदेश जारी कर दिए गए थे, जो उसने अगले दिन सुबह उठते ही हम सभी को बताया।

"अगर एक बार ढंग से बात कर लोगी तो क्या बिगड़ जाएगा? हो सकता है कि तुम्हारे ही काम आए।" हार्थिका ने कहा। अदिति ने उसकी तरफ देखा भी नहीं और बैरक से बाहर निकल गई। "रहने भी दो।" मैंने हार्थिका को कुहनी मारी, "दिन की शुरुआत हम बेवजह की बहस से नहीं करना चाहते, है न?"

"कितनी कर्तव्यनिष्ठ है!" दीपा के कमरे से जाते ही अदिति ने मजाक उड़ाने के अंदाज में कहा।

"तुम्हें जलन क्यों हो रही है?" हार्थिका खुद को रोक नहीं पाई।

"तो तुम्हें क्या तकलीफ है?" अदिति ने पलटकर जवाब दिया।

"अगर एक बार ढंग से बात कर लोगी तो क्या बिगड़ जाएगा? हो सकता है कि तुम्हारे ही काम आए।" हार्थिका ने कहा। अदिति ने उसकी तरफ देखा भी नहीं और बैरक से बाहर निकल गई।

"रहने भी दो।" मैंने हार्थिका को कुहनी मारी, "दिन की शुरुआत हम बेवजह की बहस से नहीं करना चाहते, है न?"

"तुमने देखा था कल उसे, जब हम इंस्ट्रक्टर्स के सामने खड़े थे? ऐसा लग रहा था, जैसे हमारे बीच सबसे मिल-जुलकर रहनेवाली और दोस्ती बढ़ानेवाली वही है!" हार्थिका ने अपनी शर्ट प्रेस करते हुए कहा। "वैसे, एक

बात बता दूँ, आज उसका नाटक नहीं चलेगा। साइकोलॉजिकल टेस्ट कोई मजाक नहीं है।"

"हाँ, ये तो है···मेरे लिए कोई सलाह?" मैंने आईने में खुद को देखते हुए उससे पूछा। उस दिन हमें निर्देश के अनुसार डार्क पैंट और प्लेन शर्ट के साथ चमड़े के जूते पहनने थे। मैंने बालों का जूड़ा बना लिया था, जिस पर मैं और हार्थिका दोनों एक रात पहले आधे घंटे की बातचीत के बाद राजी हुए थे। "तुम अच्छा कर लोगी, नन्नागेलेया।* बस, सारे सवालों के जवाब देने की कोशिश करना और तुम्हारे जवाब से पूरे भरोसे का पता चलना चाहिए।" उसने अपने बालों को बाँधते हुए कहा।

"फॉल इन।" और गिनती के बाद स्क्वाड्रन लीडर मनोज यादव ने परीक्षा हॉल के बाहर फटाफट ब्रीफिंग की और हमें अंदर बिठा दिया गया। सामने की दीवार पर टँगी डिजिटल घड़ी पर '0630h' लिखा था। दीवार के सामने बड़े से व्हाइट बोर्ड पर प्रोजेक्टर की रोशनी पड़ रही थी, लेकिन उस पर अभी कुछ दिख नहीं रहा था।

"ठीक है, मैं खयाल रखूँगी।" मैंने कहा।

"फॉल इन।" और गिनती के बाद स्क्वाड्रन लीडर मनोज यादव ने परीक्षा हॉल के बाहर फटाफट ब्रीफिंग की और हमें अंदर बिठा दिया गया। सामने की दीवार पर टँगी डिजिटल घड़ी पर '0630h' लिखा था। दीवार के सामने बड़े से व्हाइट बोर्ड पर प्रोजेक्टर की रोशनी पड़ रही थी, लेकिन उस पर अभी कुछ दिख नहीं रहा था। आंसर शीट सभी को दे दी गई थी। कोने में चल रहे पंखे से चरमराहट की आवाज आ रही थी। उसके अलावा पूरी खामोशी थी।

"तो कैंडिडेट्स, आप सब तैयार हैं?" स्क्वाड्रन लीडर यादव ने पूछा।

सभी ने एक साथ 'यस सर' में जवाब दिया। प्रोजेक्टर पर सवाल के सामने आते ही और दस से उलटी गिनती के खत्म होते ही पहला टेस्ट शुरू

---

* कन्नड़ शब्द 'नन्नागेलेया' का मतलब होता है—'मेरी दोस्त'।

हुआ। टी.ए.टी. में हमें एक के बाद एक स्क्रीन पर दिखाई जानेवाली तसवीरों पर बारह कहानियाँ लिखनी थीं। हमें एक तसवीर को देखने के लिए चार सेकंड दिए गए और फिर कहानी लिखने के लिए चार मिनट का समय मिलता था, जिसके बाद अगली तसवीर सामने आ जाती थी। बारहवीं तसवीर ब्लैंक स्क्रीन की थी।

पापाजी ने इसके बारे में मुझे बताया था। मुझे बारहवीं कहानी को अपने जीवन पर बड़ा प्रभाव डालनेवाले किसी विचार को लेकर लिखनी थी।

पापाजी ने मुझसे कहा था, निर्धारित चार मिनट में तुम आठ या दस लाइनों से ज्यादा नहीं लिख सकोगी। मोटे तौर पर, दो लाइनें इस पर लिखो कि किन कारणों से ऐसा दृश्य सामने आया होगा? चार लाइनें इस पर कि उस दृश्य में जो चल रहा है, उससे आप क्या समझते हैं और लगभग चार लाइनें इस पर कि आपके अनुसार उस दृश्य की तार्किक परिणति क्या होगी?

उस कहानी में तुम जिन विचारों को सामने रखोगी, उनसे तुम्हारी सामाजिक सोच का पता चलेगा और समाज में दूसरों के प्रति जो तुम्हारी जिम्मेदारियाँ हैं, उनके प्रति तुम्हारी भावना सामने आएगी। अगर तसवीर में कोई ऐसी चीज नहीं है तो बिना वजह उसमें समस्या देखने की जरूरत नहीं है। इससे तुम्हारी निराशावादी सोच का पता चलेगा। खयाली पुलाव पकाने जैसी कहानी मत लिखना, गुंजू, और जो भी लिखना, वो किसी निष्कर्ष तक जाना चाहिए।

उस कहानी में तुम जिन विचारों को सामने रखोगी, उनसे तुम्हारी सामाजिक सोच का पता चलेगा और समाज में दूसरों के प्रति जो तुम्हारी जिम्मेदारियाँ हैं, उनके प्रति तुम्हारी भावना सामने आएगी। अगर तसवीर में कोई ऐसी चीज नहीं है तो बिना वजह उसमें समस्या देखने की जरूरत नहीं है।

मुझे याद है कि टेस्ट के दौरान मैंने इन बातों का पूरा ध्यान रखा था। जब टेस्ट पूरा हुआ तो मेरे दाहिने हाथ की उँगलियाँ इतना कुछ बेतहाशा रफ्तार लिखने के बाद दुख रही थीं। उस दिन लग रहा था, जैसे टेस्ट का

मैराथन चल रहा हो। टी.ए.टी. की आंसर शीट्स जैसे ही ली गईं, वैसे ही डब्ल्यू.ए.टी. शुरू हो गया। समय जितना कम होता है, उतना ही कोई टेस्ट में धोखाधड़ी नहीं कर सकता है। मुझे तो अपनी डेस्क पर रखे पानी के गिलास से पानी पीने की भी फुरसत नहीं मिली। पंद्रह-पंद्रह सेकंड के लिए स्क्रीन पर एक-एक कर 60 शब्द दिखाई दे रहे थे। हमें हर शब्द को देखते ही मन में आनेवाले पहले विचार को लिखना था। "इस टेस्ट को वाक्य लिखने का अभ्यास समझने की भूल मत करना। इस खास टेस्ट को देने के तरीके में गलती मत करना।" पापाजी ने मुझे सख्त ताकीद की थी। 60 शब्दों में से कुछ शब्द बौद्धिक परिणाम से संबंधित थे, कुछ सामाजिक विशेषताओं से जुड़े और कुछ का मकसद किसी उम्मीदवार की तेजी का पता लगाना था। इन शब्दों पर दिए जानेवाले जवाब का विश्लेषण मनोवैज्ञानिकों को करना था। इनके जवाब और पिछले टेस्ट के जवाब से हर उम्मीदवार के एक अंतिम और विस्तृत व्यक्तित्व की जानकारी सामने आ जाएगी। सिर्फ पंद्रह सेकंड प्रति शब्द वाले इस टेस्ट को देने के साथ ही पापाजी के निर्देशों का पालन करना काफी मुश्किल लग रहा था। किसी तरह मैंने दिए गए समय में 53 शब्दों के बारे में लिखा। बुरा नहीं था! हार्थिका सिर्फ 40 का जवाब ही लिख सकी, जैसा कि उसने मुझे बाद में बताया था।

डब्ल्यू.ए.टी. के ठीक बाद हमें एस.आर.टी. देना था। साँस लेने का समय भी नहीं दिया गया। मैंने अपनी उँगलियों और गरदन को चटकाया तथा अगले टेस्ट के लिए खुद को तैयार किया। एस.आर.टी. का उद्देश्य अपरिचित, तनावपूर्ण और वास्तविक जीवन के जैसी परिस्थितियों के प्रति उम्मीदवार की तात्कालिक और स्वाभाविक प्रतिक्रिया का विश्लेषण करना था।

डब्ल्यू.ए.टी. के ठीक बाद हमें एस.आर.टी. देना था। साँस लेने का समय भी नहीं दिया गया। मैंने अपनी उँगलियों और गरदन को चटकाया

तथा अगले टेस्ट के लिए खुद को तैयार किया। एस.आर.टी. का उद्देश्य अपरिचित, तनावपूर्ण और वास्तविक जीवन के जैसी परिस्थितियों के प्रति उम्मीदवार की तात्कालिक और स्वाभाविक प्रतिक्रिया का विश्लेषण करना था। अधूरे वाक्यों वाले बुकलेट हमें दिए गए, जिनमें उम्मीदवारों को कुल 60 परिस्थितियों को पूरा करना था। हमें 30 मिनट, यानी हर परिस्थिति को पूरा करने के लिए लगभग 30 सेकंड दिए गए थे। इसके नियम सीधे थे, जैसा कि पापाजी ने मुझे बताया था।

किसी परिस्थिति/कथन पर अपना जवाब सही तरीके से लिखना चाहिए, जो संक्षिप्त हो, लेकिन सभी मायने में पूरा हो। उदाहरण के लिए, अगर आप ने देखा कि कहीं आग लगी है तो आपको फायर ब्रिगेड को फोन करने से शुरुआत करनी चाहिए, जिसके बाद आप आसपास के लोगों को इकट्ठा करें और उन्हें अलग-अलग पार्टियों में बाँटें, जैसे कि रेस्क्यू और आग बुझानेवाली पार्टी। वहीं कुछ लोगों को वाहनों का इंतजाम कर अस्पताल भेजने के इंतजाम करने चाहिए और अन्य लोग पुलिस को सूचना दें तथा आखिर में, घायलों के परिजनों को सूचित किया जाए। बेतुकी बहादुरी दिखाने जैसी बातों से हर हाल में बचना चाहिए, जैसे किसी लड़की से छेड़छाड़ होती देख गुंडों से अकेले भिड़ जाना या किसी डूबते को बचाने के लिए नदी में कूद जाना, जबकि परिस्थिति कह रही है कि आपको तैरना नहीं आता। ऐसी बातों से निगेटिव असेस्मेंट के सिवाय आपको कुछ हासिल नहीं होगा। अपना जवाब लिखते समय आपको बिल्कुल यथार्थवादी होना चाहिए और केवल सोच-समझकर ही जोखिम उठाना चाहिए; लेकिन समाज के प्रति सहानुभूति और नैतिक जिम्मेदारी की बात को ध्यान में रखना चाहिए।

> ***किसी परिस्थिति/कथन पर अपना जवाब सही तरीके से लिखना चाहिए, जो संक्षिप्त हो, लेकिन सभी मायने में पूरा हो। उदाहरण के लिए, अगर आप ने देखा कि कहीं आग लगी है तो आपको फायर ब्रिगेड को फोन करने से शुरुआत करनी चाहिए"***

मुझे बस, इतना याद है कि मैंने अपने विचारों को जवाब लिखने पर केंद्रित रखा और बुनियादी बातों का पूरा खयाल रखा। स्क्वाड्रन लीडर मनोज यादव ने जब हमें लिखना बंद करने को कहा, तब तक मैं 55 जवाब लिख चुकी थी। मैंने अपने आसपास नजर दौड़ाई तो ज्यादातर चेहरे निराश दिख रहे थे; लेकिन मुझे अपने प्रदर्शन पर संतोष था, भले ही मुझे पता नहीं था कि इसके कितने नंबर मिलेंगे। इसके बाद एस.डी. होने वाला था। हमें यह लिखना था कि हम अपने परिवार के सदस्यों के बारे में क्या सोचते हैं और हमारे दोस्त एवं हमारे शिक्षक हमारे बारे में क्या सोचते हैं। हमें अपने व्यक्तित्व के सकारात्मक पहलुओं के साथ ही उन बातों को भी लिखना था, जिनमें हमें लगता है कि सुधार होना चाहिए। डिजिटल घड़ी में जैसे ही '0900h' बजा, टेस्ट समाप्त हो गया।

"चलो सब, ब्रेकफास्ट के लिए चलो, प्लीज!" दीपा ने यहाँ-वहाँ फैले लड़कियों के समूह से कहा। हम मेस की ओर बढ़ गए। उस दिन मुझे पता चला कि दिमागी थकान के बाद व्यक्ति को कितनी जोर की भूख लगती है।

"ओ देवा रे! अपनी जिंदगी में मैंने पहले कभी इतनी कहानियाँ नहीं लिखी थीं।" हार्थिका ने कहा, जब हम परीक्षा हॉल से बाहर निकल रहे थे, "अब तो मैं उपन्यासकार बन सकती हूँ।"

"हाँ, पर प्लीज, मनोविज्ञान पर कुछ मत लिखना। एक दिन में ही मुझे उसका सारा ज्ञान मिल गया है।" मैंने कहा और हम साथ-साथ हँस पड़े।

"चलो सब, ब्रेकफास्ट के लिए चलो, प्लीज!" दीपा ने यहाँ-वहाँ फैले लड़कियों के समूह से कहा। हम मेस की ओर बढ़ गए। उस दिन मुझे पता चला कि दिमागी थकान के बाद व्यक्ति को कितनी जोर की भूख लगती है। स्कूल या कॉलेज में कभी मुझे परीक्षा और टेस्ट को लेकर इतनी चिंता नहीं होती थी। लेकिन यह सिर्फ एक परीक्षा या टेस्ट की बात नहीं थी, मेरे और पापाजी के सपने दाँव पर लगे थे।

"सब यह क्या पढ़ने और रटने पर तुले हैं?" मैंने नाश्ते की टेबल पर

हार्थिका से पूछा। मेस के भीतर खामोशी थी और ज्यादातर टेबल्स पर प्लेट से ज्यादा नोट्स रखे गए थे। लगभग हर लड़की या तो हाथों से लिखे नोट्स पर या टेक्स्ट बुक पर नजरें गड़ाए बैठी थी और एक मैं थी, जो यह सोच रही थी कि अपनी टोस्ट बटर के साथ खाऊँ या फ्रूट जैम के साथ?

"पता नहीं।" हार्थिका ने कहा। उसे भी अंदाजा नहीं था।

"ग्रुप डिस्कशन की तैयारी चल रही है।" प्रभदीप ने कहा, जो हमारे साथ ही टेस्ट में शामिल कैंडिडेट थी और हमारे सामने बैठी थी। "हम अपनी जी.के. और करेंट अफेयर्स को दुरुस्त करने में जुटे हैं।"

"तो हम ब्रेकफास्ट के बाद जी.डी. के लिए जाने वाले हैं?" मैंने पूछा।

प्रभदीप ने कहा, "हाँ, लो, तुम भी चाहो तो नजर डाल लो।" उसने मुझे अपना करेंट अफेयर्स का नोट्स मेरी तरफ बढ़ा दिया। न चाहते हुए भी मैंने उन्हें ले लिया।

मेरा मन नहीं कर रहा था कि मैं उन्हें पढ़ूँ। जनरल नॉलेज मेरी कमजोरी थी और नोट्स तो मुझे और ज्यादा डरा देते थे। उस मामले में मेरी बातचीत से हार्थिका मेरी मुश्किल को भाँप चुकी थी।

मेरा मन नहीं कर रहा था कि मैं उन्हें पढ़ूँ। जनरल नॉलेज मेरी कमजोरी थी और नोट्स तो मुझे और ज्यादा डरा देते थे। उस मामले में मेरी बातचीत से हार्थिका मेरी मुश्किल को भाँप चुकी थी।

"अरे, जरूरी नहीं कि जी.डी. के टेस्ट में तुम डेरेक ओ ब्रायन ही बन जाओ।" हार्थिका ने मेरे हाथों से नोट्स लेते हुए कहा और उसे प्रभदीप को लौटा दिया।

"फिर भी, तुम्हारा शुक्रिया, प्रभदीप।" मैंने किसी तरह चेहरे पर मुसकान लाते हुए कहा।

प्रभदीप वापस मुसकराई और अपने नोट्स को पढ़ने लगी। बिना तैयारी के जी.डी. में हिस्सा लेने की बात सोचकर ही मेरी भूख मर गई। मैंने टोस्ट को अपनी प्लेट में वापस रखा और मेस से बाहर निकल आई।

"अरे, मेरे लिए तो रुको।" हार्थिका मेरे पीछे-पीछे बरामदे तक दौड़ती, हाँफती आई और बोली, "हमें जी.डी. की चिंता करने की जरूरत नहीं है। हम अच्छा ही करेंगे।" मैं उसकी तरफ मुड़ी और मुसकराने लगी।

"मैं तो अखबार भी नहीं पढ़ती। मुझे कुछ नहीं पता कि दुनिया में क्या चल रहा है। हाँ, बॉलीवुड के बारे में तुम मुझसे कुछ-कुछ पूछ सकती हो।" मैंने चलते-चलते कहा। हम दोनों एक-दूसरे का तनाव कम करने की कोशिश कर रहे थे।

"मैं तो अखबार भी नहीं पढ़ती। मुझे कुछ नहीं पता कि दुनिया में क्या चल रहा है। हाँ, बॉलीवुड के बारे में तुम मुझसे कुछ-कुछ पूछ सकती हो।" मैंने चलते-चलते कहा। हम दोनों एक-दूसरे का तनाव कम करने की कोशिश कर रहे थे।

"अखबार वैसे भी कौन पढ़ता है! हुँह! करने को और भी अच्छे काम हैं और रही बात जी.डी. की तो वक्त आने दो, उसे भी देख लेंगे।" हार्थिका ने कहा। जब हम बरामदे का चक्कर लगा रहे थे। हम कुछ देर तक बातचीत करते रहे, फिर हम सभी से परीक्षा के लिए फुटबॉल के मैदान के पास इकट्ठा होने के लिए कहा गया।

सुबह के 10.30 बज रहे थे और धूप खिली थी। बैठने का इंतजाम इस तरह किया गया था कि एक बहुत बड़े ट्रेनिंग शेड के भीतर हर ग्रुप के लिए बारह कुर्सियाँ अर्ध-गोलाकार ढंग से रखी गई थीं, जिनके सामने इंस्ट्रक्टर की टेबल थी। शेड के एक कोने में अलग-अलग पिलर से रस्सियाँ लटक रही थीं और दूसरे कोने में जिम्नास्ट का घोड़ा रखा था। रस्सियों के पास कुछ डंबल करीने से एक के ऊपर एक रखे गए थे। हर रक्षा प्रतिष्ठान में शारीरिक प्रशिक्षण की सुविधा होती है। नौ ग्रुप बनाए गए थे, जिनमें से हर ग्रुप में लगभग बारह उम्मीदवार थे। दुर्भाग्य से या सौभाग्य से, एक्सेल इंस्टीट्यूट की जिन चार कैंडिडेट्स ने स्क्रीनिंग पास किया था, उनमें से तीन मेरे ही ग्रुप में आ गईं। उनमें से एक अदिति भी थी। हम अपनी-अपनी सीट पर बैठे ही थे कि अदिति ने बाकी दो लड़कियों को आँखों से इशारा किया

और मैं समझ गई कि ये कुछ-न-कुछ करने वाली हैं। हर ग्रुप के साथ एक ऑफिसर इंस्ट्रक्टर आ चुका था और उसने ग्रुप डिस्कशन का टॉपिक बताया।

"गुड मॉर्निंग, कैंडिडेट्स! मैं स्क्वाड्रन लीडर ए.एस. विर्क हूँ। मैं ग्रुप डिस्कशन का संचालन करूँगा। चलिए, जल्दी से हम सबका परिचय जान लें।" उनकी कद-काठी अच्छी थी और वे पगड़ीधारी, देखने में स्मार्ट अफसर थे, जो मुफ्ती में थे।

"शुरुआत करने से पहले कुछ बुनियादी नियम जान लें। इस पूरे जी.डी. के दौरान ध्यान रखें कि यह चर्चा है, वाद-विवाद नहीं। आपको टॉपिक के बारे में सोचने के लिए दो मिनट का समय दिया जाएगा और जब आप सोचेंगी तो एक-दूसरे से बात करने की इजाजत नहीं होगी। तो चलिए, इस सत्र को बौद्धिक रूप से प्रेरक बनाएँ।"

मैं उनकी बातें सुन रही थी, लेकिन अंदाजा नहीं लगा पा रही थी कि टॉपिक क्या होगा और तभी बम गिरा दिया गया।

बीतते हर सेकंड के साथ मुझे अपनी शर्ट के पीछे जगह-जगह पसीने का एहसास हो रहा था। मैंने अपने माथे पर आए पसीने को पोंछा। इस टॉपिक के बारे में मैं कुछ भी नहीं जानती थी। मैं बस, वहाँ बैठे-बैठे सेकंड गिन रही थी और घबराई हुई थी। उन दो मिनटों में मेरे दिमाग में कई तरह के खयाल आए।

"आपका टॉपिक है : कावेरी नदी के पानी के वितरण पर किसका नियंत्रण होना चाहिए—केंद्र सरकार का या राज्यों का? बेल के बजते ही आपकी तैयारी का समय शुरू हो जाएगा और मैं जैसे ही दोबारा बेल बजाऊँगा, आप डिस्कशन शुरू करेंगी।"

बीतते हर सेकंड के साथ मुझे अपनी शर्ट के पीछे जगह-जगह पसीने का एहसास हो रहा था। मैंने अपने माथे पर आए पसीने को पोंछा। इस टॉपिक के बारे में मैं कुछ भी नहीं जानती थी। मैं बस, वहाँ बैठे-बैठे सेकंड गिन रही थी और घबराई हुई थी। उन दो मिनटों में मेरे दिमाग में कई तरह के खयाल आए। एक जी.डी. को तुम अपने एस.एस.बी. इंटरव्यू का नतीजा कैसे तय

करने दे सकती हो ? कुछ करो, गुंजन सक्सेना, कोई-न-कोई रास्ता तो होगा।

जैसे ही बेल बजी, एक्सेल की लड़कियाँ चर्चा में कूद पड़ीं। घमासान छिड़ गया! मैं वहाँ चुपचाप बैठी सुन रही थी और तमाम तरह की आवाजें मेरे कानों में गूँज रही थीं। उस सीन को मैं 'मछली बाजार' ही कह सकती थी। जब हर कोई इंस्ट्रक्टर को सुनाने के लिए अपनी बात चीख-चीखकर कह रहा था, तब पल भर के लिए मैंने अपनी आँखें बंद कीं—एक पुरानी बात मेरी आँखों के बीच अपनी झलक दिखा गई और मुझे ऐसा हल सुझा गई, जो मुझे इस टेस्ट से कामयाबी के साथ निकाल सकता था।

□

पाँच

दिसंबर 1978

"चलो, बहुत हुआ। निकलो वहाँ से, नहीं तो बाबाजी तुम्हें डाँट लगाएँगे।" माँ ने दादा और मुझे डाँटा, जब हम अमृतसर के स्वर्ण मंदिर के प्रवेश द्वार पर टखने तक आनेवाले पानी में खेल रहे थे। एक पगड़ीवाले संत, जो ऊपर से नीचे तक गहरे नीले रंग की पोशाक में थे, हमें अपनी घनी दाढ़ी के बीच से मुसकराते हुए देख रहे थे। वे अपने हाथ में पारंपरिक भाला लिये प्रवेश द्वार की रक्षा कर रहे थे। पानी बर्फ की तरह ठंडा था, लेकिन हमें इसकी परवाह नहीं थी। हमें खूब मजा आ रहा था। सर्दियाँ चरम पर थीं और रविवार का दिन था, जब धूप खिली थी और पापाजी हमें घुमाने निकले थे। कुछ दिनों पहले ही उनकी पोस्टिंग अमृतसर में हुई थी। उस छावनी से स्वर्ण मंदिर ज्यादा दूर नहीं था और हम चारों को वहाँ जाना बहुत अच्छा लगता था। मंदिर परिसर में गूँजनेवाली गुरबानी से माँ और पापाजी को जहाँ मन की शांति मिलती थी, वहीं दादा और मुझे उसके संगमरमर के विशाल चौबारे में खेलना और पवित्र सरोवर की मछलियों को 'कड़ाह प्रसाद' खिलाने में बड़ा मजा आता था। वैसे तो पापाजी किसी भी भगवान् को नहीं मानते थे, लेकिन स्वर्ण मंदिर में कुछ ऐसा था, जो उन्हें अपनी ओर आकर्षित करता था।

"तभी जब आप वादा करेंगी कि हमें लंगर में लेकर जाएँगी।" मैंने माँ से वादा करवाया था और उन्होंने 'हाँ' में स्वीकृति दे दी थी। ठंडे संगमरमर पर दादा और मैं माँ और पापाजी से आगे-आगे चल रहे थे। "सुनो, तुम दोनों

अपने–अपने सिर को रूमाल से ढँककर रखो।" माँ ने हमें हिदायत दी और हम सीढ़ियों की ओर बढ़ गए। मेहराबदार प्रवेश द्वार से जो पहली चीज नजर आती थी, वह था दरबार साहिब का चमचमाता दृश्य, जो सोने से मढ़ा था। चारों तरफ से सरोवर से घिरे स्वर्ण मंदिर की चमकती छवि पानी में दिखाई पड़ती थी। इस दृश्य की अद्भुत सुंदरता हमेशा ही मेरा मन मोह लेती थी और मैं सीढ़ियों के किनारे दादा को देखकर आस्था के साथ दोनों हाथ जोड़े खड़ी रहती थी। गुरबानी के शब्द सुकून दे रहे थे।

"अंदर जाने के चार दरवाजे क्यों हैं, माँ?" मंदिर की परिक्रमा करते हुए मैंने माँ से पूछा।

"ऐसा इसलिए, क्योंकि मंदिर चारों मुख्य दिशाओं से खुला है और लोग किसी भी दिशा से उसमें प्रवेश कर सकते हैं, जो दिखाता है कि इसके द्वार किसी भी प्रकार के लोगों के लिए खुले हैं।" माँ ने मुझे बताया, "सब एक हैं, गुंजन बेटा, इसलिए सभी के अधिकार और उन्हें एक जैसी सुविधाएँ मिलनी चाहिए।"

इस दृश्य की अद्भुत सुंदरता हमेशा ही मेरा मन मोह लेती थी और मैं सीढ़ियों के किनारे दादा को देखकर आस्था के साथ दोनों हाथ जोड़े खड़ी रहती थी। गुरबानी के शब्द सुकून दे रहे थे।

मुझे कुछ समझ नहीं आया।

"अगर मैं दादा को चॉकलेट दूँ और तुम्हें न दूँ तो कैसे लगेगा?" उन्होंने आसान शब्दों में समझाया। मैं समझ गई। "इसलिए हमें सबके साथ समान व्यवहार करना चाहिए।"

हम लंगर हॉल में आ गए, जहाँ सामुदायिक रसोई थी और हम वहाँ आए सभी लोगों के साथ फर्श पर कतार में बैठ गए। "तुम देख रही हो न? सब एक साथ फर्श पर बैठे हैं और एक जैसा खाना ही खाते हैं। चाहे तुम राजा हो या भिखारी, तुम्हारे साथ यहाँ एक जैसा व्यवहार होता है।" माँ ने पहले की बातचीत को आगे बढ़ाते हुए कहा।

"मैं समझ गई, माँ।" मैंने कहा।

एक सेवादार ने हमारी स्टील की प्लेटों में दाल डाली, दूसरे ने हमें चपातियाँ, दही और खीर दी। साधारण, लेकिन स्वादिष्ट। पापाजी को खीर अच्छी लगी और मुझे दाल।

लंगर के बाद हम मंदिर की ओर बढ़ गए। मुख्य दरबार, यानी हॉल के लिए हम कतार में लग गए। मैंने एक सिख संत को देखा, जो कड़ाह प्रसाद से भरे एक विशाल काँसे के बरतन के पीछे खड़े थे और आनेवालों से पत्ते के दोने को आगे करने को कह रहे थे। मैंने गौर से देखा तो पाया कि वे उनके दोने से सारा कड़ाह प्रसाद उस बरतन में डाल रहे थे और पत्ते के उसी दोने में उसका आधा हिस्सा उन्हें वापस दे रहे थे।

लंगर के बाद हम मंदिर की ओर बढ़ गए। मुख्य दरबार, यानी हॉल के लिए हम कतार में लग गए। मैंने एक सिख संत को देखा, जो कड़ाह प्रसाद से भरे एक विशाल काँसे के बरतन के पीछे खड़े थे और आनेवालों से पत्ते के दोने को आगे करने को कह रहे थे।

"माँ, वे सभी से प्रसाद क्यों ले रहे हैं?" मैं अपने दोने उन्हें नहीं देना चाहती थी और इसलिए मैंने माँ से पूछा।

"ताकि सभी के चढ़ाए प्रसाद मिल जाएँ और उस बरतन से सभी को बराबर-बराबर हिस्सा मिले। याद है न, मैंने तुमसे कहा था—सबके साथ समान व्यवहार करना चाहिए।" माँ ने जवाब दिया।

वैसे तो माँ ने जो कहा, उसे मैं समझ गई थी, फिर भी मैं उस संत पर कड़ी निगाह रख रही थी, जो हमारे दोने से कड़ाह प्रसाद ले रहे थे। वह इतना स्वादिष्ट था कि मैं जरा सा भी देना नहीं चाहती थी। लेकिन मुझे लगता है कि मैं जितना नाक-भौंह सिकोड़ रही थी, वे उतना ही मुसकरा रहे थे।

इस तरह घूमने जाने से जुड़ी बचपन की कुछ यादें हैं, जिन्हें मैं आज भी भूली नहीं हूँ। माँ और पापाजी मौके का अच्छे-से-अच्छा इस्तेमाल हमें उन मूल्यों की शिक्षा देने के लिए करते थे, जो उन्हें जरूरी लगते थे। मुझे भी अमृतसर में बीत रहे अपने दिन अच्छे लगने लगे। आसपास घूमने की

इतनी सारी जगहें थीं, इतनी तरह का खाना था और खुशमिजाज लोगों के बीच आपस में इतना मेल-जोल था कि मुझे पता भी नहीं चला और अमृतसर मेरे जीवन का एक हिस्सा बन गया। इसमें आश्चर्य नहीं कि इसे 'सिफ्ती दा घर', यानी प्यारा घर कहते हैं। अमृतसर से जुड़ी एक और चीज मुझे आज भी प्यारी लगती है और वह है जूनियर स्टडी स्कूल। इस स्कूल में दादा और मेरा दाखिला वर्ष 1979 की शुरुआत में विंटर सेशन के तुरंत बाद कराया गया था। इसकी जबरदस्त ख्याति के अलावा जिन दो कारणों से मेरे माता-पिता ने इस स्कूल को चुना, उनमें से एक यह था कि यह कैंट के करीब था और वहाँ तक स्कूल बस की सर्विस थी। दादा को वह स्कूल उसके बड़े खेल के मैदान की वजह से पसंद था, जबकि मुझे उसका चटख रंगवाला यूनिफॉर्म पसंद था, जिसमें डार्क ब्लू टी-शर्ट थी और लाल रंग के शॉर्ट्स थे। हमारी प्रिंसिपल रीता मैम लड़कियों को अपने बालों में रंग-बिरंगे रिबन भी लगाने देती थीं। स्कूल के सामने के बरामदे पर फूलों की एक क्यारी थी, जो मुझे सबसे ज्यादा पसंद थी। हर दिन में उससे एक फूल तोड़कर अपनी पसंदीदा टीचर मिस सृष्टि के लिए ले जाती थी, जिन्हें मैं प्यार से 'तितली मैम' बुलाती थी। इसके बदले वे मुझे टॉफी देती थीं।

"दादा, उठो, नहीं तो हमारी बस छूट जाएगी।" मैं दादा की पीठ पर बैठकर उन्हें जगाने की कोशिश करती थी और वह रजाई खींचकर फिर से अपना मुँह ढँक लेते थे। "दो मिनट और।" दादा आधी नींद में बड़बड़ाते थे।

"दादा, उठो, नहीं तो हमारी बस छूट जाएगी।" मैं दादा की पीठ पर बैठकर उन्हें जगाने की कोशिश करती थी और वह रजाई खींचकर फिर से अपना मुँह ढक लेते थे।

"दो मिनट और।" दादा आधी नींद में बड़बड़ाते थे। जूनियर स्टडी में जाते हुए हमें दो महीने हो चुके थे। मैं अकसर अपने आप ही जाग जाती थी, लेकिन दादा को जगाना आसान नहीं था।

"चलो, दोनों उठ जाओ।" माँ चोको-माल्ट दूध के दो गिलास लिये कमरे में आती थीं। उनके पीछे-पीछे चिंपू चल रहा होता था, जो कूदकर दादा के चेहरे को चूमने के लिए बेताब रहता था। हर दिन पापाजी अपनी सुबह की पीटी के लिए जाते थे, जबकि माँ हमें स्कूल के लिए तैयार करती थीं। मैं जब दूध पी रही होती थी, तब वे मेरी चोटी बाँध दिया करती थीं। कभी-कभी मुझे दादा की बिना साज-सँवार की जरूरत वाली क्रू-कट हेयर स्टाइल से जलन भी होती थी। पापाजी के सहायक संजय भैया हर सुबह हमारा नाश्ता पैक करने में माँ की मदद करते थे। दादा और मैं कभी अपने-अपने टिफिन में एक ही नाश्ता नहीं ले जाते थे। हमारी डिमांड अलग-अलग होती थी और माँ ने कभी हमारे लिए अलग-अलग तरह का नाश्ता बनाने से मना नहीं किया। बाकी सभी खाने के लिए स्वीकार करनेवाला सीधा सा नियम था, जो सक्सेना परिवार के सभी सदस्यों पर लागू होता था। हमेशा की तरह माँ हमें बस स्टॉप तक छोड़ती थीं, जो हमारे घर से मात्र एक मिनट की दूरी पर था। हमेशा की तरह ही वह हमें हमारे स्कूल बैग और वाटर बॉटल खुद से ही उठाने को कहती थीं। हमेशा की तरह ही हम उन्हें किस कर 'गुडबाय' कहते थे और जूनियर स्टडी की चमकीली-पीली मिनी बस के आते ही उस पर सवार हो जाते थे।

"वह मेरी सीट पर बैठा है, दादा।" बस में आगे बढ़ते हुए मैंने जब देखा कि जहाँ मैं बैठती थी, वहाँ एक लड़का बैठा है तो दादा के कान में धीरे से कहा। दादा उसके पास गए और उसे धमकाने के अंदाज में घूरने लगे। उनका घूरना ही काफी था और उस लड़के ने सीट खाली कर दी।

"वह मेरी सीट पर बैठा है, दादा।" बस में आगे बढ़ते हुए मैंने जब देखा कि जहाँ मैं बैठती थी, वहाँ एक लड़का बैठा है तो दादा के कान में धीरे से कहा। दादा उसके पास गए और उसे धमकाने के अंदाज में घूरने लगे। उनका घूरना ही काफी था और उस लड़के ने सीट खाली कर दी। मेरे बड़े भाई मेरे बिना वेतन के काम करनेवाले पर्सनल बॉडीगार्ड भी थे। इसके अलावा, पापाजी

के निर्देशों में भी शामिल था कि स्कूल में मेरी देखभाल उन्हें ही करनी है। मैं इतनी शरारती थी कि इसका भरपूर इस्तेमाल किया करती थी।

"अगली बार न तुम लोगों से खुद ही बोल दिया करो।" दादा ने मुझे बिठाते हुए कहा, "वैसे भी, मैंने तुम्हें कल जो कहा था, वो याद है न?"

"हाँ, याद है।" आज्ञाकारी बहन की तरह मैंने सिर हिलाते हुए कहा।

> ***लंच की घंटी बजते ही सभी की खुशी का शोर हर दिशा से आती गूँज में बदल गया। मैं अपनी सीट से उठी और जितनी तेजी से दौड़ सकती थी, दौड़ने लगी। छोटे, लेकिन तेज कदमों के साथ ही छात्रों की भीड़ को चतुराई से चीरते हुए मैं गलियारे से होती हुई क्लासरूम बिल्डिंग के बाहर आई और फिर वहाँ से खेल के मैदान तक।***

"गुड गर्ल!" दादा ने कहा।

"तो आप मुझे अपने दोस्तों के साथ खेलने दोगे?" मैंने एक दिन पहले तय हुई शर्त पर आश्वासन पाने के लिए पूछा। मेरा अपना कोई दोस्त नहीं था और दादा के दोस्त ही मेरे दोस्त थे। आनेवाले काफी समय तक वही मेरे दोस्त थे।

"खेलने दूँगा। प्रॉमिस।" दादा ने कहा और अपनी छोटी उँगली बढ़ा दी। मैंने अपनी छोटी उँगली बढ़ाई और उसे लॉक कर दिया और एक दिन पहले से लेकर अब तक न जाने कितनी बार हमने इस समझौते की याद एक-दूसरे को दिलाई थी।

दादा ने मुझे एक काम दिया था, जिसे मैं काफी जरूरी समझ रही थी, इतना जरूरी कि उस दिन मैं तितली मैम के लिए फूल तोड़ना भी भूल गई। मेरा सारा फोकस दिए गए काम पर था। मुझे घड़ी में टाइम देखना भी नहीं आता था। फिर भी, जब लंच की घंटी बजी तो घड़ी की सुइयों को देखकर मैंने समय का अंदाजा लगा लिया। उससे पहले के पीरियड में मेरी नजर लगातार दीवार पर लगी घड़ी पर टिकी रही। जैसे ही घड़ी की सुइयाँ उस जगह पर पहुँचीं, मैंने अपना टिफिन निकाला और दौड़ लगाने के लिए तैयार हो गई। घंटी बज गई। लंच की घंटी बजते ही सभी की खुशी का शोर हर दिशा से आती गूँज में बदल गया। मैं अपनी

सीट से उठी और जितनी तेजी से दौड़ सकती थी, दौड़ने लगी। छोटे, लेकिन तेज कदमों के साथ ही छात्रों की भीड़ को चतुराई से चीरते हुए मैं गलियारे से होती हुई क्लासरूम बिल्डिंग के बाहर आई और फिर वहाँ से खेल के मैदान तक। मैंने अपनी नजर अपने टारगेट पर जमा दी। मैं उसकी तरफ भागी। उस पर कब्जा जमाने की होड़ में और कोई शामिल नहीं थी और मैं वहाँ पहुँची तथा उस टायर स्विंग की अपनी सीट पर बैठ गई। साँस के स्थिर होने में थोड़ा समय लगा, लेकिन मैं खुश थी। दादा को कितना गर्व होगा। दस मिनट बाद एक और घंटी बजी। फर्स्ट ग्रेड के छात्रों के लंच का समय शुरू हो चुका था। अपर केजी और उससे नीचे की क्लास के लिए लंच का समय बहुत पहले ही शुरू हो चुका था। इस वजह से ही दादा ने मुझे उनके आने तक टायर स्विंग पर कब्जा जमाए रखने का काम सौंपा था। वह टायर स्विंग सारे सीनियर लड़कों का पसंदीदा झूला था। कई दौड़ते हुए आए और मुझे जब कहते सुना, "ये मेरे दादा के लिए है, तुम जाओ।" तो निराश होकर लौट गए। आखिरकार, दादा जब आए और देखा कि उन्होंने जो काम दिया था, उसे मैंने पूरा कर दिया है तो उन्होंने मुझे अपने दोस्तों के साथ खेलने दिया।

दो दिनों तक मैंने ऐसा ही किया। साथ मिलकर दादा और मैंने ऐसा प्लान बनाया था, जो मुझे और उन्हें दोनों के लिए फायदे का सौदा था। उन्हें टायर स्विंग मिल जाता था और मुझे उनके दोस्त। लेकिन, कुछ लड़कों को यह बात फूटी आँख नहीं सुहा रही थी। उनमें जो सबसे सीनियर थे, उनके बीच नाराजगी बढ़ने लगी।

दो दिनों तक मैंने ऐसा ही किया। साथ मिलकर दादा और मैंने ऐसा प्लान बनाया था, जो मुझे और उन्हें दोनों के लिए फायदे का सौदा था। उन्हें टायर स्विंग मिल जाता था और मुझे उनके दोस्त। लेकिन, कुछ लड़कों को यह बात फूटी आँख नहीं सुहा रही थी। उनमें जो सबसे सीनियर थे, उनके बीच नाराजगी बढ़ने लगी। विद्रोह होना तय था। खेल के मैदान में 'गुंजन फ्रॉम केजी' कुख्यात हो गई। नतीजा यह हुआ कि एक दिन हालात बिगड़ गए।

"चलो, टायर मुझे दो।" सेकंड स्टैंडर्ड का एक हट्टा-कट्टा सरदार लड़का मेरे सामने आकर खड़ा हो गया और मैं उस दिन टायर स्विंग पर बैठी थी।

"नो।" मैंने सख्ती से कहा, "मैं इसे केवल दादा को दूँगी।"

"दे दो मुझे, नहीं तो तुम्हें और तुम्हारे दादा, दोनों को आज मैं अच्छा सबक सिखाऊँगा।" उसने एक कदम आगे बढ़ाया, दोनों हाथ अपनी कमर पर रखे और मुझे चेतावनी दी। उसके गोल चेहरे पर भृकुटी तन गई थी। उसके लाल पटके ने सूरज को ढक रखा था और उसकी परछाईं मेरे ऊपर पड़ रही थी।

मैं बेकरारी से दादा के आने का इंतजार कर रही थी, लेकिन मैं हार मानने वाली भी नहीं थी। "केवल मेरे दादा को यह स्विंग मिलेगी।" इतना कहते ही मैंने झूले की रस्सियों पर अपनी पकड़ को और मजबूत कर लिया।

मैं डरी हुई थी, लेकिन अड़ी रही और कहा, "मैं ये तुम्हें नहीं दूँगी।" कनखियों से मैंने देखा कि दो और लड़के उसके साथ आ गए, एक दाईं ओर तो दूसरा बाईं ओर। डरकर मैंने अपना चेहरा अपने स्वेटर में छिपा लिया।

"मैं आखिरी बार कह रहा हूँ तुमसे।" उसने कहा।

मैं बेकरारी से दादा के आने का इंतजार कर रही थी, लेकिन मैं हार मानने वाली भी नहीं थी। "केवल मेरे दादा को यह स्विंग मिलेगी।" इतना कहते ही मैंने झूले की रस्सियों पर अपनी पकड़ को और मजबूत कर लिया। सरदार लड़का करीब आया और उसने मेरी बाँह को पकड़ा। टिफिन मेरी गोद से जमीन पर गिर गया। अंदर की चीजें बिखर गईं। दादा का कोई अता-पता नहीं था।

"नो। नो!" अपनी पकड़ बनाए रखने के लिए मैं संघर्ष करने लगी। बाकी दोनों लड़के भी सरदार लड़के की मदद में आगे आए, लेकिन किसी एक की ताकत के आगे कई मांसपेशियों की जीत हुई। तीनों ने मुझे पकड़ा, मेरे दोनों हाथों पर पकड़ मजबूत की और मुझे इतनी जोर से धकेला कि मैं जमीन पर गिर गई और रुकने से पहले दो गुलाटी मार चुकी थी। मेरे दाहिने घुटने पर

बहुत तेज दर्द हुआ। धीरे-धीरे मैं उठी, जमीन पर बैठी और अपने घुटनों को अपने सीने तक लाकर कस दिया। मेरा घुटना छिल चुका था और उन्हें दबाकर रखनेवाली मेरी उँगलियाँ खून से लाल हो गई थीं। तीनों लड़के अपनी जीत पर हँस रहे थे। मैं चीख-चीखकर रो रही थी। दादा का कहीं नामो-निशान नहीं था।

माँ को मेरी टीचर ने फोन किया और वे मुझे लेने स्कूल पहुँचीं। मुझे फर्स्ट एड रूम में ले जाया गया, जहाँ उन्होंने मेरे घावों की मरहम-पट्टी की। मैंने उन सबको यही बताया कि मेरा पैर फिसल गया था। मैं गिर गई थी। अगर मैं उन्हें सबकुछ सच-सच बता देती तो दादा को बहुत डाँट पड़ती। माँ मुझे घर ले गईं। मैं अब और नहीं रो रही थी। मैं बस, गुस्से में थी, बहुत ज्यादा गुस्से में।

माँ को मेरी टीचर ने फोन किया और वे मुझे लेने स्कूल पहुँचीं। मुझे फर्स्ट एड रूम में ले जाया गया, जहाँ उन्होंने मेरे घावों की मरहम-पट्टी की। मैंने उन सबको यही बताया कि मेरा पैर फिसल गया था। मैं गिर गई थी। अगर मैं उन्हें सबकुछ सच-सच बता देती तो दादा को बहुत डाँट पड़ती।

"दादा, कहाँ थे तुम?" मैंने दादा के घर आने पर तमतमाते हुए पूछा। माँ किचन में थीं। मैं अपने पैर को सोफे पर रखकर आराम दे रही थी। दादा को पूरी घटना की जानकारी स्कूल बस में दूसरे बच्चों से मिल गई।

"होमवर्क नहीं करने पर मिस गीता ने हमें सजा दी थी। उन्होंने लंच पीरियड में आधे समय तक हमें दीवार की तरफ मुँह कर खड़ा कर दिया।" दादा ने मेरे पैर में बँधी पट्टी को गौर से देखते हुए कहा। उन्हें पता था कि घाव गहरा है। इससे उन्हें भी बहुत गुस्सा आया।

"तुमने उन्हें झूला दिया क्यों नहीं? तुम कितनी बेवकूफ हो!" उन्होंने कहा।

"तुम मुझ पर क्यों चिल्ला रहे हो? मुझे क्या पता था कि तुम आओगे ही नहीं।" मैंने कहा।

"अरे पागल, तो एक झूले के लिए तुम खुद को इतनी बड़ी चोट लगने दोगी क्या?" दादा की खीज उन्हें परेशान कर रही थी और वह पैर पटकते हुए लिविंग रूम से बाहर निकल गए।

उनके जाते ही पापाजी अंदर आए। मेरे घुटने पर पट्टी देखते ही उन्होंने तुरंत अपनी कैप खूँटी पर टाँगी और मेरी तरफ आए।

"अरे, मेरी छोटी बच्ची को यह क्या हुआ?" दुलारते हुए उन्होंने पूछा।

मैंने उन्हें गले लगा लिया और रोने लगी।

"कोई बात नहीं। बस, जरा सी खरोंच है। तुम तो कितनी बहादुर हो!" पापाजी ने मुझे गले लगाते हुए कहा। माँ ने पापाजी को टेलीफोन पर सबकुछ बता दिया था। कुछ देर तक मैं पापाजी की गोद में ही रही। उन्होंने जब देखा कि मैं सो चुकी हूँ, तब मुझे धीरे से उठाकर मेरे कमरे में ले आए। शाम को जब मेरी नींद खुली तो मैंने देखा कि वे मेरी बगल में नींद ले रहे थे। चिंपू उनकी गोद में सोया था। मेरा उठ पाना मुश्किल हो रहा था और जब मैंने अपने पैर को मोड़ने की कोशिश की तो भयंकर दर्द होने लगा।

"कोई बात नहीं। बस, जरा सी खरोंच है। तुम तो कितनी बहादुर हो!" पापाजी ने मुझे गले लगाते हुए कहा। माँ ने पापाजी को टेलीफोन पर सबकुछ बता दिया था। कुछ देर तक मैं पापाजी की गोद में ही रही।

"पैर मत हिलाओ, बेटा।" पापाजी की नींद खुली और उन्होंने कहा। उन्होंने मुझे सहारा देकर बैठाया। "अब बताओ, ये कैसे हुआ?" उन्होंने मेरे सिर को सहलाते हुए पूछा।

"मेरा पैर फिसल गया और मैं गिर गई।" यह जानते हुए कि मैं उनसे झूठ बोल रही थी, मैंने अपनी नजरें नीची कर लीं।

"यह कहानी तो दूसरों के लिए है, मेरे लिए नहीं। इसलिए मुझे बताओ, गुंजू, कि यह कैसे हुआ? ठीक है!" उन्होंने फिर से पूछा।

मैंने उनकी तरफ देखा और जो हुआ था, सब बता दिया। "दादा भी जानते हैं। वो उस लड़के को देख लेंगे।" मैंने अपनी बात पूरी की।

पापाजी ने गहरी साँस ली और अपने हाथ को मेरे हाथ में लिया तथा बोले, "यह दादा की लड़ाई नहीं है। यह लड़ाई तुम्हारी है, गुंजू।"

मैं उनके कहने का मतलब नहीं समझ पाई और हैरानी से उनकी तरफ देखने लगी। "देखो, तुम्हारे साथ जो हुआ, वो गलत हुआ, है न ?" उन्होंने पूछा और मैंने, 'हाँ' कहा।

"क्या यह गलत था ?" उन्होंने पूछा। मैंने उनकी बात सुनकर 'हाँ' में सिर हिलाया।

"क्या दादा तुम्हें बचाने के लिए वहाँ था ?" उन्होंने पूछा।

"नहीं।" भारी मन से मैंने कहा।

"तुम जब बड़ी हो जाओगी, तब ऐसी कई लड़ाइयाँ होंगी। अंशु तुमसे बहुत स्नेह रखता है; लेकिन हो सकता है कि वह हमेशा तुम्हारी रक्षा के लिए मौजूद नहीं रह सकता है।" उन्होंने कहा।

"पर दादा कहाँ जाएँगे ?" मैंने भोलेपन के साथ पूछा।

मैं उनके कहने का मतलब नहीं समझ पाई और हैरानी से उनकी तरफ देखने लगी। "देखो, तुम्हारे साथ जो हुआ, वो गलत हुआ, है न ?" उन्होंने पूछा और मैंने, 'हाँ' कहा। "क्या यह गलत था ?" उन्होंने पूछा। मैंने उनकी बात सुनकर 'हाँ' में सिर हिलाया।

"मान लो, अंशु कॉलेज चला जाएगा या उसे किसी दूसरे शहर में नौकरी मिल जाएगी, तब क्या होगा ?" पापाजी ने पूछा, जिसका मेरे पास कोई जवाब नहीं था। मैंने कंधे झुका दिए और नीचे देखने लगी।

"अपनी लड़ाई खुद लड़ना सीखो, गुंजू।" पापाजी ने अपनी उँगली से मेरी ठुड्डी को ऊपर उठाया और प्यार से कहा, "अपने आप को इतना मजबूत बनाओ कि कोई तुमसे झगड़ा न करे। अगर उन्हें पता चल जाएगा कि यह लड़की पलटवार करेगी तो वे कभी ऐसा नहीं करेंगे।" पापाजी ने धीरे-धीरे, लेकिन सख्त अंदाज में कहा। मैं सुन रही थी।

"लेकिन वे लड़के तो बड़े-बड़े थे।" मैंने कहा।

"तुम्हारी मुश्किल चाहे कितनी ही बड़ी क्यों न हो, तुम्हें उसका सामना

करना चाहिए। अगर तुम उसका सामना ताकत से नहीं कर सकतीं तो अपने दिमाग का इस्तेमाल करो।" पापाजी ने अपनी तर्जनी मेरे माथे पर टिका दी। "दिमाग हमेशा ताकत से जीत जाता है। अब, जब तुम्हारा घुटना ठीक हो जाएगा और तुम स्कूल जाओगी तो तुम्हारी बात सुनी जानी चाहिए। उन्हें बता दो कि वे मेरी छोटी बच्ची से पंगा नहीं ले सकते हैं। अब जब भी तुम्हारी किसी से लड़ाई हो तो खुद उससे निपटना। तुम्हें बस, एक रणनीति तैयार करनी है।" फिर उन्होंने मेरे घुटने की तरफ देखा और कहा, "लड़ाई में लोग घायल हो जाते हैं। तुम्हें भी कई बार चोट लग सकती है, लेकिन हर जख्म तुम्हें और ताकतवर बनाएगा। समझ गई न?"

अगला एक हफ्ता मैंने बिस्तर पर ही गुजारा, जब तक कि मेरा जख्म इतना भर नहीं गया कि मैं चल सकूँ। उस पूरे हफ्ते एक ही बात मुझे अच्छी लगी कि मेरे ऊपर पूरा ध्यान दिया जा रहा था। मेरी सारी माँगें मानी जा रही थीं।

भले ही मुझे समझने में थोड़ा वक्त लगा कि वे क्या कह रहे थे, लेकिन मैंने 'हाँ' में सिर हिलाया और उन्हें गले लगाने के लिए अपने हाथ आगे बढ़ा दिए। उन्होंने मुझे गले लगा लिया। "किसी को चोट पहुँचाने की नीयत से पलटवार मत करो। पलटवार करो, ताकि उन्हें तुम्हारी बात समझ आ जाए।"

अगला एक हफ्ता मैंने बिस्तर पर ही गुजारा, जब तक कि मेरा जख्म इतना भर नहीं गया कि मैं चल सकूँ। उस पूरे हफ्ते एक ही बात मुझे अच्छी लगी कि मेरे ऊपर पूरा ध्यान दिया जा रहा था। मेरी सारी माँगें मानी जा रही थीं। चॉकलेट या चाऊमीन पर कोई रोक नहीं थी और कोई होमवर्क भी नहीं करना था। लेकिन इन सबके बीच मैं एक रणनीति तैयार कर रही थी। एक हफ्ते बाद मैं फिर से स्कूल गई। एक बार फिर मैं तितली मैम के लिए फूल तोड़ना भूल गई। मेरा दिमाग कहीं और था। मैं हर पीरियड के बाद घड़ी को देखती कि कब उसमें लंच का समय होगा और जैसे ही बेल बजी, मैं खेल के मैदान की ओर भागी—थोड़ा लँगड़ाते हुए ही। टायर स्विंग की रस्सियाँ लोहे की एक

छड़ से बँधी थीं, जो दोनों तरफ गड़े खंभों पर टिका था। उसके पीछे भी वैसा ही एक फ्रेम था, लेकिन उस पर कोई झूला नहीं था। मैंने अपनी जेब से ऊन का एक छोटा सा गोला निकाला, जिसे मैंने माँ के बुनाईवाले सामानों में से उस दिन सुबह चुपके से अपने बैग में रख लिया था। धागे के एक सिरे को मैंने दाएँ खंभे में बाँध दिया, फिर उसे खींचा और दूसरे सिरे को बाएँ खंभे से कसकर बाँध दिया। उस धागे से कुछ ही दूर मैंने पानी का छोटा गड्ढा बनाया, जिसमें अपनी वाटर बॉटल का सारा पानी डाल दिया और स्याही की बोतल से पूरी स्याही उसमें उड़ेल दी। उस बोतल को भी मैंने माँ के सामानों में से चुराया था। टायर स्विंग के नीचे, जमीन पर मैंने ऐसी चीज रख दी, जिसे देखकर स्कूल के हर लड़के में लालच पैदा हो सकता था—मार्बल्स। आखिरी बार चेक करने के बाद मैं पास ही अमरूद के एक पेड़ के पीछे छिप गई। मैं इंतजार कर रही थी और मेरी उत्सुकता बढ़ती जा रही थी। वह सरदार लड़का और उसके दो दोस्त हर दिन टायर स्विंग पर अपना कब्जा जमा लिया करते थे। मेरी क्लास की एक लड़की ने मुझे बताया था। इसलिए मैं जानती थी कि वे आएँगे। जब वे आए तो चमकीले गोल मार्बल्स देखकर उन्हें उठाने के लिए नीचे झुके। तभी मैंने उनके पीछे अपनी जगह ले ली।

"दोबारा मुझे कभी धक्का मत देना!" मैं जितनी जोर से चीख सकती थी, चीखी। मैंने उस टायर स्विंग की रस्सियों को अपनी तरफ खींचकर पकड़ रखा था। भौचक्के होकर तीनों मेरी तरफ मुड़े। मेरे भीतर जितनी ताकत थी, उससे मैंने टायर को उनकी तरफ धकेल दिया।

"दोबारा मुझे कभी धक्का मत देना!" मैं जितनी जोर से चीख सकती थी, चीखी। मैंने उस टायर स्विंग की रस्सियों को अपनी तरफ खींचकर पकड़ रखा था। भौचक्के होकर तीनों मेरी तरफ मुड़े। मेरे भीतर जितनी ताकत थी, उससे मैंने टायर को उनकी तरफ धकेल दिया। इसने उन तीनों को पीछे की तरफ धकेल दिया और जैसे ही वे पीछे की ओर लड़खड़ाए, उनका पैर ऊन के

धागे में फँस गया, जिससे वे नीचे गिर पड़े। जैसे ही वे उस गड्ढे में गिरे, जिसे मैंने पहले से बना रखा था, कीचड़ वाले पानी के छींटे चारों ओर फैल गए। वे उठने की जितनी कोशिश करते, उतना ही फिसलते और गिर जाते। हवा में झूलते टायर के सामने मैं कमर पर हाथ रखकर खड़ी थी और उन्हें जूझता देख रही थी; जबकि वे और भी कीचड़ में सनते जा रहे थे। पल भर और वहाँ रुकने के बाद मैं दौड़कर वापस चली गई।

ग्रुप डिस्कशन के दौरान एक्सेल की लड़कियाँ इतना जोर-जोर से बोल रही थीं कि दूसरी लड़कियों की आवाज सुनाई ही नहीं दे रही थी। लगभग आधा मिनट बीत चुका था और मैं अब भी यही सोच रही थी कि मैं जी.डी. में पास हो पाऊँगी या नहीं। 'तुम्हारी आवाज सुनी जानी चाहिए।'

बेशक, इसके नतीजे भी भुगतने पड़े। प्रिंसिपल ने माँ और पापाजी को बुलाया। मैंने जो किया था और उसे कैसे किया था, यह सब सुनकर माँ हैरत में थीं। माँ और प्रिंसिपल मेरे व्यवहार के लिए क्या किया जाना चाहिए, इसकी चर्चा कर रहे थे; जबकि मैं एक कोने में बैठी थी और पापाजी की तरफ देख रही थी। वे भी मेरी तरफ देखने लगे और फिर वे मुसकराए तो मैं भी मुसकरा दी।

ग्रुप डिस्कशन के दौरान एक्सेल की लड़कियाँ इतना जोर-जोर से बोल रही थीं कि दूसरी लड़कियों की आवाज सुनाई ही नहीं दे रही थी। लगभग आधा मिनट बीत चुका था और मैं अब भी यही सोच रही थी कि मैं जी.डी. में पास हो पाऊँगी या नहीं। 'तुम्हारी आवाज सुनी जानी चाहिए।' पापाजी के शब्द मेरे कानों में गूँज रहे थे। तुम्हें बस, एक रणनीति तैयार करनी है और समय गँवाए बिना मैंने अपनी रणनीति पर काम करना शुरू कर दिया। 'चिंता मत करो, अब भी पाँच मिनट बचे हैं।' मैंने खुद से कहा। मेरा प्लान सीधा सा था, लेकिन मैं कह नहीं सकती थी कि यह कारगर होगा या नहीं। मैंने उस टॉपिक पर सारी लड़कियों

की बातों को सुना और उन्होंने जो तथ्य रखे थे, उन्हें दिमाग में बिठाया। मूल रूप से मैंने उनकी दलीलों से जानकारी ली और खुद को वहीं पर तैयार किया।

"तमिलनाडु में लगभग 54 प्रतिशत बेसिन क्षेत्र है। हजारों वर्ग किलोमीटर खेती की जमीन इस नदी के पानी पर निर्भर है। इसके बहाव की देखभाल तमिलनाडु राज्य को करनी चाहिए।" चेस्ट नंबर 16 ने कहा।

"लेकिन नदी कर्नाटक से निकलती है। मुझे लगता है, मुख्य नियंत्रण कर्नाटक को देना चाहिए।" चेस्ट नंबर 25 ने कहा।

"मैं चेस्ट नंबर 25 से सहमत हूँ।" दो अन्य लड़कियों ने कहा।

"सबसे पहले मैसूर को बाँध बनाने की इजाजत दी गई थी और वर्ष 1924 में मद्रास इस पर सहमत हुआ था। इसलिए कर्नाटक के पास कावेरी नदी के जल के बहाव को नियंत्रित करने का अधिकार सबसे पुराना है।" चेस्ट नंबर 68 ने कहा।

"लेकिन वर्ष 1986 में सबसे पहले तमिलनाडु ने ही कावेरी ट्रिब्यूनल बनाने का प्रस्ताव रखा था। उसकी ओर से किए गए प्रयासों के बाद ही सन् 1990 में ट्रिब्यूनल बना। इतनी सारी मेहनत व्यर्थ नहीं जा सकती है।" चेस्ट नंबर 16 ने कहा।

"कावेरी कर्नाटक और तमिलनाडु—दोनों को ही जीवन देती है। मुझे लगता है, दोनों राज्यों की सरकारों को इसके पानी का बराबर हिस्सा और समान नियंत्रण दिया जाना चाहिए।" चेस्ट नंबर 99 ने कहा।

"लेकिन कर्नाटक ने तमिलनाडु को पानी की आपूर्ति बंद कर दी है।" चेस्ट नंबर 68 ने कहा।

"तमिलनाडु में लगभग 54 प्रतिशत बेसिन क्षेत्र है। हजारों वर्ग किलोमीटर खेती की जमीन इस नदी के पानी पर निर्भर है। इसके बहाव की देखभाल तमिलनाडु राज्य को करनी चाहिए।" चेस्ट नंबर 16 ने कहा। "लेकिन नदी कर्नाटक से निकलती है। मुझे लगता है, मुख्य नियंत्रण कर्नाटक को देना चाहिए।" चेस्ट नंबर 25 ने कहा।

यह चर्चा, जो अब बहस में बदल चुकी थी, अगले दो मिनट तक चलती रही और मैं सबकी बातें सुनती रही; लेकिन समय खत्म हो रहा था और मुझे लगा कि अगर अब मैंने नहीं बोला तो मुझे इसकी बहुत भारी कीमत चुकानी पड़ेगी। मुझे जब यह समझ नहीं आया कि मैं किस राज्य का पक्ष लूँ, तो जब मैं बहस में कूदी तो मैंने एकदम अलग ही रुख अपनाया और कहा, "ऐसा संसाधन, जो देश का है, उस पर किसी भी राज्य का नियंत्रण क्यों होना चाहिए?" मैं हैरान रह गई, जब मैंने देखा कि सेकंड भर के लिए सारे उम्मीदवार चुप हो गए और इससे पहले कि कोई कुछ कहता, मैंने कहा, "अपने पानी की देखभाल की जिम्मेदारी किसी देश की जिम्मेदारी होनी चाहिए। हर राज्य सरकार अपने-अपने फायदे की बात सोचेगी और आजादी के बाद से हम यही देखते आ रहे हैं। यही वजह है कि कर्नाटक ने सन् 1991 में ट्रिब्यूनल के फैसले को खारिज कर दिया था और तमिलनाडु कर्नाटक की ओर से बाँध बनाए जाने का विरोध कर रहा था, जबकि वह अपने राज्य में बाँध बना रहा है। कावेरी किसी राज्य की संपत्ति नहीं है, यह देश का संसाधन है।"

"हो सकता है, तुम सही कह रही हो।" मैंने कहा और बात आगे बढ़ाई, "अकेले केंद्र सरकार कोई हल नहीं निकाल सकती है। एक देश के तौर पर हमें इसका हल मिलकर निकालना होगा। एजेंसियों को—जैसे कि पावर कॉरपोरेशन और लघु उद्योगों को भी—जो इसके पानी का इस्तेमाल करती हैं...

"लेकिन केंद्र सरकार ने भी कभी कोई अच्छा हल नहीं दिया है।" चेस्ट नंबर 68 ने विरोध प्रकट किया।

"हो सकता है, तुम सही कह रही हो।" मैंने कहा और बात आगे बढ़ाई, "अकेले केंद्र सरकार कोई हल नहीं निकाल सकती है। एक देश के तौर पर हमें इसका हल मिलकर निकालना होगा। एजेंसियों को—जैसे कि पावर कॉरपोरेशन और लघु उद्योगों को भी—जो इसके पानी का इस्तेमाल करती हैं, उनको इसकी देख-रेख के लिए जवाबदेह और जिम्मेदार बनाया जाना चाहिए।

पानी का बहाव इसके तीन-तीन महीने के रख-रखाव के नतीजों और राज्य की अनुमानित जरूरत का हिसाब सही तरीके से लगाए जाने पर निर्भर होना चाहिए। वे सभी, जो कावेरी के पानी का इस्तेमाल करते हैं, उन्हें एक समान नियम से बँधा होना चाहिए कि वे नदी का दोहन नहीं करेंगे और जल-प्रदूषण कम-से-कम करेंगे। वैसे भी, सवाल यह नहीं है कि पानी के बहाव पर किसका नियंत्रण सही रूप में होना चाहिए, बल्कि हमें यह सोचना चाहिए कि हम इसे प्रभावी ढंग से कैसे करें, ताकि सभी को लाभ मिले? वहीं दोहन और अनुचित व्यवहार से बचा जा सके। इसी पर केंद्र और राज्य सरकारों को निर्णय लेना चाहिए।

"अकेले न तो केंद्र, न ही राज्य सरकारें इस समस्या का हल निकाल सकती हैं; लेकिन एक देश निकाल सकता है।"

मैं साँस लेने के लिए रुकी तो अपनी बात को थोड़ी देर के लिए विराम दिया और फिर से चर्चा शुरू हो गई। लेकिन उसके बाद मैंने घंटी बजने तक कुछ नहीं कहा, जो इस बात का संकेत था कि समय पूरा हो गया है। स्क्वाड्रन लीडर विर्क कागज के एक टुकड़े पर कुछ लिख रहे थे, इसलिए उन्होंने हमसे शांत रहने के लिए कहा।

मैं साँस लेने के लिए रुकी तो अपनी बात को थोड़ी देर के लिए विराम दिया और फिर से चर्चा शुरू हो गई। लेकिन उसके बाद मैंने घंटी बजने तक कुछ नहीं कहा, जो इस बात का संकेत था कि समय पूरा हो गया है। स्क्वाड्रन लीडर विर्क कागज के एक टुकड़े पर कुछ लिख रहे थे, इसलिए उन्होंने हमसे शांत रहने के लिए कहा।

"ऑल राइट, गर्ल्स! तुम सभी ने अपनी बात अच्छी तरह रखी। चूँकि मार्किंग की कोई स्कीम नहीं है, इसलिए मैं तुम्हें बता नहीं सकता कि किसने कितने नंबर हासिल किए हैं। मुझे लगता है, फाइनल रिजल्ट से तुम सबको इसका पता चल जाएगा।" उन ऑफिसर ने कहा और अपनी फाइल लेकर खड़े हो गए। वे जब वहाँ से निकलने लगे तो मेरी ओर देखा, मुसकराए और कहा, "चेस्ट नंबर 4, तुमने बँटी हुई बातचीत को एक कर दिया। कीप इट अप।"

"थैंक यू, सर!" मैंने कहा और आँखों के किनारे से अपने साथ बैठी लड़कियों को देखा। वे आपस में कुछ खुसुर-फुसुर कर रही थीं।

जैसे ही ग्रुप को छोड़ा गया, मैं कैफेटेरिया के साथ बने पी.सी.ओ. की तरफ भागी और पापाजी को फोन लगाया, "आपने एक बार मुझसे कहा था कि जब जरूरी हो तो मुझे अपनी आवाज ऊँची कर लेनी चाहिए, ताकि सब सुन सकें।" मैंने उनसे कहा।

"हाँ, याद है मुझे। पर इसका अभी क्या मतलब हुआ?" उन्होंने मुझसे पूछा।

मैंने संतुष्टि से भरी मुसकान के साथ कहा, "आज उन्होंने मेरी आवाज सुनी।"

□

छह

"कभी-कभी मैं सोचती हूँ कि काश, मेरा भी कोई महल होता!" हार्थिका ने आह भरते हुए कहा। हम मैसूर पैलेस के बाहर खड़े थे, जो सैकड़ों बल्बों से जगमगा रहा था। "राजा-महाराजा के जैसा ठाट-बाट हो, दसियों लोग मेरी आवभगत में लगे हों, बड़े-बड़े भोज हों। मुझे घुमाने, सफर और शिकार पर ले जाने के लिए गाड़ीवान हों!"

उस विशाल महल में मैसूर का राजपरिवार रहता है और वह उनका आधिकारिक निवास-स्थान है। इस महल में हिंदू, इसलामिक और गॉथिक स्थापत्य शैलियों का अद्भुत संगम है और उसके चारों ओर रंग-बिरंगे बगीचे हैं, जो अनगिनत फूलों और पौधों से भरे हैं। इस महल से जुड़ी रोचक जानकारी एक पर्यटक सूचना बोर्ड पर लिखी है, जिसे मैं अन्य आगंतुकों के साथ खड़ी होकर पढ़ रही थी।

"हमारी सेना भी कुछ ऐसी ही जीवन-शैली देती है।" मैंने पढ़ते-पढ़ते ही कहा।

"बिल्कुल!" हार्थिका ने तुरंत सहमति जताई। "वरदी, ड्राइवर के साथ जिप्सी, मेस में डिनर पार्टी—सबकुछ वैसा ही है; लेकिन इसकी कीमत भी चुकानी पड़ती है।"

"और वह कीमत चुकाने के लिए हम तैयार हैं, है न?" मैंने कहा और वह मुसकराने लगी।

जी.डी. के बाद के दो दिन काफी व्यस्त और थकानेवाले थे। हम ग्रुप

ऑब्सटेकल रेस (जी.ओ.आर.), इंडीविजुअल ऑब्सटेकल्स (आई.ओ.), प्रोग्रेसिव ग्रुप टास्क (पी.जी.टी.) और हाफ ग्रुप टास्क (एच.जी.टी.) जैसे टेस्ट में शामिल हुए, जिन्हें एक ग्रुप टेस्टिंग ऑफिसर ने कराया। भारतीय सैन्य बलों के एक अधिकारी को ऐसी परिस्थितियों का सामना करना पड़ता है, जो उसकी फिटनेस और अन्य खूबियों की परीक्षा कई तरीके से लेती हैं। ऊपर जिन टेस्ट्स का जिक्र किया गया है, उनका उद्देश्य प्रत्येक उम्मीदवार की शारीरिक सहनशीलता, दृढ़ संकल्प, साहस, टीम की भावना और सहयोग की भावना की जाँच करना है। आई.ओ. टेस्ट में हमें कई तरह के ऑब्सटेकल्स से होकर गुजारा गया, जिनमें से हर एक के नंबर उनकी कठिनाई के स्तर के अनुसार निर्धारित किए गए थे। इस टेस्ट को दी गई समय-सीमा के भीतर पूरा करना था और मैं दस ऑब्सटेकल्स में से सात को पूरा कर सकी थी। मैंने ऑब्सटेकल्स को उनके लिए मिलनेवाले अंकों के घटते क्रम के अनुसार पार करने की योजना बनाई थी और मैंने जो तीन ऑब्सटेकल्स छोड़े थे, उनके अंक सबसे कम थे। इस तरह मैंने आखिर में अच्छा ही किया।

जी.ओ.आर. दिलचस्प दौड़ की तरह थी, जिसमें एक दीवार, एक रस्सियों का जाल, टायर और ऐसी ही बाधाएँ थीं, जिन सभी को हमें पार करना था। उम्मीदवारों को दस-दस के समूह में विभाजित कर दिया गया था और फिर दो समूहों की रेस एक साथ करवाई गई थी।

जी.ओ.आर. दिलचस्प दौड़ की तरह थी, जिसमें एक दीवार, एक रस्सियों का जाल, टायर और ऐसी ही बाधाएँ थीं, जिन सभी को हमें पार करना था। उम्मीदवारों को दस-दस के समूह में विभाजित कर दिया गया था और फिर दो समूहों की रेस एक साथ करवाई गई थी। पी.जी.टी. के लिए ग्राउंड पर बाधाओं का एक सेट बना था और एक समूह के सभी सदस्यों को हर बाधा को एक तय नियम के अनुसार पार करना था। साथ ही, उन बाधाओं को पार करते समय उन्हें एक वजन भी उठाकर चलना था। ऐसी सामग्री, जो उन्हें पार करने में मदद कर सकती थी,

उसे जी.टी.ओ. की ओर से दिया गया था; जैसे कि एक बल्ली, एक फट्टा और एक रस्सी, जिससे उस बल्ली या फट्टे को बाँधा जा सके। हर बाधा के साथ कठिनाई का स्तर बढ़ जाता था और उसके अनुसार ही उस टास्क का नाम रखा गया था। हमारे ग्रुप ने टास्क को समय से पहले पूरा कर लिया था। एच.जी.टी. पी.जी.टी. के जैसा ही था और अंतर केवल इतना था कि उस ग्रुप को और भी दो सेट में विभाजित कर दिया गया था। हमने इस टास्क को भी अच्छी तरह कर लिया।

अपने एस.एस.बी. इंटरव्यू के चौथे दिन स्क्वाड्रन लीडर यादव ने हमें सेंटर के बाहर जाने और घूमने-फिरने की इजाजत दी थी। मैं और हार्थिका सबसे पहले शानदार मैसूर पैलेस पहुँचे थे। हमने अपनी शाम वहीं बिताने और फिर सेंटर में वापस आने से पहले नाश्ता करने की योजना बनाई थी। स्क्वाड्रन लीडर यादव ने सभी को 8 बजे से पहले लौट आने को कहा था।

“तुम फिल्टर कॉफी लोगी ? मैसूर इसके लिए मशहूर है।” मैंने टूरिस्ट इन्फो बोर्ड पढ़ना खत्म किया तो हार्थिका ने पूछा।

“तुम जानती हो, अच्छी फिल्टर कॉफी कहाँ मिलती है ?” मैंने पूछा।

“तुम फिल्टर कॉफी लोगी ? मैसूर इसके लिए मशहूर है।” मैंने टूरिस्ट इन्फो बोर्ड पढ़ना खत्म किया तो हार्थिका ने पूछा।

“तुम जानती हो, अच्छी फिल्टर कॉफी कहाँ मिलती है ?” मैंने पूछा।

“अप्पा ने मुझे बताया था कि मैसूर में एक जगह है, जहाँ सबसे अच्छा दोसा और फिल्टर कॉफी मिलती है।” हार्थिका ने चहकते हुए कहा।

मैसूर पैलेस की भव्यता को आखिरी बार देखने के बाद हम वहाँ से निकलने लगे। हार्थिका पहले भी कई बार मैसूर आ चुकी थी, इसलिए उसे शहर के रास्ते मालूम थे और वह कॉफी शॉप पास में ही थी। शाम का धुँधलका छा गया था, फिर भी हमारे पास करीब एक घंटे का समय था। “पूरे चार दिन बाद इन कुर्तियों में कितना अच्छा लग रहा है न!” मैंने कहा।

इस पर हार्थिका ने कहा, “मैं भी यही कहनेवाली थी।”

"चार दिन में ही हम अपनी यूनिफॉर्म से ऊब गए हैं! सोचो, दस साल पहनोगी तो क्या होगा?" मैंने कहा, "अगर हम एस.एस.बी. में पास हो गए तो वही हमारा भविष्य होगा।"

"मैंने तो इस बारे में पहले सोचा ही नहीं था।" हार्थिका ने कहा।

"अपने पिता को देखा है, कैसे पूरा जीवन उन्होंने सेना के ड्रेस कोड का पालन किया। सुबह में पीटी ड्रेस उतारी तो यूनिफॉर्म पहन ली, फिर सेरेमोनियल यूनिफॉर्म्स एवं मेस के कार्यक्रमों और डिनर नाइट्स के लिए फॉर्मल और इसी तरह और भी।" मैंने कहा।

"अपने पिता को देखा है, कैसे पूरा जीवन उन्होंने सेना के ड्रेस कोड का पालन किया। सुबह में पीटी ड्रेस उतारी तो यूनिफॉर्म पहन ली, फिर सेरेमोनियल यूनिफॉर्म्स एवं मेस के कार्यक्रमों और डिनर नाइट्स के लिए फॉर्मल और इसी तरह और भी।"

"लेकिन कैजुअल्स पहनना पसंद की बात है, जबकि यूनिफॉर्म मेहनत से कमाया गया विशेष अधिकार है, है न?" हार्थिका ने कहा।

"और ऐसे विशेष अधिकार को बार-बार चुनना पसंद करूँगी।" मैंने कहा। हम कॉफी शॉप तक पहुँच गए थे। वह ज्यादा तड़क-भड़कवाला नहीं था, बस सीमेंट की दीवारों के बीच बनी एक दुकान, जहाँ लकड़ी की पतली-पतली टेबल और स्टूल रखे थे। बनियान और धोती पहने दो किशोर लड़के एक टेबल से दूसरी टेबल तक ऑर्डर लेने के लिए भाग रहे थे। भुनी हुई कॉफी बीन्स की महक मन को लुभा रही थी। टेबल पर बैठने से पहले मैंने अपनी साँस के साथ उस महक का एहसास किया।

"दो कप कॉफी, प्लीज।" हार्थिका ने कहा और उनमें से एक लड़के ने 'हाँ' में सिर हिला दिया। वह लड़का जब किचन में हमारे ऑर्डर के लिए गया तो उसकी नजरें उसका पीछा कर रही थीं।

"इन्हें देखकर मुझे अपने भाई की याद आ रही है।" उसने कुछ याद

करते हुए हलकी मुसकान के साथ कहा।

"वह कैसे ?" मैंने पूछा।

"देखो न, हम सभी इतनी सुविधाओं के बीच पले-बढ़े नहीं होते।" हार्थिका ने बीते दिनों को याद करते हुए कहा, "मैं ऐसे परिवार से आती हूँ, जिसने काफी संघर्ष किया है। मैंने देखा है कि हमारे घर में जब सभी सोए रहते थे, तब अप्पा सुबह उठकर काम पर चले जाते थे और रात को जब सभी अपने-अपने बिस्तर पर होते थे, तब वे लौटकर आते थे। मैंने अपनी अम्मा को घर में और फिर अपने दफ्तर में दिन-रात काम करते देखा है। मैंने देखा है कि कैसे अपने बच्चों की जरूरतों को पूरा करने के लिए उन्होंने अपनी जरूरतों पर ध्यान नहीं दिया। हम जब बड़े हुए तो हमारे खर्चे बढ़ गए। अच्छी पढ़ाई हमेशा महँगी होती है, इसलिए हमारे भाई को दुकानों पर छोटे-छोटे काम करने पड़ते, ताकि घर में पैसे आ सकें।" वह कुछ देर के लिए रुकी, जब वह लड़का कॉफी लेकर आया और हार्थिका ने उसकी तरफ मुसकराकर देखा और फिर आगे कहा, "मैं बस, इतना चाहती हूँ कि मेरे परिवार को मुझ पर गर्व हो।"

मैं ऐसे परिवार से आती हूँ, जिसने काफी संघर्ष किया है। मैंने देखा है कि हमारे घर में जब सभी सोए रहते थे, तब अप्पा सुबह उठकर काम पर चले जाते थे और रात को जब सभी अपने-अपने बिस्तर पर होते थे, तब वे लौटकर आते थे।

"उन्हें अब भी तुम पर गर्व होगा।" मैंने कहा, "तुम एस.एस.बी. का इंटरव्यू दे रही हो, जो देश की सबसे मुश्किल परीक्षा में से एक है। इसका मतलब यह भी है कि तुमने कमर तोड़ देनेवाली एयर फोर्स की ट्रेनिंग के लिए भी मन बना लिया है। तुमने जो फैसला किया है, वही उनके गर्व करने के लिए काफी है।"

"मैं जानती हूँ। मैं बस, यही सोचती हूँ कि मैं पास हो जाऊँ।" उसने कहा, "खैर, तुम अपने बारे में बताओ, तुम क्या सोचती हो, गुंजन ? एक आर्मी ऑफिसर की संतान होने की सुविधा पाकर कैसे लगता है ?"

मैं अपने हाथ में आई कॉफी को गौर से देख रही थी। क्या मैं सच में सुविधा-संपन्न थी? उसके सवाल से कई पुरानी यादें लौट आई थीं। मुझे तुरंत सूझा नहीं कि मैं क्या कहूँ। इसके साथ ही, मैं इससे भी इनकार नहीं कर सकती थी कि मेरी परवरिश संभवतः सबसे अच्छे माहौल में हुई थी। मुझे अच्छी-से-अच्छी शिक्षा मिली थी और मैंने अच्छे कपड़े पहने थे तथा जो चाहा, वही खाया; जब चाहा, तब खाया। अगर ये सारी चीजें सुविधाओं में आती हैं तो शायद मैं सुविधाओं के बीच पली-बढ़ी। बेशक, हार्थिका के लिए किसी सेना अधिकारी की संतान होने का मतलब उसके साथ जुड़ी सुविधाओं से होगा—मुफ्त इलाज की सुविधा, सरकारी घर, शिक्षा में रियायत, मुफ्त राशन, कैंटीन की सर्विस तथा और भी बहुत कुछ। दुनिया कैंट की दीवारों के भीतर रहनेवाले सेना के परिवारों को इसी नजर से देखती है; लेकिन इन सभी की एक कीमत चुकानी पड़ती है, जिस पर मैंने उस दिन से पहले सच में बहुत सोचा नहीं था।

मैं अपने हाथ में आई कॉफी को गौर से देख रही थी। क्या मैं सच में सुविधा-संपन्न थी? उसके सवाल से कई पुरानी यादें लौट आई थीं। मुझे तुरंत सूझा नहीं कि मैं क्या कहूँ। इसके साथ ही, मैं इससे भी इनकार नहीं कर सकती थी कि मेरी परवरिश संभवतः सबसे अच्छे माहौल में हुई थी।

~•~

जुलाई 1982

“वह राज्य, जो कभी सौहार्द और समृद्धि का स्थान था, अब उस पर सांप्रदायिक हिंसा में बहनेवाले खून का धब्बा लग गया है। अमृतसर में सांप्रदायिक हिंसा अप्रैल में भड़की, जहाँ भिंडरावाले ग्रुप का प्रभाव बढ़ता जा रहा है। प्रधानमंत्री इंदिरा गांधी ने बिगड़ते हालात पर चिंता जताई है।” इस चिंताजनक हेडलाइन को सुनने के बाद पापाजी ने रेडियो बंद कर दिया।

“हे भगवान्! यह हमारे खूबसूरत अमृतसर को क्या हो गया है?”

रेडियो की आवाज बंद होते ही चिंता जताते हुए माँ ने कहा।

हमें अमृतसर को छोड़े दो साल बीत गए थे। पापाजी की पोस्टिंग अब जबलपुर में थी, लेकिन दिल और दिमाग अब भी अपने प्यारे शहर के लिए तरसता था। "मुझे लगता है, ये सबकुछ सांप्रदायिक हिंसा तक ही सीमित नहीं रहेगा।" पापाजी ने अपने बड़े, चौकोर शीशेवाले चश्मे के पीछे आँखों को छोटा करते हुए कहा। वे अपनी डायरी में लिखी किसी बात को पढ़ रहे थे। उस दिन दोनों दोपहर से ही महीने भर के खर्च का हिसाब-किताब लगाने में व्यस्त थे। जबलपुर ऑफिसर्स मैरिड एकोमोडेशन कॉलोनी में एक कतार में बने घरों के बीच स्थित हमारे घर के लिविंग रूम में डूबते सूरज की सुनहरी किरणें झाँक रही थीं। शाम की ताजगी से भरी हवा खुली खिड़कियों से अंदर आ रही थी। हवा से थोड़ी राहत मिली थी, क्योंकि सुबह की बूँदाबाँदी ने दोपहर को गरम और उमस भरा बना दिया था। कमरे के कोने में, जहाँ मैं अपने बिल्कुल सफेद पोमेरानिया, ब्यूटी के साथ खेल रही थी, वहाँ से माँ के चेहरे की चिंता को साफ-साफ देख रही थी। अब यह चिंता उस दिल दुखानेवाली हेडलाइन की वजह से थी या कैलकुलेटर पर आए आँकड़ों की वजह से, यह मैं बता नहीं सकी थी। मैंने अपना ध्यान फिर से ब्यूटी की तरफ मोड़ दिया, जो मेरी चोटी में बँधे रिबन के साथ खेलने के लिए मेरे कंधे पर चढ़ने की कोशिश कर रही थी।

"इसका तो हिसाब ही नहीं मिल रहा।" परेशानी के साथ जोड़-घटाव कर रही माँ कुछ बुदबुदा रही थीं। "इस महीने तो एक पैसा भी नहीं बचा।" कुछ देर की चुप्पी के बाद उन्होंने अपनी आवाज नीचे की और फुसफुसाईं, "और अगले महीने गुंजन का बर्थडे है।"

"इसका तो हिसाब ही नहीं मिल रहा।" परेशानी के साथ जोड़-घटाव कर रही माँ कुछ बुदबुदा रही थीं। "इस महीने तो एक पैसा भी नहीं बचा।" कुछ देर की चुप्पी के बाद उन्होंने अपनी आवाज नीचे की और फुसफुसाईं,

"और अगले महीने गुंजन का बर्थडे है।" मैं जहाँ बैठी थी, वहाँ से उनकी बातें सुन रही थी।

"मैंने तुमसे कहा था कि मुझे फील्ड पोस्टिंग लेने दो।" पापाजी ने निराशा के लहजे में कहा, जो अब भी अपनी डायरी की बैलेंस शीट को देख रहे थे। "ऊँचे और मुश्किल इलाकों में काम करने के बदले अफसरों को भत्ते के जो पैसे मिलते हैं, उनसे हमें मदद मिल सकती थी।"

"अंशु और गुंजू आपके बिना रहते ही नहीं।" माँ बोलीं, "आप तो जानते हैं कि दो हफ्ते के लिए भी आप टेंपरेरी ड्यूटी या एक्सरसाइज के लिए जाते हैं तो वे दोनों कितने बेचैन हो जाते हैं।"

"मैंने तुमसे कहा था कि मुझे फील्ड पोस्टिंग लेने दो।" पापाजी ने निराशा के लहजे में कहा, जो अब भी अपनी डायरी की बैलेंस शीट को देख रहे थे। "ऊँचे और मुश्किल इलाकों में काम करने के बदले अफसरों को भत्ते के जो पैसे मिलते हैं, उनसे हमें मदद मिल सकती थी।"

"लेकिन वे कम-से-कम सेंट मैरीज में पढ़ाई तो जारी रख सकते थे।" पापाजी ने कहा और अपना पेन नीचे रख दिया तथा डायरी से दूर देखने लगे। माँ मेरी तरफ देखतीं, इससे पहले ही मैंने अपनी नजरें उनसे हटा लीं। माँ को जब भरोसा हो गया कि मैं उनकी बातें नहीं सुन रही थी, तब उन्होंने कहा, "केंद्रीय विद्यालय भी उतना ही अच्छा है। स्टाफ योग्य हैं और उसका करिकुलम भी कितना अच्छा है। मैंने भी फैसला बिना सोचे-समझे नहीं किया है और सबसे अच्छी बात यह है कि दोनों साइकिल से ही आना-जाना कर सकते हैं। स्कूल बस का खर्चा भी नहीं लगता।" मेरी चौथी क्लास और दादा की पाँचवीं क्लास की पढ़ाई शुरू होने से पहले ही माँ ने नए एकेडमिक सेशन के लिए हमारा दाखिला केंद्रीय विद्यालय में करा दिया था। हमसे झूठ बोलने के बजाय माँ ने हमसे सीधे-सीधे कह दिया था कि सेंट मैरीज की पढ़ाई का खर्चा उठाना उनके लिए मुश्किल हो रहा है। अपने बच्चों से चीजों को छिपाने का उनका स्वभाव नहीं था। उन्हें

लगता था, बातों को घुमाने से कन्फ्यूजन और बढ़ जाता है। इसके अलावा, वे हमेशा कहा करती थीं कि बच्चों को जो चीजें दी जा रही हैं, उसकी वैल्यू उन्हें मालूम होनी चाहिए।

"तुम ठीक कहती हो।" पापाजी ने अपने पैर फैलाते हुए कहा, "हमें अपने बाकी के कुछ खर्चे कम करने पड़ेंगे।"

"मेरी एक सलाह है।" माँ ने कहा और इससे पहले कि वे कुछ कहतीं, पापाजी बीच में बोल पड़े, "नहीं, मैं नहीं चाहता कि तुम नौकरी करो। हम बचत कर लेंगे। चिंता मत करो।"

"लेकिन यह कोई ऐसी-वैसी नौकरी नहीं होगी।" माँ ने भरोसा दिलानेवाली आवाज में कहा, "मैं हमेशा से ही उसे करना चाहती थी। एक साल में मैं बी.एड. की डिग्री ले लूँगी और फिर मैं किसी स्कूल में पढ़ा सकती हूँ। आपकी पोस्टिंग जहाँ भी होगी, मैं वहीं किसी स्कूल में ज्वॉइन कर लूँगी। भगवान् ने चाहा तो बच्चे और मैं एक ही स्कूल में जा सकते हैं। तब सबकुछ और आसान हो जाएगा।"

माँ ने भरोसा दिलानेवाली आवाज में कहा, "मैं हमेशा से ही उसे करना चाहती थी। एक साल में मैं बी.एड. की डिग्री ले लूँगी और फिर मैं किसी स्कूल में पढ़ा सकती हूँ। आपकी पोस्टिंग जहाँ भी होगी, मैं वहीं किसी स्कूल में ज्वॉइन कर लूँगी। भगवान् ने चाहा तो बच्चे और मैं एक ही स्कूल में जा सकते हैं। तब सबकुछ और आसान हो जाएगा।"

पापाजी कुछ देर तक माँ को प्रशंसा की नजर से देखते रहे, फिर उन्होंने चुप्पी तोड़ी, "ठीक है, अगर तुम ऐसा करना चाहती हो तो कर लो।" ऐसा लगा जैसे दादा को कोई क्लू मिल गया हो, अपने हाफ पैंट पर ग्रीस के दाग लिये, पैर पटकते हुए वे लिविंग रूम में आए और जोर-जोर से बोलने लगे, "मुझे अब नई साइकिल चाहिए! इस पुरानी साइकिल की चेन दिन में दस बार चढ़ाते-चढ़ाते मैं तंग आ चुका हूँ।" दोनों ने पहले दादा की तरफ देखा और फिर एक-दूसरे को देखकर मुसकराने लगे।

अगले कुछ महीने तक माँ ने घर के सारे कामकाज निपटाने में कमर-तोड़ मेहनत की और उसके साथ-साथ अपनी डिग्री के लिए पढ़ाई भी की। वे हमें स्कूल के लिए तैयार करती थीं, हमारे लिए और डॉग के लिए नाश्ता बनाती थीं, हमारा होमवर्क करवाया करती थीं और फिर अपने लेसन प्लान तैयार करती थीं। दादा व मैं उनका काम और भी मुश्किल कर देते थे और यह नहीं समझते थे कि वे कितनी मुश्किलों से लड़ रही हैं। दिन-रात कुछ खाने के लिए की जानेवाली हमारी माँग पर वे बिना गुस्साए-झल्लाए पूरा करती थीं। शाम को उनका वक्त हमारा होमवर्क कराने में बीत जाता था और हम जब सोने चले जाते थे, तब वे अपनी क्लास के लिए रात को पढ़ाई किया करती थीं। चट्टान के जैसा उनका धैर्य उन्हें कभी आपा नहीं खोने देता था और यह एक ऐसी बात थी, जिसका एहसास मुझे अपने जीवन में बहुत आगे जाकर हुआ। इन सबके बीच बचत करने की पापाजी की धुन हमारे लिए अच्छी साबित हुई, लेकिन इसकी एक कीमत चुकानी पड़ी और हम सभी ने कुछ-न-कुछ छोड़ा। सेना से मिलनेवाले राशन पर हम अब ज्यादा निर्भर रहने लगे और अलग से मँगाई जानेवाली खाने की चीजों पर होनेवाले खर्च में काफी कटौती कर दी गई। कुछ समय के लिए महँगे कपड़ों की खरीदारी बंद कर दी गई। कोई पिकनिक नहीं, पॉकेट मनी में कोई इजाफा नहीं और ब्यूटी के अलावा घर में कोई भी पालतू जानवर नहीं रखा गया।

दादा व मैं उनका काम और भी मुश्किल कर देते थे और यह नहीं समझते थे कि वे कितनी मुश्किलों से लड़ रही हैं। दिन-रात कुछ खाने के लिए की जानेवाली हमारी माँग पर वे बिना गुस्साए-झल्लाए पूरा करती थीं।

लेकिन दादा और मैं इन बातों को समझने के लिए बहुत छोटे थे और हम इन चीजों पर सवाल उठाते रहते थे। इससे हमें काफी गुस्सा आता था, क्योंकि हम अपनी तुलना स्कूल के अमीर बच्चों से करते थे। इस वजह से ही हम अकसर पैसों के मामले में अपने माता-पिता से बहस करते थे। हमें

उतनी अक्ल तो थी नहीं, इसलिए एक बार हमने अपने माता-पिता से कहा कि अगर मौका मिले तो हम दिखा सकते हैं कि घर के खर्चे को उनसे ज्यादा अच्छी तरह चला सकते हैं। यह सुनकर हमें डाँटने या हमसे नाराज होने के बजाय माँ और पापाजी ने हमें सबक सिखाने के लिए एक प्लान बनाया। उन्होंने हमें पूरे महीने की सैलरी दे दी और हमसे कहा कि एक महीने तक घर चलाएँ। अति उत्साह और अपनी बात सही साबित करने पर तुले हम दोनों ने पैसा लिया और खर्च की योजना बनाने लगे। उन्होंने जो पैसे हमें दिए थे, वे लगभग दस दिन बाद खत्म हो गए। हमें अपनी गलती का एहसास हुआ और हमने माँ व पापाजी से कहा कि हम बुरी तरह विफल हुए हैं। लेकिन हम पर नाराज होने या हताश होने के बजाय वे इस बात से संतुष्ट थे कि उनके बच्चों ने एक जरूरी सबक सीख लिया है। यह सबक आगे चलकर हमारे जीवन में काफी काम आया। मैं समझ चुकी हूँ कि इस दौरान मैं जितनी मेहनत कर रही हूँ, उसका क्या महत्त्व है।

जबलपुर में जब पापाजी की पोस्टिंग का समय धीरे-धीरे खत्म होने को आया, तब माँ अपनी डिग्री लगभग पूरी कर चुकी थीं। एक रात माँ ने मिसेज गुप्ता को अपने घर डिनर पर बुलाया। मिसेज गुप्ता ही वह टीचर थीं, जो माँ के लेसन प्लान और असाइनमेंट का असेसमेंट कर रही थीं। उसी दिन दोपहर में पापाजी ने साफ कर दिया था कि उन्हें मिसेज गुप्ता को बुलाए जाने की बात पसंद नहीं आई। उन्हें वह महिला पसंद नहीं थीं, क्योंकि उन्हें लगता था कि वह भेदभाव और पक्षपात करती हैं। माँ ने जिस यूनिवर्सिटी में नाम लिखवाया था, उसमें जो छात्र पहले नंबर पर आता था, उसे स्कॉलरशिप दी जाती थी; लेकिन माँ के अथक प्रयासों और बेहतरीन

जबलपुर में जब पापाजी की पोस्टिंग का समय धीरे-धीरे खत्म होने को आया, तब माँ अपनी डिग्री लगभग पूरी कर चुकी थीं। एक रात माँ ने मिसेज गुप्ता को अपने घर डिनर पर बुलाया। मिसेज गुप्ता ही वह टीचर थीं, जो माँ के लेसन प्लान और असाइनमेंट का असेसमेंट कर रही थीं।

प्रदर्शन के बावजूद मिसेज गुप्ता पक्षपात करती थीं और उन्हें दूसरे नंबर पर रखती थीं, ताकि किसी और छात्र, जो उनकी रिश्तेदार थी, को स्कॉलरशिप मिल जाए। इसके बावजूद माँ इतनी विनम्र थीं कि उन्होंने अपनी नेकी के चलते उन्हें डिनर पर बुलाया। मुझे ये सारी बात दादा से पता चली थी। मैं उस समय नौ साल की थी। मुझे यह सब सुनकर बड़ा गुस्सा आया और नफरत भी हुई, खासकर इस कारण, क्योंकि मुझे लगता था कि स्कॉलरशिप के पैसे से हमारे परिवार को मदद मिल सकती थी। मैंने तय कर लिया कि मैं अपनी माँ का बदला लेकर रहूँगी।

शाम का नाश्ता करते हुए माँ और मिसेज गुप्ता बातचीत करती रहीं और कुछ देर बाद डिनर सर्व किया गया। मैंने जिद की थी, मुझे डिनर परोसने दिया जाए। उस समय के लिए मैंने अपनी शरारत की तैयारी कर ली थी। मैं जानती थी कि दाल के कटोरे अलग से परोसे जाएँगे तो मैंने मिसेज गुप्ता के कटोरे में लाल मिर्च पाउडर डाल दिया, इतना कि उनकी जीभ पर आग लग जाए।

शाम का नाश्ता करते हुए माँ और मिसेज गुप्ता बातचीत करती रहीं और कुछ देर बाद डिनर सर्व किया गया। मैंने जिद की थी, मुझे डिनर परोसने दिया जाए। उस समय के लिए मैंने अपनी शरारत की तैयारी कर ली थी। मैं जानती थी कि दाल के कटोरे अलग से परोसे जाएँगे तो मैंने मिसेज गुप्ता के कटोरे में लाल मिर्च पाउडर डाल दिया, इतना कि उनकी जीभ पर आग लग जाए। अपने प्लान को कामयाब बनाने के लिए मैंने टेबल पर पानी की एक भी बोतल नहीं रखी थी। दाल के पहले ही चम्मच ने कमाल दिखा दिया और मिसेज गुप्ता की चीख निकल गई। वह बार-बार अपने हाथों से अपनी जीभ पर तेजी से पंखा झलने लगीं। मैं दौड़कर किचन में गई और पूरा एक गिलास पापाजी का व्हाइट रम भरकर ले आई। उन्होंने जल्दबाजी में रम का आधा गिलास गटक लिया और फिर उन्हें लगा कि वह पानी नहीं था। उनके हाव-भाव बदल गए। उनका चेहरा सफेद पड़ गया और

अगले ही पल वह फर्श पर यहाँ से वहाँ लोटने लगीं! बेचारी मिसेज गुप्ता जीवन भर उस डिनर को नहीं भूलेंगी। मुझे माफ कर दिया गया, क्योंकि सभी ने सोचा कि मैंने रम को गलती से पानी समझ लिया था। वैसे भी, जिस बोतल में उसे रखा गया था, उस पर कोई लेबल नहीं था। उस दिन मुझे लगा कि मैं शरारत करने में कितनी माहिर हूँ।

वर्ष 1983 के आखिर में हम जब असम के तेजपुर पहुँचे, तब तक पैसों के संकट से हम किसी तरह बाहर निकल चुके थे। पापाजी जनरल रिजर्व इंजीनियरिंग फोर्स (GREF) में अताशे के रूप में पोस्ट किए गए थे। एक बार फिर हमारा दाखिला केंद्रीय विद्यालय में कराया गया था, जहाँ माँ को भी टीचर की नौकरी मिल गई थी। जबलपुर में सबक सिखानेवाले जो मुश्किल हालात पैदा हुए थे, वे धीरे-धीरे खत्म होने लगे और नए स्कूल में मेरा मन लगने लगा। मैं जब तक छठी क्लास में गई, तब तक मेरे पास प्रैंक्स (मजाक) की पूरी सूची तैयार थी, जिन्हें मैं अपने दोस्तों, सहपाठियों और टीचर्स पर आजमाती थी। हालाँकि इन शरारतों का नुकसान मेरी पढ़ाई को होता था, जबकि मैं जिन विषयों में अच्छी थी, उनमें हमेशा ही ठीक-ठाक नंबर ले आती थी। यह जानकर कि मेरी माँ उसी स्कूल में हैं और वे मुझे मुश्किल से उबार लेंगी, मैंने उन विषयों को हलके में लिया, जिन्हें मैं पसंद नहीं करती थी। खयाली सुविधा के दम पर मैंने मान लिया था कि मेरा कुछ नहीं बिगड़ेगा। एक विषय, जिसे मैं बिल्कुल भी पसंद नहीं करती थी, वह था सोशल साइंस। उससे मुझे इतनी नफरत थी कि पूरे महीने, यानी मई 1984 में, मैंने उस विषय का एक भी होमवर्क नहीं किया। मैंने बिल्कुल भी ध्यान नहीं दिया। फिर एक दिन टीचर ने मुझे पकड़ लिया।

> ***वर्ष 1983 के आखिर में हम जब असम के तेजपुर पहुँचे, तब तक पैसों के संकट से हम किसी तरह बाहर निकल चुके थे। पापाजी जनरल रिजर्व इंजीनियरिंग फोर्स (GREF) में अताशे के रूप में पोस्ट किए गए थे।***

"सभी अपने-अपने होमवर्क की नोटबुक निकालो और अपनी टेबल पर

रखो। मैं उन्हें चेक करने आ रही हूँ।" मिस मीनाक्षी ने कहा, जो हमारी सोशल साइंस की टीचर थीं। वह सुंदर मध्य वय की महिला थीं, जो पतली-दुबली व गोरी थीं और अकसर साड़ी पहनती थीं। मुझे आज भी याद है कि उनके बाल घुँघराले थे, जो कंधे पर झूलते रहते थे। उस दिन बाहर धूप खिली थी और क्लासरूम की खुली खिड़की से ताजा-ताजा हवा अंदर आ रही थी। सामान्य तापमान के बावजूद टीचर की उस अचानक की गई घोषणा से मेरे पसीने छूटने लगे। सामने की दीवार पर टँगे ग्रीन बोर्ड पर जब वह सफेद चॉक से कुछ लिख रही थीं, तब मैंने अपने दिमाग को काम पर लगाया और सोचने लगी कि एक बार में ही भरोसा दिलानेवाला क्या बहाना बनाया जाए। वैसे तो मिस मीनाक्षी अकसर शांत ही रहती थीं, लेकिन पूरी तरह खाली नोटबुक देखकर उन्हें भी गुस्सा आ सकता था।

"मेरे···मेरे कुत्ते ने कुछ पेज चबा लिये थे।" जब वह मेरी डेस्क के करीब आईं तो घबराहट में मेरे मुँह से यही निकल गया। फिर मैंने खुद को सँभाला और कहा, "मैंने उसे रि-बाइंडिंग के लिए स्टेशनरी शॉप में दिया है। सच कह रही हूँ, मैम।"

"मेरे···मेरे कुत्ते ने कुछ पेज चबा लिये थे।" जब वह मेरी डेस्क के करीब आईं तो घबराहट में मेरे मुँह से यही निकल गया। फिर मैंने खुद को सँभाला और कहा, "मैंने उसे रि-बाइंडिंग के लिए स्टेशनरी शॉप में दिया है। सच कह रही हूँ, मैम।"

एक पल के लिए वह मुझे घूरने लगीं और फिर बोलीं, "ठीक है, गुंजन, तुम उसे मुझे इस सोमवार को दिखा देना। अभी तो एक हफ्ता बाकी है। उम्मीद है, तब तक तुम्हें तुम्हारी नोटबुक मिल जाएगी।" वह जैसे ही आगे बढ़ीं, मेरे पीछे बैठी मेरी दोस्त, जो जानती थी कि मैं झूठ बोल रही हूँ, ने मेरी स्कर्ट खींची। मैं पीछे मुड़ी और हाई-फाइव किया। उस दिन की मुसीबत टल गई थी।

शाम तक मैं सारी बात भूल गई। माँ, दादा और मैं ऑफिसर्स मेस के

हॉल में पहुँचे, जहाँ दूसरे परिवार भी इकट्ठा हुए थे। पापाजी एक मिलिट्री एक्सरसाइज के लिए बाहर गए हुए थे और कुछ हफ्ते बाद उन्हें लौटना था। माँ अकसर हमें उस हॉल में ले जाया करती थीं, ताकि हमें पापाजी की याद न आए। अकसर हम अपनी शाम दूसरे बच्चों और बड़े लोगों के साथ उस हॉल में रखे कॉमन टी.वी. को देखते हुए बिताया करते थे।

उस समय भारत में 'ये जो है जिंदगी' टी.वी. धारावाहिक काफी मशहूर हो गया था, खासतौर पर हमारे कैंट में। वह अब तक के सबसे ज्यादा पसंद किए जानेवाले धारावाहिकों में से एक था। कोई भी उसके एपिसोड मिस नहीं करना चाहता था, जो शुक्रवार रात को आता था। वह मेरा पसंदीदा टेलीविजन धारावाहिक था और उसे देखने के लिए मैं कुछ भी छोड़ सकती थी। लेकिन शुक्रवार का वह दिन सरप्राइज से भरा था। उस शाम हम जैसे ही मेस में दाखिल हुए, मैंने देखा कि मिस मीनाक्षी भी वहाँ मौजूद थीं। वह अपना सप्ताहांत अपनी साथी टीचर्स के साथ कैंट में ही बिताने के लिए आई थीं। उन पर पहली नजर पड़ते ही मुझे अपना झूठ याद आ गया, जो मैंने अपने सोशल साइंस के होमवर्क को लेकर उनसे बोला था। डिनर जल्दी ही परोस दिया गया, क्योंकि उस दिन शाम को टी.वी. पर शो आनेवाला था। उस शाम जो कुछ डिनर पर हुआ, वह मेरे लिए बहुत ही बुरा हुआ। मिस मीनाक्षी ने माँ की सीट के पास ही अपनी कुरसी खींच ली। मैं जब अपनी प्लेट लेकर माँ के सामने की सीट पर बैठने पहुँची तो दोनों को बातचीत करते देख मेरे पैर बीच में ही जम गए। मैं डर गई कि सुबह जो कुछ हुआ, उसे वह माँ को बता देंगी।

शाम तक मैं सारी बात भूल गई। माँ, दादा और मैं ऑफिसर्स मेस के हॉल में पहुँचे, जहाँ दूसरे परिवार भी इकट्ठा हुए थे। पापाजी एक मिलिट्री एक्सरसाइज के लिए बाहर गए हुए थे और कुछ हफ्ते बाद उन्हें लौटना था। माँ अकसर हमें उस हॉल में ले जाया करती थीं, ताकि हमें पापाजी की याद न आए।

"हैलो गुंजन, आओ, बैठो।" मुझे देखते ही मिस मीनाक्षी ने कहा।

"गुड''गुड ईवनिंग, मैम!" मैंने कहा और आधे-अधूरे मन से अपनी कुरसी को खींचा। माँ मेरी परेशानी को भाँप चुकी थीं।

"क्या हुआ, कोई बात है क्या, बेटा? खाना तुम्हें अच्छा नहीं लग रहा?" उन्होंने पूछा।

मैंने झूठ-मूठ की मुसकान बिखेर दी।

"ओह, मैं समझ गई कि आपकी बेटी किस बात से परेशान होगी!" मिस मीनाक्षी ने तुरंत कहा, "मुझे यहाँ देखकर इसे अपने होमवर्क नोटबुक की याद आ गई होगी। कोई भी बच्चा परेशान होगा, अगर उसकी मेहनत को कोई कुत्ता चबा जाए।" फिर वह मेरी तरफ मुड़ीं, "चिंता मत करो गुंजन, अगर स्टेशनर नोटबुक को बाइंड करने में समय ले रहा है तो तुम उसे मंगलवार को लेकर आ सकती हो।" मिस मीनाक्षी अपना खाना खाने में व्यस्त हो गईं। उन्हें पता नहीं था कि अनजाने में ही उन्होंने मुझ पर कितना बड़ा बम गिरा दिया था। माँ हक्की-बक्की थीं और मुझे घूर रही थीं, जबकि मैं नजर इधर-उधर घुमा रही थी। माँ समझ गई थीं कि मैं कुछ छिपा रही हूँ। फिर भी वह डिनर खत्म होने का इंतजार करती रहीं। इन सबके बीच मैं उम्मीद कर रही थी कि कोई चमत्कार हो जाए; लेकिन मैं बुरी तरह फँस चुकी थी।

"ओह, मैं समझ गई कि आपकी बेटी किस बात से परेशान होगी!" मिस मीनाक्षी ने तुरंत कहा, "मुझे यहाँ देखकर इसे अपने होमवर्क नोटबुक की याद आ गई होगी। कोई भी बच्चा परेशान होगा, अगर उसकी मेहनत को कोई कुत्ता चबा जाए।"

माँ ने डिनर के बाद मुझे हॉल के बाहर मिलने को कहा। उन्हें पूरे मामले पर सफाई चाहिए थी और मुझे बचने का रास्ता।

"तुमने उनसे झूठ बोला?" उन्होंने पूछा। हम हॉल तक जानेवाले रास्ते की स्ट्रीट लाइट के नीचे खड़े थे। झींगुरों की आवाज से माहौल गूँज रहा था।

उन्होंने अपने हाथ बाँधे हुए थे, जो उनकी गंभीरता को दिखा रहा था।

"मैंने ऐसा कुछ भी नहीं किया, जिसे आप सँभाल नहीं सकतीं, माँ!" मैंने बेफिक्र और बिंदास अंदाज में कहा।

"ब्यूटी नोटबुक्स के पास नहीं जाती। तुमने अपना होमवर्क नहीं किया, है न?" उन्होंने पूछा। उनके हाव-भाव स्पष्ट थे या शायद मैंने उनका मूड समझ लिया था। "माँ, मुझे सोशल साइंस अच्छा नहीं लगता। मैं उसे पढ़ना नहीं चाहती और फिर, मैं जानती हूँ, आप कोई-न-कोई रास्ता निकालकर मुझे बचा लेंगी।" मैं उन्हें सफाई देने की कोशिश कर रही थी।

"तुमने सोच लिया कि मैं तुम्हें इससे बचा लूँगी? तो इस वजह से ही तुमने होमवर्क नहीं किया?" उन्होंने आवाज नीची रखते हुए, लेकिन सख्त लहजे में कहा।

"और नहीं तो क्या!" मैंने बेफिक्री से जवाब दिया, "उसी स्कूल में मेरी माँ के भी होने के कुछ तो फायदे मिलने चाहिए न! अब हम अंदर चलें? मैं एपिसोड मिस नहीं करना चाहती।"

कुछ देर तक वे मुझे घूरती रहीं, पर कुछ कहा नहीं। फिर उन्होंने चुप्पी तोड़ी और कहा, "घर जाओ।" मैंने भी पलटकर उन्हें हैरानी और सवालिया अंदाज में घूरा। "मैंने कहा, घर जाओ, अभी!"

कुछ देर तक वे मुझे घूरती रहीं, पर कुछ कहा नहीं। फिर उन्होंने चुप्पी तोड़ी और कहा, "घर जाओ।" मैंने भी पलटकर उन्हें हैरानी और सवालिया अंदाज में घूरा।

"मैंने कहा, घर जाओ, अभी!" उन्होंने सख्ती से आदेश दिया।

मैं समझ गई कि वह गुस्से में हैं और कुछ सुननेवाली नहीं हैं; लेकिन एपिसोड शुरू होनेवाला था और मैं घर जाना नहीं चाहती थी। इसलिए मैं वहाँ से हिली ही नहीं।

"घर जाओ, गुंजन सक्सेना!" माँ ने तीसरी बार कहा। माँ कभी किसी बात को दोहराती नहीं थीं, कभी भी नहीं। अगर वे हमें कुछ करने के लिए

कहतीं और हम नहीं करते तो वे दोबारा नहीं बोलती थीं; लेकिन इस समय वे मुझे घर जाने के लिए तीन बार कह चुकी थीं।

मेरे पास उनकी बात मानने के सिवाय कोई रास्ता नहीं था, चाहे मेरा मन कितना ही विरोध क्यों न कर रहा हो। बेबसी में मेरे आँसू मेरे चेहरे से होकर बहने लगे और मैं मेस के हॉल से पैर पटकती हुई गुस्से में घर की ओर बढ़ गई। माँ मेरे पीछे-पीछे आ रही थीं। मैं दौड़कर सीधे अपने कमरे में गई और अपने बिस्तर पर लेट गई। अब तक मैं जोर-जोर से सुबकने लगी थी। माँ मेरे कमरे के दरवाजे पर आकर खड़ी हो गईं। मुझे रोता देख उनका दिल कचोट रहा था, लेकिन उन्होंने तय किया कि उन्हें सख्त होना ही पड़ेगा।

"अब अपना होमवर्क पूरा करो और सोमवार को नोटबुक जमा करने के लिए तैयार रहना। तब तक तुम इस कमरे से बाहर नहीं जाओगी।" माँ ने कहा और वहाँ से चली गईं। इससे मेरी खीज और बढ़ गई और मैं बिस्तर पर पड़े-पड़े रोती रही। कुछ देर बाद आँसुओं का लबालब कुआँ सूख चुका था और फिर, मैंने इसे अपनी तकदीर मान लिया था। आधे घंटे बाद माँ एक गिलास गरम दूध लेकर आईं। मैंने उनकी तरफ नहीं देखा। मैं तब तक गुस्से में ही थी। मैं अपनी नोटबुक में लिख रही थी और वे मेरी बगल में आकर बैठ गईं। वे देख रही थीं कि मेरी आँखें सूज गई हैं और लाल हैं। उनका हाथ धीरे-धीरे मेरे चेहरे की ओर बढ़ा, लेकिन मैं दूसरी तरफ देखने लगी और उन्होंने अपना हाथ खींच लिया। उन्होंने नोटबुक को खोला और उसमें लिखी चीजों को पढ़ने लगीं। पूरी रात मैं अपना बचा हुआ होमवर्क करती रही और माँ उसे पूरा करने में मेरी मदद करती रहीं। सुबह के 4 बजे तक न तो मैं सोई, न माँ। अगले दो दिन भी वैसे ही गुजरे। हमारे बीच मेरे होमवर्क के सिवाय

"अब अपना होमवर्क पूरा करो और सोमवार को नोटबुक जमा करने के लिए तैयार रहना। तब तक तुम इस कमरे से बाहर नहीं जाओगी।" माँ ने कहा और वहाँ से चली गईं। इससे मेरी खीज और बढ़ गई और मैं बिस्तर पर पड़े-पड़े रोती रही।

किसी चीज पर कोई बातचीत नहीं हुई। माँ खाना और दूसरी जरूरी चीजें मेरे कमरे में लेकर आती रहीं और मैं लिखती रही। जब लिखते-लिखते मेरा हाथ दुखने लगता तो बीच-बीच में मैं रोने भी लग जाती थी। तब कुछ देर तक मेरे बदले माँ लिखने लगती थीं। आखिरकार, सोमवार की सुबह मेरे होमवर्क की नोटबुक तैयार हो गई।

"वादा करो, तुम मिस मीनाक्षी को सच-सच बता दोगी कि तुमने झूठ बोला था और उन्हें यह भरोसा देना कि दोबारा तुम कभी झूठ नहीं बोलोगी।" मैं जब घर से स्कूल के लिए निकलने लगी, तब माँ ने कहा। मैंने मुड़कर उनकी तरफ नहीं देखा। दादा मुझे समझाने की कोशिश कर रहे थे कि माँ को सख्ती क्यों दिखानी पड़ी। पिछले साल जब दादा ने बुक के लिए मिले पैसे कहीं और खर्च करने पर झूठ बोला था, तब भी माँ ने उनके साथ इसी तरह की सख्ती दिखाई थी। उनका जेब-खर्च काट लिया गया था और उनसे किसी तरह की नरमी नहीं बरती गई थी। 'अगर तुमने जाने-अनजाने में कोई गलती की है तो उसे झूठ बोलकर छिपाने की कोशिश मत करो। अगर तुम सच बोलोगे तो हम तुम पर गुस्सा नहीं करेंगे। हम हमेशा तुम्हारी मदद करेंगे।' तब माँ ने उनसे यही कहा था। उस दिन जब मैंने मिस मीनाक्षी को अपने होमवर्क की नोटबुक दिखाई और सबकुछ सच-सच बता दिया तो उन्होंने पूरी क्लास से मेरे लिए तालियाँ बजवाई थीं। उन्हें खुशी थी कि मैंने इतना पक्का इरादा और ईमानदारी दिखाई थी। सच कहूँ तो मैं गर्व से भर गई थी। यह घटना ऐसी थी, जिसकी याद मुझे कई बार आगे चलकर भी आई।

आखिरकार, सोमवार की सुबह मेरे होमवर्क की नोटबुक तैयार हो गई। "वादा करो, तुम मिस मीनाक्षी को सच-सच बता दोगी कि तुमने झूठ बोला था और उन्हें यह भरोसा देना कि दोबारा तुम कभी झूठ नहीं बोलोगी।"

उस दिन दोपहर में जब मैं घर पहुँची तो मैंने माँ के आने का इंतजार किया। माँ जब घर लौटीं तो मैं भागकर उनके पास गई और उनसे लिपट

गई। उनकी और मेरी—दोनों की आँखों में आँसू थे। मैंने अपना सबक सीख लिया था। अगले शुक्रवार हमें अपना पसंदीदा धारावाहिक देखने अफसर मेस नहीं जाना पड़ा। माँ ने अपनी बचत से हमारे लिए एक टेलीविजन खरीदा था—वेस्टन सी.आर.टी. कलर टेलीविजन। वे कहा करती थीं, मेरे बच्चों ने कमाया है और फिर, घर पर टेलीविजन आ जाने से मेस जाने-आने में लगनेवाले समय की भी काफी बचत हुई। माँ चाहती थीं कि हम अपना समय अपनी पढ़ाई पर, उन विषयों पर लगाएँ, जिनमें ज्यादा ध्यान देने की जरूरत थी। मैंने अपना समय सोशल साइंस में लगाया। अगले हफ्ते जब पापाजी घर आए तो माँ ने उन्हें वह सबकुछ बताया, जो उनकी गैर-हाजिरी में हुआ था। वे इस बात से हैरान थे कि दबाव के आगे मैं टूटी नहीं, वह भी इतनी कम उम्र में।

मेरा और तुम्हारी माँ का यही मानना है कि एक दिन हम तुम पर और अंशु पर नाज करेंगे। ऐसा करने के लिए कभी-कभी तुम्हें संघर्ष करना होगा और चुनौतियों का सामना करना होगा और याद रखना, कभी शॉर्टकट मत अपनाना, कभी फायदा उठाने की कोशिश मत करना; कभी नाम खराब हो, ऐसा काम मत करना।

"एक बात तुम जान लो, गुंजू, तुम्हारे माता-पिता सच में बहुत मेहनत करते हैं, ताकि तुम्हें और अंशु को सबकुछ मिल सके।" एक रात जब पापाजी मेरे कमरे में डिनर के बाद मुझे गुडनाइट कहने आए, तब उन्होंने कहा, "माँ ने अपनी जरूरतों को भुला दिया, ताकि वे अपने बच्चों की जरूरतों को पूरा कर सकें। त्याग एवं कड़ी मेहनत का नतीजा सच्चा और अच्छा होता है। मेरा और तुम्हारी माँ का यही मानना है कि एक दिन हम तुम पर और अंशु पर नाज करेंगे। ऐसा करने के लिए कभी-कभी तुम्हें संघर्ष करना होगा और चुनौतियों का सामना करना होगा और याद रखना, कभी शॉर्टकट मत अपनाना, कभी फायदा उठाने की कोशिश मत करना; कभी नाम खराब हो, ऐसा काम मत करना। तुम्हें जो चाहिए, उसे कड़ी मेहनत से

हासिल करना होगा। उसका स्वाद ही कुछ अलग होता है। उसमें सुकून का स्वाद होता है।" फिर उन्होंने मेरे माथे को चूमा और चले गए। लेकिन मैं पूरी रात पापाजी की बातों के बारे में ही सोचती रही।

~•~

हम ठीक समय से एस.एस.बी. सेंटर वापस लौट आए थे। हमारी बैरक में पर्सनल इंटरव्यू की तैयारी जोरों पर थी, जो अगले दिन होनेवाला था। लेकिन हार्थिका और मैं जैसे ही बैरक में घुसे, अपने-अपने बिस्तर पर फैल गए।

"कॉफी शॉप में तुमने मुझसे एक सवाल पूछा था।" बिस्तर पर लेटे-लेटे ही हार्थिका की तरफ घूमते हुए मैंने पूछा।

"कौन सा सवाल?" वह सच में भूल गई थी।

"तुमने पूछा था न कि एक आर्मी ऑफिसर की सुविधा-संपन्न संतान होने पर कैसा लगता है!" मैंने उसे याद दिलाया।

"और… ?" उसने कहा।

"तो बता दूँ कि बहुत अच्छा लगता है।" मैंने खुश होकर कहा।

मैं दूसरी ओर पलटी और चैन की नींद सो गई। वहीं हार्थिका को कुछ भी समझ नहीं आया।

□

सात

नौकरी के लिए इंटरव्यू आमतौर पर इस तरह से बनाए जाते हैं कि इंटरव्यू देनेवाला या देनेवाली इंटरव्यू लेनेवाले को यह भरोसा दिला सके कि वह उस नौकरी के लिए फिट है। यह काम तब और मुश्किल हो जाता है, जब इंटरव्यू लेनेवाला इंटरव्यू देनेवाले को अनफिट घोषित करने का कोई अच्छा कारण ढूँढ़ने पर तुल जाता है। ऐसी स्थिति में आप उन्हें कैसे भरोसा दिला सकते हैं? इसका जवाब है—ईमानदारी से। पापाजी के अनुसार, एस.एस.बी. परीक्षा के पर्सनल इंटरव्यू में इसी की जरूरत होती है। वे मुझसे कहा करते थे कि अगर मेरे भीतर एक भी जरूरी गुण की कमी दिखी तो सेना मेरी उम्मीदवारी पर विचार ही नहीं करेगी। महज इस वजह से कि मेरे जैसे किसी के हाथ से नौकरी का अवसर छिन जाएगा, वह अपने पुरुष और महिला सैनिकों की जान को जोखिम में नहीं डाल सकती है। इसलिए चिकनी-चुपड़ी बातों से बिल्कुल भी काम नहीं चलेगा। अगर कोई चुना नहीं जाता तो दिल छोटा करने के बजाय जो हुआ, उसे स्वीकार कर लेना चाहिए। अच्छी तरह तैयारी करनी चाहिए और अगली एस.एस.बी. परीक्षा में उसे और भी अच्छी तरह लागू करना चाहिए।

पाँचवें दिन सुबह में, पर्सनल इंटरव्यू शुरू होने से ठीक पहले, मैंने खुद से वादा किया कि मैं फेल हो गई तो न बहाने बनाऊँगी और न रोऊँगी। मैं रिजल्ट को शांत मन से स्वीकार करूँगी और असली योद्धा की तरह घर लौट जाऊँगी।

"अगर आज हम पास नहीं हुए तो पता नहीं हमें आज रात घर लौटने के लिए टिकट भी मिलेगी या नहीं?" दीपा ने पूछा। हम सभी अलग-अलग कतारों में कॉन्फ्रेंस हॉल के बाहर इंटरव्यू शुरू होने के इंतजार में बैठे थे। हॉल के दरवाजे के ऊपर के सॉकेट्स में दो बल्ब लगे थे—एक लाल और एक हरा। लाल बल्ब जल रहा था, जिसका मतलब था कि अंदर किसी का इंटरव्यू चल रहा है।

"तुम्हें लगता है, तुम पास नहीं हो पाओगी?" मैंने दीपा से धीमी आवाज में पूछा।

"हम पक्के तौर पर नहीं कह सकते, है न?" उसने कहा।

"इसमें बस, आत्मविश्वास होना चाहिए।" अदिति ने कहा, "मैंने उन्हें बस, उन्हें वही दिखाया है, जो वे देखना चाहते थे। सवाल ही नहीं उठता कि मैं यहाँ से 'हाँ' सुने बिना चली जाऊँगी।"

"इतना ओवरकॉन्फिडेंस!" हार्थिका से चुप नहीं रहा गया।

"हम पक्के तौर पर नहीं कह सकते, है न?" उसने कहा।
"इसमें बस, आत्मविश्वास होना चाहिए।" अदिति ने कहा, "मैंने उन्हें बस उन्हें वही दिखाया है, जो वे देखना चाहते थे। सवाल ही नहीं उठता कि मैं यहाँ से 'हाँ' सुने बिना चली जाऊँगी।"

अदिति ने घोर नफरत दिखाते हुए अपना मुँह फेर लिया।

"अगर मैं देख सकती हूँ तो उन्होंने भी देख लिया होगा।" हार्थिका ने धीरे से मेरे कान में कहा, "मैं शर्त लगाकर कहती हूँ, यह रिजेक्ट हो जाएगी।"

मेरी नजरें उन दोनों बल्बों पर टिकी थीं। जैसे ही हरा बल्ब जलेगा, मेरा नंबर बस, एक लड़की के इंटरव्यू के बाद आ जाएगा। मैंने उस दिन अपनी पोशाक पर काफी ध्यान दिया था—मेरी पैंट और शर्ट अच्छी तरह प्रैस थे। मेरे बाल जूड़े में बँधे थे। मैंने गला साफ किया और मानो मेरी तैयारी देखकर ही वह हरी बत्ती जल गई।

मुझसे पहले इंटरव्यू देनेवाली लड़की के अंदर जाते ही बत्ती हरी से

लाल हो गई। अब मेरी नजर उस बल्ब पर जम गई थी। अभी दस मिनट ही हुए थे, लेकिन लगा, जैसे एक युग बीत गया हो और वह लड़की बाहर निकल आई। वह काफी निश्चिंत दिख रही थी और दो मिनट बाद हरा बल्ब फिर से जल गया। मैं जब जाने के लिए खड़ी हुई तो अपने दिल के धड़कने का एहसास हो रहा था। हार्थिका ने मुझे 'बेस्ट ऑफ लक' कहा और मैं उसकी तरफ देखकर मुसकरा दी। मैंने कॉन्फ्रेंस रूम का दरवाजा खींचकर खोला और जैसी कल्पना की थी, मैंने अपने सामने एक गोल टेबल के पीछे बैठे छह अफसरों का पैनल देखा। वे सभी जाने-पहचाने चेहरे थे, जिन्हें मैंने अपने अलग-अलग टेस्ट के दौरान देखा था।

मैं कुरसी के किनारे पर बैठी। मैंने अपने दोनों हाथ सही तरीके से रखे थे। स्क्वाड्रन लीडर यादव और स्क्वाड्रन लीडर विर्क मुझे देखकर मुसकराने लगे। मैं इतनी नर्वस थी कि वापस मुसकरा भी नहीं सकी। अन्य अफसर अपने सामने रखी फाइलों को देखने में व्यस्त थे।

"मे आई कम इन?" मैंने पूछा।

"प्लीज बी सीटेड।" विंग कमांडर पाठक ने कुरसी की तरफ इशारा किया। पी.ए.बी.टी. टेस्ट के दौरान वही इंटरव्यू लेनेवाले अफसर (आई.ओ.) थे और उन्हें मैंने पहले भी देखा था।

मैं कुरसी के किनारे पर बैठी। मैंने अपने दोनों हाथ सही तरीके से रखे थे। स्क्वाड्रन लीडर यादव और स्क्वाड्रन लीडर विर्क मुझे देखकर मुसकराने लगे। मैं इतनी नर्वस थी कि वापस मुसकरा भी नहीं सकी। अन्य अफसर अपने सामने रखी फाइलों को देखने में व्यस्त थे। मुझे लगा, जैसे वह मेरा पर्सनल इन्फॉर्मेशन क्वेश्चनायर फॉर्म था, जिसे हम सभी ने एस.एस.बी. के पहले दिन भरा था। मैं धैर्य से इंतजार करती रही कि कब आई.ओ. मेरी तरफ पहला सवाल दागेंगे।

"मिस सक्सेना, एस.एस.बी. का आपका अनुभव कैसा रहा?" आखिरकार उन्होंने चेहरा सामने किया और सवाल पूछा।

"इन्फॉर्मेटिव, सर।" मैंने तुरंत जवाब दिया, "और यादगार।"

"तुमने यहाँ कितने दोस्त बना लिये?" उन्होंने मुझसे पूछा।

"मैंने सभी दूसरे कैंडिडेट्स से बातचीत की सर, और आगे जो भी हो, इससे फर्क नहीं पड़ता। मैं सोचती हूँ कि उनसे टच में रहूँगी।" मैंने कहा। मैं नहीं चाहती थी कि वे यह सोचें कि मैं भेदभाव करती हूँ और मैंने उन्हें यह नहीं बताया कि वहाँ हार्थिका ही एक थी, जिसे मैं 'दोस्त' कह सकती थी। लेकिन सच यही था कि मैंने उन सभी से बातचीत की थी। फिर आई.ओ. ने मेरे परिवार और मेरी पढ़ाई के बारे में कुछ बुनियादी सवाल पूछे। मैं जितना बोल रही थी, उतना ही रिलैक्स महसूस कर रही थी। लेकिन एक सवाल ऐसा था, जिसके लिए मुझे रुकना पड़ा और कुछ देर तक सोचना पड़ा।

मैं इस सवाल का जवाब जानती थी। मैं जीवन भर इसकी ही तैयारी कर रही थी। मैं यह नहीं जानती थी कि अपने जवाब को कैसे सामने रखूँ। क्या मुझे भावुक लगना चाहिए? अगर मैं हद से ज्यादा आतुर दिखी तो क्या होगा?

"हमें बताओ कि तुम भारतीय वायु सेना में क्यों शामिल होना चाहती हो?"

मैं इस सवाल का जवाब जानती थी। मैं जीवन भर इसकी ही तैयारी कर रही थी। मैं यह नहीं जानती थी कि अपने जवाब को कैसे सामने रखूँ। क्या मुझे भावुक लगना चाहिए? अगर मैं हद से ज्यादा आतुर दिखी तो क्या होगा? इससे मैं कैसे निपटूँ? मैं ऐसा क्या कहूँ, जिससे उन्हें विश्वास हो जाए? वहाँ प्लान करने या तैयारी करने का वक्त नहीं था। मुझे तुरंत जवाब देना था।

~•~

सितंबर 1984

ताजा-ताजा हुई हलकी फुहारों से गीली इटावा की सड़क चमक रही थी। पापाजी और मैं एक स्कूटर पर सवार थे, जिसे उन्होंने अपने एक कोर्समेट से माँगा था। ब्यूटी ने कुछ बच्चों को जन्म दिया था और हम चाहते थे कि सारे

पपी ऐसे परिवारों के पास जाएँ, जो देखभाल करें और उनकी जिम्मेदारी उठा लें। इसलिए पापाजी ने खुद उन्हें अपने परिचितों के घर पहुँचाने का बीड़ा उठाया, जो उन्हें अपनाने के लिए तैयार थे। आखिरी पपी बचा था, जो हमारे साथ स्कूटर के सामने की बास्केट में अपने नए घर तक का सफर कर रहा था। रिमझिम बरसात में भीगने से बचने के लिए हम सड़क किनारे चाय की एक दुकान पर कुछ देर के लिए रुके थे। मैं नहीं चाहती थी कि पपी को बुखार लग जाए। पापाजी और मैं जब कुल्हड़ वाली चाय की चुस्कियाँ ले रहे थे, तब वह मेरी गोद में सोया था। गरम चाय और बारिश में भीगी धरती की मिली-जुली खुशबू हवा में फैली थी। बारिश रुक गई थी और हमें सूर्यास्त से पहले अपनी मंजिल तक पहुँचना था। इसलिए हमने चाय खत्म की और चायवाले को पैसे देकर हम जाने के लिए उठ गए। तभी हमने पास ही एक गैराज का शटर खुलने की आवाज सुनी। पापाजी स्कूटर को किक करते-करते बीच में रुक गए, क्योंकि गैराज के भीतर किसी चीज पर उनकी नजर पड़ गई। उन्होंने स्कूटर को स्टैंड पर खड़ा कर दिया और उस गैराज की तरफ बढ़ गए। मैं भी उनके पीछे-पीछे पपी को गोद में उठाए चल पड़ी। वे गैराज के सामने जाकर रुक गए और अपनी नजर हलके नीले रंग की विंटेज कार पर टिका दी।

आखिरी पपी बचा था, जो हमारे साथ स्कूटर के सामने की बास्केट में अपने नए घर तक का सफर कर रहा था। रिमझिम बरसात में भीगने से बचने के लिए हम सड़क किनारे चाय की एक दुकान पर कुछ देर के लिए रुके थे। मैं नहीं चाहती थी कि पपी को बुखार लग जाए।

"क्या बात है, पापाजी?" मैंने खामोशी को तोड़ते हुए पूछा।

"यह कार देख रही हो तुम?" उन्होंने खुश होकर पूछा और मैंने 'हाँ' में सिर हिलाया। "यह सन् 1951 की स्टडबेकर चैंपियन! मेरी पसंदीदा कारों में से एक है।"

मुझे कुछ समझ नहीं आया। "तो?" मैंने पूछा।

"तो," वे मेरी तरफ देखकर मुसकराए और फिर कार की तरफ देखते हुए कहा, "मैं इसे खरीदना चाहता हूँ।"

"लेकिन यह तो पुरानी कार है!" मैंने हैरानी जताते हुए कहा।

"ये बुलेट-नोज विंटेज ब्यूटी है, गुंजू!" उन्होंने कहा, "तुम जानती हो, ये लिमिटे-एडिशन कार है, जिसमें स्पनिर ग्रिल है? 'पुरानी' और 'विंटेज' में अंतर होता है।" फिर वे गैराज के अंदर मेकैनिक के पास पहुँचे और उससे पूछा कि क्या वह कार बिक्री के लिए है? मैं वहीं खड़ी यह सोच रही थी, क्या वे सच में उसे खरीदना चाहते हैं। मेकैनिक ने उन्हें बताया कि कार ग्वालियर के महाराजा माननीय माधवराव सिंधिया की है। वह लौटकर मेरे पास आए और बोले, "चलो, चलते हैं।"

"हाँ, चलते हैं। वैसे भी, पुरानी कार को कौन खरीद रहा है?" मैंने कहा। मुझे लगा, उनका इरादा बदल गया है।

उन्होंने स्कूटर को किक मारकर स्टार्ट किया और कहा, "हम महाराजा से मिलने जा रहे हैं।"

महाराजा ग्वालियर में जय विलास पैलेस में रहते थे, जो मराठा सिंधिया वंश के वंशजों का निवास था, जिसके एक हिस्से को सन् 1964 में म्यूजियम में बदल दिया गया था। हम जब महल के सामने के गेट तक जानेवाली सड़क पर आए तो हमें एक विशाल सफेद इमारत नजर आई।

महाराजा ग्वालियर में जय विलास पैलेस में रहते थे, जो मराठा सिंधिया वंश के वंशजों का निवास था, जिसके एक हिस्से को सन् 1964 में म्यूजियम में बदल दिया गया था। हम जब महल के सामने के गेट तक जानेवाली सड़क पर आए तो हमें एक विशाल सफेद इमारत नजर आई। सड़क के किनारे खूबसूरती से छाँटे गए पेड़ और झाड़ियाँ थीं। दूसरे पर्यटक भी उसी दिशा में जा रहे थे, शायद उस म्यूजियम को देखने। हम जब और करीब आए तो मैं उस तीन मंजिला भव्य इमारत की दंग कर देनेवाली खूबसूरत यूरोपीय स्थापत्य शैली को देख रही थी। मेन गेट के सामने संगमरमर का

एक गोल फव्वारा था। पापाजी ने अपना स्कूटर आगंतुकों के लिए निर्धारित पार्किंग की जगह पर पार्क कर दिया और हम मेन गेट की तरफ बढ़ गए। दरबानों से पूछताछ के बाद पापाजी को पता चला कि महाराजा अपने निवास पर मौजूद हैं, लेकिन किसी को भी अंदर के परिसर में जाने की इजाजत नहीं थी। पापाजी उनसे मिलने की जिद पर अड़े थे और उन्होंने कहा कि एक बार उन्हें पता चल जाएगा कि सेना का एक अधिकारी विशेष आग्रह के साथ आया है तो वह मना नहीं करेंगे। पापाजी उनसे मिलने पर तुले थे और मैं देख रही थी कि वह किसी भी तरह पीछे हटनेवाले नहीं थे। दरबानों को भी यह बात समझ आ गई। इसलिए उन्होंने वही किया, जो उनसे कहा गया। उन्हें और मुझे यह हैरत हुई कि महाराजा ने उनसे कहा कि सेना के एक अधिकारी को बाहर खड़ा रखना ठीक नहीं और हमें तुरंत अंदर ले जाया गया। हम आवासीय परिसर में प्रवेश कर गए। वह अंदर से और भी खूबसूरत था। इटली के मार्बल के फर्श, सजावट के भव्य सामान, महँगे पर्शियन कालीन, चमचमाते झूमर और दुनिया के अलग-अलग हिस्सों से लाई गई प्राचीन कलाकृतियाँ रास्ते के दोनों तरफ लगी थीं, जिनसे आँखें फटी-की-फटी रह गईं। हमें एक छोटे से बगीचे में ले जाया गया, जहाँ हमारे बैठने के लिए कुरसियाँ पहले ही लगा दी गई थीं। परिचारक पूरी सावधानी के साथ काँच की छोटी सी गोल टेबल पर चाँदी की क्रॉकरी रख रहे थे, जिनमें कप, तश्तरी और चाय के चम्मच शामिल थे। हमसे कहा गया कि हम वहीं बैठें और इंतजार करें।

इटली के मार्बल के फर्श, सजावट के भव्य सामान, महँगे पर्शियन कालीन, चमचमाते झूमर और दुनिया के अलग-अलग हिस्सों से लाई गई प्राचीन कलाकृतियाँ रास्ते के दोनों तरफ लगी थीं, जिनसे आँखें फटी-की-फटी रह गईं। हमें एक छोटे से बगीचे में ले जाया गया, जहाँ हमारे बैठने के लिए कुरसियाँ पहले ही लगा दी गई थीं।

दो मिनट बाद महाराजा हमसे मिलने आए। पापाजी खड़े हो गए और मैं

भी उन्हें देखकर खड़ी हो गई। महाराजा ने पापाजी से हाथ मिलाया।

"हमें अंदर आने की इजाजत देने के लिए आपका धन्यवाद।" पापाजी ने कहा।

"मेरे लिए सम्मान की बात है कि सेना का एक अधिकारी मेरे घर आया।" विनम्र और आकर्षक महाराजा ने कहा, जिन्होंने कढ़ाईवाला सफेद कुरता और पाजामा पहना था। "चलिए, पहले एक कप चाय पीते हैं, फिर बात करते हैं कि आपका यहाँ आना कैसे हुआ।"

"मेरे लिए सम्मान की बात है कि सेना का एक अधिकारी मेरे घर आया।" विनम्र और आकर्षक महाराजा ने कहा, जिन्होंने कढ़ाईवाला सफेद कुरता और पाजामा पहना था। "चलिए, पहले एक कप चाय पीते हैं, फिर बात करते हैं कि आपका यहाँ आना कैसे हुआ।"

मैंने सोचा था कि कोई ऐसा व्यक्ति होगा, जिसके सिर पर बड़ा सा मुकुट होगा और गले में तरह-तरह के हार होंगे; लेकिन उनका चेहरा शेव किया हुआ था, बाल अच्छी तरह कटे थे और उन्होंने चश्मा पहन रखा था। उनकी सादगी उनकी ख्याति को और बढ़ा रही थी।

"तो आपका यहाँ कैसे आना हुआ, मेजर?" शुरुआती जान-पहचान की बात पूरी होने के बाद उन्होंने पापाजी से पूछा।

"मैं उस कार को खरीदना चाहता हूँ, जो कभी आपकी थी।" पापाजी ने सीधे-सीधे कह दिया, जैसे महाराजा के साथ चाय पीना उनके लिए काफी नहीं था। अगर मैं उनकी जगह होती तो अपनी सारी इच्छाओं को वहीं छोड़ देती; लेकिन मैं पापाजी के पक्के इरादे और सीधी बात करने के अंदाज पर हैरान थी। महाराज को थोड़ा आश्चर्य हुआ।

"आप इतनी दूर अपने स्कूटर से एक कार खरीदने आए हैं, जो मेरी है?" उन्होंने मुसकराते हुए कहा, "क्यों?"

"क्योंकि यह एक दुर्लभ मॉडल है और यह आपकी है।" पापाजी ने

ईमानदारी से कह दिया, "मैं 1951 के उस स्टडबेकर चैंपियन की बात कर रहा हूँ, जिसे मैंने गैराज में देखा है।"

"अच्छा, वो!" महाराजा ने कहा, "माफ कीजिए, लेकिन मैं उसे नहीं बेच सकता हूँ। मेरे पास दूसरी कारों का कलेक्शन है, जिनमें से आप चुन सकते हैं।" मैंने सोचा, ये डील भी अच्छी है और पापाजी को इसे स्वीकार कर लेना चाहिए। "और फिर, कार तो कार ही होती है।"

"मेरा सोचना थोड़ा अलग है, महाराज।" पापाजी ने कहा, "1951 V-6 इंजन, बेहतर कैमशाफ्ट, लंबा व्हीलबेस, 4,000 आर.पी.एम. की जबरदस्त हॉर्सपावर—इन सबसे यह कार आम कार नहीं रह जाती है। गुस्ताखी माफ महाराज, लेकिन मैं कोई दूसरी कार नहीं खरीदना चाहता हूँ।" पापाजी ने कहा, "अगर आप इसे नहीं बेचना चाहते हैं तो कोई बात नहीं है।"

महाराजा कुछ देर तक पापाजी को गौर से देखते रहे। मैं परिचारकों को दबे स्वर में बात करते सुन रही थी। पापाजी ने जरूर उन्हें नाराज कर दिया होगा। मैं ऐसा ही सोच रही थी। लेकिन महाराजा मुसकराते रहे और अपनी चाय की चुस्की लेते रहे। अब कोई भी कार की बात नहीं कर रहा था। मैं फ्रूट केक से भरी प्लेट का लुत्फ उठा रही थी, जिसे महाराजा के आदेश पर मेरे लिए लाया गया था। पपी गार्डन में आराम से यहाँ-वहाँ दौड़ रहा था।

मैं ऐसा ही सोच रही थी। लेकिन महाराजा मुसकराते रहे और अपनी चाय की चुस्की लेते रहे। अब कोई भी कार की बात नहीं कर रहा था। मैं फ्रूट केक से भरी प्लेट का लुत्फ उठा रही थी, जिसे महाराजा के आदेश पर मेरे लिए लाया गया था।

इस शाही मुलाकात के आधे घंटे बाद पापाजी ने जाने की इजाजत माँगी। विनम्र महाराजा ने कहा कि वह उन्हें गेट तक छोड़ देंगे। हम जैसे ही गेट के पास पहुँचे, अचानक महाराजा ने पूछ लिया, "आप सच में उस कार को खरीदना चाहते हैं?"

"जी।" पापाजी ने कहा, "मैं पैसों का इंतजाम कर लूँगा। मैं किस्तों में चुका सकता हूँ; लेकिन उसकी जो भी कीमत होगी, मैं चुका दूँगा।"

"मैं आपको उसे एक ही शर्त पर दे सकता हूँ और फिर कोई सवाल नहीं पूछे जाएँगे।" महाराजा ने कहा।

पापाजी रुक गए कि महाराज आगे क्या कहेंगे और फिर उन्होंने कहा, "मैं आपसे केवल एक रुपया लूँगा।" मैं दंग रह गई। महाराजा ने मेरी तरफ देखा और कहा, "और अगर तुम मुझे अपनी ये पपी दे दोगी।"

मैं हैरानी से पापाजी की तरफ देखने लगी, जिन्होंने इशारे से अपनी मंजूरी दे दी। मैंने पपी को किस किया और उसे महाराजा के आगे बढ़े हाथों में सौंप दिया। पापाजी ने अपने पर्स से एक रुपए का नोट निकाला और उसे महाराजा की तरफ बढ़ा दिया।

पापाजी रुक गए कि महाराज आगे क्या कहेंगे और फिर उन्होंने कहा, "मैं आपसे केवल एक रुपया लूँगा।" मैं दंग रह गई। महाराजा ने मेरी तरफ देखा और कहा, "और अगर तुम मुझे अपनी ये पपी दे दोगी।"

"कार कल आपके पते पर पहुँच जाएगी। अपने वर्दीधारी वीरों के लिए मैं इतना तो कर ही सकता हूँ, जो हम सभी को सुरक्षित रखते हैं।" मुसकराते हुए महाराजा ने पपी के सिर को सहलाते हुए कहा।

पापाजी ने उनका शुक्रिया अदा किया और हम वहाँ से रवाना हो गए। घटनाओं को अप्रत्याशित मोड़ लेते देखकर मैं हैरान थी। एक सीधी-सादी और ईमानदारी से कही गई बात का असाधारण परिणाम मिला था। इसके बावजूद अवसरों का लाभ पूरी ईमानदारी से उठाया गया था, जिसे मैं कभी भूलनेवाली नहीं थी। अगले कुछ साल तक हम उस शानदार कार से यादगार लंबे सफर पर जाया करते थे, जिनमें हमारे कुत्ते भी साथ चलते थे। जहाँ संभव होता था, वहाँ हम रास्ते में रुका भी करते थे और मैं हमेशा यही सोचती थी कि पापाजी ने महाराजा को राजी कैसे कर लिया।

आप जो कह रहे हैं, यदि उसमें आप पूरी तरह ईमानदार हैं तो आप किसी को भी आसानी से राजी कर सकते हैं। ईमानदारी, लगन और संकल्प पहाड़ भी हिला सकते हैं और मैंने इसे देख लिया था। आई.ओ. ने जब मुझसे पूछा कि मैं भारतीय वायु सेना में क्यों शामिल होना चाहती हूँ, तो मेरे पास उनके लिए दो जवाब तैयार थे। मैं भावुक दिख सकती थी। मैं देशभक्त, यहाँ तक कि हठी, दिखावे की भावुक और कुछ भी कर गुजरने को तैयार होने का एहसास करा सकती थी। लेकिन मैं जानती थी कि मैं इसके लिए क्यों आई थी। मैं जानती थी कि मुझे क्या चाहिए था और क्यों चाहिए था। मैं जानती थी कि मुझे उनसे क्या कहना है।

आई.ओ. ने जब मुझसे पूछा कि मैं भारतीय वायु सेना में क्यों शामिल होना चाहती हूँ, तो मेरे पास उनके लिए दो जवाब तैयार थे। मैं भावुक दिख सकती थी। मैं देशभक्त, यहाँ तक कि हठी, दिखावे की भावुक और कुछ भी कर गुजरने को तैयार होने का एहसास करा सकती थी। लेकिन मैं जानती थी कि मैं इसके लिए क्यों आई थी।

"मैं उड़ना चाहती हूँ।" कुछ सोचे बिना मैंने कह दिया। सारे अफसर जहाँ मुझे गौर से देखने लगे, वहीं मैंने अपनी नजरें आई.ओ. पर जमा रखी थीं।

"तुम भारतीय वायु सेना में ही क्यों उड़ना चाहती हो?" उन्होंने पूछा, "तुम सिविल एविएशन को भी चुन सकती थीं।"

"सिविल एविएशन के कोर्स में बहुत ज्यादा पैसा लगता है और जॉब सिक्योरिटी भी नहीं है।" मैंने ईमानदारी से जवाब दिया। नागरिक उड्डयन, विशेष रूप से निजी विमान कंपनियाँ, 1990 के दशक में भारत में अपनी नवजात स्थिति में थीं और दिन-ब-दिन फ्लाइंग कोर्स की फीस आसमान छूती जा रही थी। "लेकिन मैं अगर इंडियन एयर फोर्स को ज्वॉइन करती हूँ तो मुझे डेढ़ साल में कमीशन मिल जाएगा और वह भी इस देश के एक राजपत्रित अधिकारी के रूप में। इसके साथ-साथ मुझे सेनाओं की साधारण जीवन-शैली पसंद है।"

फिर आई.ओ. ने अपने सामने रखी फाइल के कुछ पन्ने पलटे।

"आपका जनरल नॉलेज कैसा है, मिस सक्सेना?" उन्होंने पूछा।

"बिलो एवरेज (औसत से भी कम)।" मैंने कहा, "इतना अच्छा नहीं है।"

"क्यों? आप समाचार नहीं सुनतीं या अखबार नहीं पढ़तीं?" उन्होंने पूछा।

"मैं पत्रिकाएँ पढ़ती हूँ, जो ज्यादातर बॉलीवुड से जुड़ी होती हैं, सर!" मैंने उत्तर दिया।

मेरा जवाब सुनकर सभी मुसकराने लगे।

"लेकिन आपको हमें एक जरूरी चीज के बारे में बताना ही होगा, जो हाल ही में खबरों में थी।" आई.ओ. ने कहा।

मैंने दिमाग पर जोर डाला और सोचने लगी।

"अच्छा···कुछ दिनों पहले सुष्मिता सेन को मिस यूनिवर्स का खिताब मिला था।" मैंने कहा। आई.ओ. मंद-मंद मुसकराने लगे।

"मैं पत्रिकाएँ पढ़ती हूँ, जो ज्यादातर बॉलीवुड से जुड़ी होती हैं, सर!" मैंने उत्तर दिया। मेरा जवाब सुनकर सभी मुसकराने लगे। "लेकिन आपको हमें एक जरूरी चीज के बारे में बताना ही होगा, जो हाल ही में खबरों में थी।" आई.ओ. ने कहा।

"खैर, यह बताइए, अगर हम आपको पास कर दें तो आप अपना वजन कैसे कम करेंगी?" उन्होंने पूछा। यह बिल्कुल सही सवाल था। भारतीय वायु सेना के पैमाने के हिसाब से मेरा वजन ज्यादा था। कोई सिविलियन मुझे फिट मान लेगा, लेकिन यह इंडियन एयर फोर्स थी और उन्हें पतले-दुबले व तेज-तर्रार योद्धाओं की जरूरत थी।

"मेरे पिता नियमित शारीरिक प्रशिक्षण से मुझे मेरा वजन कम करने में मेरी सहायता करेंगे।" मैंने उत्तर दिया। चूँकि वे जानते थे कि मैं एक सेना अधिकारी की बेटी हूँ, वे समझते थे कि मेरे पिता मेरा पसीना बहाकर और

मेरी चरबी गलाकर मेरा वजन कम करवा देंगे। वैसे भी, जब बात शारीरिक प्रशिक्षण की हो तो एक फौजी का कोई जोड़ नहीं।

"ठीक है, हमें बस आपसे इतना ही पूछना था।" आई.ओ. ने कहा, "आप प्लीज बाहर रिजल्ट का इंतजार कीजिए। हमारी शुभकामनाएँ आपके साथ हैं।"

एक घंटा बीत गया और धैर्य जवाब देने लगा। ध्यान बँटाने के लिए मैं गलियारे में टहलने लगी, जब मेरे आसपास मौजूद हर कोई अपने प्रदर्शन की चर्चा और उसकी फिर से समीक्षा कर रहा था। अंदर जो हुआ, उसे मैंने याद करने की कोशिश की, लेकिन घटनाओं को सिलसिलेवार ढंग से जोड़ नहीं सकी। मैं आई.ओ. के सवालों पर अपने जवाब लगभग भूल चुकी थी। क्या मैंने कुछ ज्यादा ही हाथ-पैर हिलाए थे? क्या मैंने अपने हाथों को भी हिलाया था? क्या मैं सीधा बैठी थी? क्या मैं कुछ ज्यादा ही पलकें झपका रही थी? क्या मेरे पैर काँप रहे थे? मुझे कुछ भी याद नहीं आ रहा था। एक के बाद एक उम्मीदवार अंदर जा रहे थे और बाहर आ रहे थे। लंच के समय तक सारे इंटरव्यू हो चुके थे। लाल बल्ब एक बार फिर से जला, फिर से उलटी गिनती शुरू हुई! मैं अपने डॉग्स के बारे में सोचने लगी। उनके बारे में सोचकर मैं मुसकराती थी और मुझे अच्छा महसूस होता था। लेकिन यह एहसास कुछ ही देर तक रहा और तभी स्क्वाड्रन लीडर यादव अपने हाथ में एक पेज लेकर आए। मैं अपने दिल के सीने से टकराने का एहसास कर सकती थी। हम सभी अपनी-अपनी कुरसियों पर चुपचाप बैठे थे और उनके बोलने का इंतजार कर रहे थे।

एक घंटा बीत गया और धैर्य जवाब देने लगा। ध्यान बँटाने के लिए मैं गलियारे में टहलने लगी, जब मेरे आसपास मौजूद हर कोई अपने प्रदर्शन की चर्चा और उसकी फिर से समीक्षा कर रहा था। अंदर जो हुआ, उसे मैंने याद करने की कोशिश की, लेकिन घटनाओं को सिलसिलेवार ढंग से जोड़ नहीं सकी।

टेस्ट के रिजल्ट को कंपाइल करने के बाद उन्होंने घोषित किया, "मैं आप सभी को बताना चाहूँगा कि सभी ने पी.ए.बी.टी. की परीक्षा पास कर ली है।" लड़कियाँ एक-दूसरे को देखने लगीं। सस्पेंस बरकरार था। "लेकिन सभी की किस्मत अच्छी नहीं थी। बोर्ड ने आज सिर्फ एक कैंडिडेट की सिफारिश की है।" उनका इतना कहना था कि मेरा चेहरा उतर गया। मेरा तो नाम पक्का ही नहीं होगा; लेकिन मैं चाहती थी कि मेरा नाम हो।

"चेस्ट नंबर 4।" स्क्वाड्रन लीडर यादव ने ऐलान किया और उनकी आँखें उस भीड़ में ढूँढ़ती-ढूँढ़ती मुझ पर आकर रुकीं। मैंने हलका सा अपना दाहिना हाथ उठाया। "बधाई हो, तुम्हें चुन लिया गया है!" स्क्वाड्रन लीडर यादव ने कहा, "तुम मेरे ऑफिस में आ जाना, प्लीज। बाकी सभी जा सकते हैं। तुम सभी को मेरी शुभकामनाएँ।"

"चेस्ट नंबर 4।" स्क्वाड्रन लीडर यादव ने ऐलान किया और उनकी आँखें उस भीड़ में ढूँढ़ती-ढूँढ़ती मुझ पर आकर रुकीं। मैंने हलका सा अपना दाहिना हाथ उठाया। "बधाई हो, तुम्हें चुन लिया गया है!" स्क्वाड्रन लीडर यादव ने कहा, "तुम मेरे ऑफिस में आ जाना, प्लीज। बाकी सभी जा सकते हैं। तुम सभी को मेरी शुभकामनाएँ।"

उस भीड़ में बातचीत का शोर तेज हो गया। सभी लड़कियाँ धीरे-धीरे वहाँ से जाने लगीं, लेकिन मैं चुपचाप वहाँ खड़ी रही और उस एहसास को महसूस करती रही। हार्थिका के सिवाय किसी और ने मुझे बधाई नहीं दी। "चलो, अब तो तुम उड़ान भरनेवाली हो।" उसने सिफारिश न किए जाने की अपनी निराशा को बड़ी मुश्किल से छिपाते हुए कहा, 'बधाई हो, गुंजन।"

मैंने उसे गले लगा लिया। मुझे अपने चुन लिये जाने की खुशी थी, लेकिन दु:ख था कि हार्थिका खाली हाथ लौट रही थी।

"यह मेरा टेलीफोन नंबर है।" हार्थिका ने कागज का एक टुकड़ा थमाते

हुए कहा, "तुम जब मेडिकल के लिए बेंगलुरु के आई.ए.एम. (इंस्टीट्यूट ऑफ एरोस्पेस मेडिसिन) आना तो मुझे फोन करना। हम मिलेंगे। चलो, अब जल्दी करो और मनोज सर के ऑफिस पहुँचो।"

हम एक-दूसरे से गले मिलीं और वह चली गई। स्क्वाड्रन लीडर यादव ने मुझे बताया कि मेरा मेडिकल टेस्ट बेंगलुरु के आई.ए.एम. में होगा, वहीं जहाँ हार्थिका की माँ एडमिनिस्ट्रेशन विंग में काम करती थीं। मुझे एक ऑफिस में भेजा गया, जहाँ मुझसे कुछ फॉर्म्स भरने को कहा गया। लंच के लिए मुझे फ्री करने से पहले मुझे बैंगलोर का टिकट दे दिया गया। मैं दौड़कर सीधा एस.टी.डी. बूथ पर पहुँची और अपने माता-पिता को रिजल्ट की खुशखबरी दी।

"आज तक मैंने जिसमें भी विश्वास किया, सब सही निकला!" गर्व से पापाजी ने कहा।

□

आठ

उस समय तक मैं इस दुनिया में अपने आने का मकसद ढूँढ़ रही थी, लेकिन एकमात्र सफल उम्मीदवार के रूप में पूरे बैरक में खुद को अकेला खड़ा देखकर मैं इसे समझ चुकी थी। चुन लिया जाना सिर्फ एक शुरुआत थी। गर्व का यह पथ काँटों से भरा है, जिनके आगे मैं हिम्मत हार सकती थी।

मेरे चुने जाने की सिफारिश जिस दिन की गई, उस दिन मैंने बैरक में अकेले ही रात बिताई; लेकिन बिना किसी सपने के मुझे बहुत गहरी नींद आई। अगली सुबह एक जीप ने मुझे रेलवे स्टेशन छोड़ दिया। मैं दोपहर तक बैंगलोर पहुँच गई, जहाँ सेना की एक और गाड़ी का इंतजाम मुझे आई.ए.एम. तक छोड़ने के लिए किया गया था। आई.ए.एम., बैंगलोर भारतीय वायु सेना का बेहतरीन इंस्टीट्यूट है और देश में एयरोस्पेस मेडिसिन से जुड़ी गतिविधियों का केंद्र है। यह पूरे दक्षिण एशिया में अपनी तरह का इकलौता संस्थान है, जहाँ एयर क्रू, मेडिकल ऑफिसर्स और पैरामेडिक्स के लिए डॉक्टर ऑफ मेडिसिन (एम.डी.) कोर्स कराया जाता है। आई.ए.एम. पहुँचने पर मैंने देखा कि एयर फोर्स की खास पहचान बनानेवाले सफेद और नीले रंग की बिल्डिंग थी, जिसके सामने सफाई से कटे-छँटे पेड़ और हरे-भरे घासवाले गार्डन थे। इमारत के सामने एक फ्लैगपोल पर तिरंगा लहरा रहा था। एक अटेंडेंट मुझे उनके ट्रिनिटी मेस में ले गया। मुझे डॉरमिटरी का एक बड़ा कमरा अलॉट किया गया, जहाँ मुझे बताया गया कि अगले कुछ दिनों तक अकेले मैं ही रहूँगी,

क्योंकि उस समय और कोई भी एस.एस.बी. मेडिकल टेस्ट नहीं होनेवाला था। ऐसी जगह में कोई साथ न हो तो काफी अकेलापन और उदासी सी महसूस होती है। मुझे कहा गया कि मैं अगली सुबह सबसे पहले मेडिकल ऑफिसर्स के ऑफिस को रिपोर्ट करूँ। मैंने जैसे ही लंच खत्म किया, सीधे पी.सी.ओ. बूथ पहुँची और हार्थिका को फोन मिलाया।

मैंने जब हार्थिका से कहा कि मैं आई.ए.एम. पहुँच गई हूँ तो उसने कहा, "अरे, तुम वहाँ क्यों रह रही हो? हमारे साथ आ जाओ, मेरे घर पर।"

उस दिन शाम को मुझे अपनी मेडिकल हिस्ट्री को लेकर कुछ पेपर भरने को कहा गया, जिन्हें मुझे अगली सुबह अपने साथ अपने मेडिकल टेस्ट के लिए लेकर जाना होगा। उतनी बड़ी डॉरमिटरी में अकेले रात बिताना थोड़ा आसान हो गया, जब अटेंडेंट ने कॉमन रूम का टेलीविजन मेरे देखने के लिए वहाँ लगाने की मेहरबानी कर दी।

"नहीं, नहीं, मैं तुम लोगों को तकलीफ नहीं देना चाहती···।" इससे पहले कि मैं अपनी बात पूरी करती, वह बीच में बोल पड़ी, "मैं कुछ नहीं सुननेवाली। तुम्हें साथ आकर रहना ही होगा।’

"पर ये अलाउड भी होगा क्या?" मैंने उससे पूछा।

"मैं अम्मा से बोलूँगी, वह वहाँ के ऑफिसर से बात कर लेंगी।" हार्थिका ने उत्साह के साथ कहा।

"तो फिर ठीक है, कल तुमसे मिलती हूँ।" मैंने कहा और फोन रख दिया।

उस दिन शाम को मुझे अपनी मेडिकल हिस्ट्री को लेकर कुछ पेपर भरने को कहा गया, जिन्हें मुझे अगली सुबह अपने साथ अपने मेडिकल टेस्ट के लिए लेकर जाना होगा। उतनी बड़ी डॉरमिटरी में अकेले रात बिताना थोड़ा आसान हो गया, जब अटेंडेंट ने कॉमन रूम का टेलीविजन मेरे देखने के लिए वहाँ लगाने की मेहरबानी कर दी। हमेशा की तरह ही बॉलीवुड के गाने सुनते-सुनते मैं सो गई।

ब्लड सैंपल, ब्लड-प्रेशर चेक एवं शरीर की नाप-जोख और जाँच

पठानकोट में मेरे सोलहवें जन्मदिवस पर

चेन्नई रेलवे स्टेशन पर पापाजी द्वारा लिया गया फोटो। जब मैं अपने यूनिट में सम्मिलित होने के लिए ऊधमपुर जा रही थी। मेरे पालतू कुत्ते शेरी और क्रेजी भी दिख रहे हैं

पासिंग-आउट परेड पर मेरे परिवार और मेरी फोटो,
जो विंग कमांडर आर.ओ.जे. आसी ने ली

मेरी पासिंग-आउट परेड पर पापाजी व मेरे प्रशिक्षक आर.ओ.जे. आसी

ऑर्डर ऑफ मेरिट में प्रथम आने पर 'मीनू इंजीनियर ट्राफी' प्राप्त करते हुए

रिव्यूइंग ऑफीसर एयर चीफ मार्शल लतीफ (से.नि.) हमारी वर्दी पर सफेद पदसूचक पट्टी हटाकर विंग्स लगाते हुए

ट्रेकिंग के दौरान जंगल एंड स्नो सर्वाइवल कैंप में

जंगल सर्वाइवल कैंप जाने के मार्ग में

जंगल एंड स्नो सर्वाइवल कैंप में

कारगिल के उपरांत 'सैवी' पत्रिका के एक लेख के लिए लिया फोटो

पापाजी के साथ दादा, जब वह इंडियन मिलिट्री एकेडेमी, देहरादून में कैडेट थे

पासिंग-आउट परेड की पूर्व-संध्या पर माँ, दादा और पापाजी के साथ

बागडोगरा क्रू कक्ष में
पापाजी और मैं

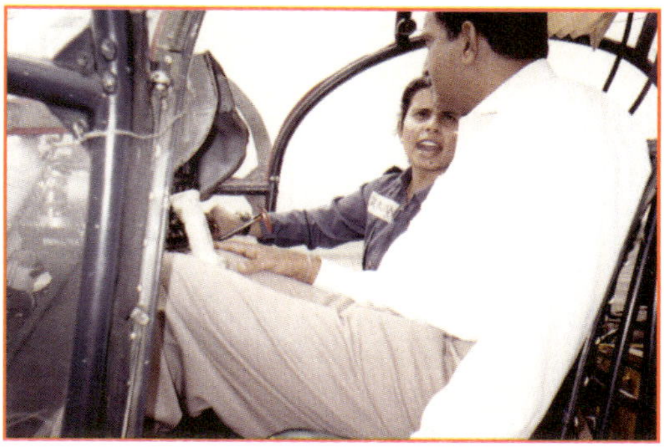

बागडोगरा एयर फोर्स स्टेशन पर
चीता हेलिकॉप्टर में
पापाजी के साथ

बागडोगरा एयर फोर्स स्टेशन पर
माँ और पापाजी

एयर फोर्स एकेडेमी, डुंडीगाल में प्रथम सत्र की समाप्ति से पूर्व,
बाएँ से : अनुराधा, मैं और श्रीविद्या एचपीटी–32 एयरक्राफ्ट में

प्रथम सत्र की समाप्ति के आसपास विंग कमांडर एस.एस. पाटिल (सीएफआई)
के साथ मैं और मेरे सहपाठी

समेत शुरुआती मेडिकल टेस्ट दोपहर तक पूरे हो गए और फिर मैं पूरे दिन के लिए फ्री हो चुकी थी। इस समय तक हार्थिका की माँ ने मेडिकल ऑफिसर से बात कर ली थी, ताकि मुझे उनके साथ रहने की इजाजत मिल जाए। मेरी ओर से एक विलिंगनेस सर्टिफिकेट भरकर देना था, जिसे मैंने दे दिया और फिर इस शर्त पर मुझे जाने दिया गया कि अगले दिन टेस्ट के लिए आने में मैं देरी नहीं करूँगी।

चूँकि मैं हार्थिका की माँ की छुट्टी होने से पहले ही फ्री हो गई थी, इसलिए मैंने जयनगर के लिए लोकल बस पकड़ ली, जहाँ हार्थिका रहती थी और जो शहर के मुख्य केंद्र से ज्यादा दूर नहीं था। मैं जब जयनगर में दाखिल हुई तो मैंने देखा कि बैंगलोर के कमर्शियल हब की बजाय जयनगर में भी पुराने शहरवाला आकर्षण था। कुछ एक दुकानों के अलावा वह इलाका ज्यादातर रिहायशी ही था। मैंने बस की खिड़की को खोला, ताकि दोपहर बाद की सुहानी हवा अंदर आ सके। आखिरकार जब मैं हार्थिका के घर पहुँची तो मुझे बेहद खुशी हुई।

मैं बस से उसी जगह उतरी, जहाँ हार्थिका ने मुझे बताया था। उसका घर आसानी से मिल गया। पतली सी सड़क के किनारे दो मंजिला मकानों की कतार थी, जिनके नंबर बढ़ते क्रम में थे। मैंने जल्दी ही हार्थिका का घर ढूँढ़ लिया और अब उसके सामने अपना बैग लिये खड़ी थी। मैंने घंटी बजाई, फिर अपने चेहरे पर बड़ी सी मुसकान ले आई।

मैं बस से उसी जगह उतरी, जहाँ हार्थिका ने मुझे बताया था। उसका घर आसानी से मिल गया। पतली सी सड़क के किनारे दो मंजिला मकानों की कतार थी, जिनके नंबर बढ़ते क्रम में थे। मैंने जल्दी ही हार्थिका का घर ढूँढ़ लिया और अब उसके सामने अपना बैग लिये खड़ी थी। मैंने घंटी बजाई, फिर अपने चेहरे पर बड़ी सी मुसकान ले आई। हार्थिका ने जैसे ही दरवाजा खोला, उसने मुझे कसकर गले से लगा लिया, अपना पूरा वजन जैसे मेरे ऊपर डाल दिया और खुशी से लगभग चीखने

लगी। एक लड़का आया और उसने मेरा बैग ले लिया। तब तक हार्थिका मुझे खींचकर अंदर ले आई।

"यह मेरा छोटा भाई है।" हार्थिका ने कहा।

"नमस्कार।" उस छोटे से लड़के ने मुझे नमस्कार किया और अपना नाम भी बताया, लेकिन मैं समझ नहीं सकी। उसका भाई जब तक मेरा सामान लेकर अंदर आया, तब तक हार्थिका मुझे अपना घर दिखाने लगी। यह छोटा सा, पुराने जमाने का घर था, जहाँ लगभग हर दीवार पर परिवार की तसवीरें टँगी थीं। हार्थिका ने मुझे अपना कमरा दिखाया और हम कुछ देर तक बातें करते रहे। फिर उसने हम दोनों के लिए कॉफी बनाई। उसकी माँ शाम 6 बजे घर पहुँचीं और प्यार से मेरा स्वागत किया। आते ही उन्होंने डिनर की तैयारी शुरू कर दी। लगभग दो घंटे बाद हम सब डिनर की टेबल पर बैठे थे। पहली बार हार्थिका ने मेरा परिचय अपने पापा से करवाया, जो कुछ ही देर पहले अपने दफ्तर से घर लौटे थे। स्वभाव से सौम्य और मृदुभाषी होने के साथ ही उनकी कद-काठी मध्यम थी और उन्होंने ढीली पैंट, शर्ट एवं सैंडल पहनी थी, वहीं चेहरे पर एक मोटी सी मूँछ थी। हार्थिका की माँ ने जहाँ डाइनिंग टेबल पर मुँह में पानी ला देनेवाले व्यंजन सजाए थे, वहीं हार्थिका और मैंने सभी को अपने एस.एस.बी. के अनुभव बताए। थोड़ी-थोड़ी देर पर खिलखिलाहट और ठहाकों से कमरा गूँज उठता था। घर का बना पारंपरिक खाना उस स्नेह व प्रेम को और भी बढ़ा रहा था। लंबे समय बाद मुझे लगा, जैसे मैं घर में हूँ और सोच रही थी कि पता नहीं कब फिर एक बार अपने परिवार के साथ इस तरह बैठकर खाना खा सकूँगी।

"नमस्कार।" उस छोटे से लड़के ने मुझे नमस्कार किया और अपना नाम भी बताया, लेकिन मैं समझ नहीं सकी। उसका भाई जब तक मेरा सामान लेकर अंदर आया, तब तक हार्थिका मुझे अपना घर दिखाने लगी। यह छोटा सा, पुराने जमाने का घर था, जहाँ लगभग हर दीवार पर परिवार की तसवीरें टँगी थीं।

हार्थिका की माँ ने अगली सुबह मुझे जगाया।

"तुम्हें समय पर आई.ए.एम. पहुँचने के लिए सुबह 6 बजे की बस पकड़नी होगी।" उन्होंने मुझे कॉफी देते हुए कहा, "मैंने नाश्ते के लिए इडली और दाल के पाउडर की चटनी पैक कर दी है।"

उनके इस प्यार के लिए मैंने उन्हें गले लगा लिया। "थैंक्यू आंटी!" वह मुसकराने लगीं और वापस मुझे सीने से लगा लिया।

कमांडेंट के निर्देश के अनुसार, मुझे चार हफ्ते का समय दिया गया, ताकि मैं अपना वजन कम कर सकूँ। उसके बाद मुझे दिल्ली के आर्म्ड फोर्स सेंट्रल मेडिकल एस्टेब्लिशमेंट (ए.एफ. सी.एम.ई.) में मेडिकल बोर्ड के सामने अपील करनी थी, जहाँ मेरा वजन फिर से चेक किया जाएगा। लेकिन सबसे परेशान करने वाला पहलू यही नहीं था।

हार्थिका की माँ ने समय का अंदाजा बिल्कुल ठीक लगाया था। 6 बजे की बस ने मुझे 7.30 बजे आई.ए.एम. छोड़ दिया और 8 बजे तक मैं अपने मेडिकल टेस्ट के लिए तैयार हो गई। सारे टेस्ट दोपहर तक खत्म हो गए। आधे घंटे बाद एक मेडिकल बोर्ड बैठा और मुझे कॉन्फ्रेंस हॉल में बुलाया गया। इसके अध्यक्ष कमांडेंट होते हैं, जिनके साथ दो अन्य मेडिकल ऑफिसर होते हैं। मैं जब अंदर गई तो कमांडेंट ने मुझे पहली बुरी खबर दे दी। मुझे 'टेंपरेरी रिजेक्शन' या टी.आर. मिला था, क्योंकि मैं 7 किलो ओवरवेट थी। लेकिन मैं इसके लिए पहले से ही तैयार थी। कमांडेंट के निर्देश के अनुसार, मुझे चार हफ्ते का समय दिया गया, ताकि मैं अपना वजन कम कर सकूँ। उसके बाद मुझे दिल्ली के आर्म्ड फोर्स सेंट्रल मेडिकल एस्टेब्लिशमेंट (ए.एफ.सी.एम.ई.) में मेडिकल बोर्ड के सामने अपील करनी थी, जहाँ मेरा वजन फिर से चेक किया जाएगा। लेकिन सबसे परेशान करने वाला पहलू यही नहीं था। उड़ान भरने के लिए किसी महिला अधिकारी की लंबाई 162.5 सेंटीमीटर होनी चाहिए। उन्होंने जब मुझे बताया कि मेरी लंबाई

महज 161.5 सेंटीमीटर है और इस कारण मैं केवल ग्राउंड ड्यूटी के योग्य हूँ, न कि फ्लाई करने के लिए, तो मैं निराशा में लगभग रो पड़ी थी। पर तभी कमांडेंट ने मुझे बताया कि मेरे पास अब भी एक मौका है, क्योंकि मेडिकल बोर्ड खारिज किए जाने के इस आधार की अपील को भी सुनेगा। इससे मेरा उत्साह तो नहीं बढ़ा, लेकिन मैंने उनकी बात ध्यान से सुनी। सबकुछ इतना अच्छा हो रहा था और तभी मुझे अचानक ही बता दिया गया कि मैं उड़ने के योग्य नहीं हूँ! मेरे सारे सपने चकनाचूर होते दिख रहे थे। सिर्फ एक वजह थी, जिसके चलते मैं भारतीय वायु सेना में ऑफिसर बनना चाहती थी और वह ये कि मैं उड़ना चाहती थी और यह जानने के बाद कि मैं कभी उड़ान नहीं भर सकूँगी, वह भी महज 1 सेंटीमीटर की वजह से, तो मेरा दिल बैठ गया था। जैसे ही बोर्ड ने मुझे मेरे दस्तावेज दिए और मुझे जाने के लिए कहा, मैं सीधे भागकर पी.सी.ओ. पहुँची और घर पर फोन किया।

"परेशान मत हो, गुंजू, सीधे घर आओ पहले।" मैंने जब बोर्ड के फैसले के बारे में उन्हें बताया तो पापा का यही कहना था, "हम इसका रास्ता निकालेंगे। तुम्हारे सामने मेडिकल बोर्ड में अपील का मौका है।"

"परेशान मत हो, गुंजू, सीधे घर आओ पहले।" मैंने जब बोर्ड के फैसले के बारे में उन्हें बताया तो पापा का यही कहना था, "हम इसका रास्ता निकालेंगे। तुम्हारे सामने मेडिकल बोर्ड में अपील का मौका है।"

"लेकिन पापा, मैं अपनी हाइट नहीं बढ़ा सकती।" मैंने दुःखी होते हुए कहा।

"बेटा, तुम बस घर आ जाओ। हम इन सब पर बैठकर बात करेंगे।" उन्होंने कहा। "तुमने यहाँ तक का सफर तय कर लिया और पहले ही अटेंप्ट में तुम्हें रेकमेंड भी कर दिया गया। तुमने अपने सारे टेस्ट पास कर लिये हैं। पी.ए.बी.टी. में तुमने शानदार प्रदर्शन किया। एक सेंटीमीटर तुम्हारी किस्मत तय नहीं करेगा। तुम्हें उड़ना है और मैं जानता हूँ, तुम उड़ान भरोगी। अभी बस,

तुम घर आ जाओ। हमें तुम्हारी याद आ रही है।" मैं अब भी यही सोच रही थी कि अब क्या होगा और कैसे होगा? और फोन रखने के बाद हार्थिका के घर के लिए निकल गई।

मैंने हार्थिका को जब सबकुछ बताया तो उसने मेरा दिल हलका करने के लिए न जाने क्या-क्या किया। "अम्मा ने मुझे बताया कि पुरुष उम्मीदवारों के केस में ऐसे मामले आए हैं, जिनमें 2 सेंटीमीटर तक की छूट दी गई है। मुझे यकीन है कि अपील मेडिकल बोर्ड से अच्छी खबर आएगी।" उसने कहा।

"वजन घटाना संभव है; लेकिन किसी भी तरीके से मैं अपनी हाइट नहीं बढ़ा सकती हूँ।" मैंने कहा।

"तुम्हें इसकी जरूरत कभी नहीं पड़ेगी।" हार्थिका ने कहा, "चलो, अब हँस भी दो! कम-से-कम तुम्हें वरदी पहनने का मौका तो मिलेगा-ही-मिलेगा। इसी बात की खुशी मनाओ। चलें, अब डिनर करते हैं।"

अगली सुबह मैंने चेन्नई के आवडि के लिए ट्रेन पकड़ ली और दोपहर तक घर पहुँच गई। पापाजी मुझे लेने स्टेशन आए थे। इस बीच मैं खुशी और गम से जूझ रही थी और कभी खुशी तो कभी दुःख होता था। लेकिन बाकी सब इस बात से खुश थे और उन्हें गर्व था कि मुझे अपने पहले ही एस.एस.बी. इंटरव्यू में चुन लिया गया और वे मुझसे कहते रहे कि मैं खुश हो जाऊँ। माँ ने आलू के पराँठे बनाए थे, जो मुझे पसंद थे; लेकिन मेरी भूख मर गई थी।

अगली सुबह मैंने चेन्नई के आवडि के लिए ट्रेन पकड़ ली और दोपहर तक घर पहुँच गई। पापाजी मुझे लेने स्टेशन आए थे। इस बीच मैं खुशी और गम से जूझ रही थी और कभी खुशी तो कभी दुःख होता था। लेकिन बाकी सब इस बात से खुश थे और उन्हें गर्व था कि मुझे अपने पहले ही एस.एस.बी. इंटरव्यू में चुन लिया गया और वे मुझसे कहते रहे कि मैं खुश हो जाऊँ।

"चिंता मत करो, आज खा सकती हो। कल से हम तुम्हारा वजन कम

करने पर काम करेंगे।" पापाजी ने मुझे दिलासा दी।

"मैं हमेशा कहता था न आपसे कि यह मोटी भी है और आलसी भी।" दादा ने मजाक-मजाक में कहा।

"मजाक का मेरा बिल्कुल भी मूड नहीं, दादा।" मैंने कहा।

दादा का ध्यान अपने पराँठे पर चला गया।

> *"तुम जल्दी ही यूनिफॉर्म पहनोगी।" उन्होंने कहा, "यूनिफॉर्म पहननेवाले पुरुष व स्त्रियाँ हार नहीं मानते और फिर, ये छोटी-छोटी मुश्किलें तुम्हारे एस.एस.बी. इंटरव्यू का हिस्सा हैं। इंडियन एयर फोर्स अपने जवानों और अपने विमानों की जिम्मेदारी तुम्हें सौंपने से पहले यह देखना चाहती है कि तुम्हारा इरादा कितना मजबूत है।"*

"अरे, बस, कुछ किलो की ही बात है!" माँ ने कहा।

"यह मेरे वजन की बात नहीं है, माँ।" मैंने खीज के साथ कहा। मैं तो यह सोच रही थी कि मैं कभी उड़ान भरने के काबिल नहीं हो पाऊँगी। मुझे लगा, डाइनिंग टेबल पर फिजूल की बातें करने से अच्छा है कि मैं वहाँ से उठकर अपने कमरे में चली जाऊँ। यह जानकर मेरी निराशा और बढ़ गई कि अगले चार हफ्ते मुझे अनिश्चितता में बिताने पड़ेंगे। बात बस, इतनी ही नहीं थी। मैं भी सच में यही मानने लगी थी कि मैं फ्लाई करने के लिए अनफिट हूँ। वजन तो कम किया जा सकता है, लेकिन लंबाई नहीं बढ़ाई जा सकती है, खासतौर पर जो मेरी उम्र थी, उसमें। एक के बाद एक नकारात्मक विचार मेरे मन में आते चले गए। मेरी आँखों के सामने यही तसवीर घूम रही थी कि अगर मुझे वायु सेना में शामिल भी कर लिया गया तो पूरी नौकरी ग्राउंड पर ही गुजर जाएगी। मैं बिस्तर पर लेटी थी और निराशा के आँसू मेरे चेहरे से होकर बह रहे थे।

"तो तुमने अभी से हार मान ली है?" पापाजी ने दरवाजे के पास खड़े होकर कहा। मैंने अपना चेहरा तकिए में थोड़ा और छिपा लिया। वे पास आए और मेरी बगल में बैठकर मेरे माथे पर प्यार से अपना हाथ रख दिया।

"तुम जल्दी ही यूनिफॉर्म पहनोगी।" उन्होंने कहा, "यूनिफॉर्म पहननेवाले पुरुष व स्त्रियाँ हार नहीं मानते और फिर, ये छोटी-छोटी मुश्किलें तुम्हारे एस.एस.बी. इंटरव्यू का हिस्सा हैं। इंडियन एयर फोर्स अपने जवानों और अपने विमानों की जिम्मेदारी तुम्हें सौंपने से पहले यह देखना चाहती है कि तुम्हारा इरादा कितना मजबूत है।" मैंने अब रोना बंद कर दिया था। उन्होंने कहा, "एक बार तुमने रैंक पहन लिया तो तुम्हारे सामने ऐसी-ऐसी परिस्थितियाँ आएँगी, जो तुम्हारा हौसला तोड़ देंगी। गिरने में कोई शर्म की बात नहीं है, लेकिन गिरने के बाद उठने की कोशिश न करना कोई शौर्य की बात नहीं है। हो सकता है, तुम्हें युद्ध में जाना पड़े। युद्ध किसी को नहीं बख्शते। तब तुम क्या करोगी? किसी दौड़ के आखिरी कुछ मीटर में, खून की हर एक बूँद, ताकत का एक-एक हिस्सा, एक-एक कदम मायने रखता है। विजेता वे नहीं होते, जो अपनी पूरी ताकत दौड़ की शुरुआत में लगा देते हैं। विजेता वे होते हैं, जो आखिरी के कुछ मीटर में हार नहीं मानते हैं। अब तुम्हें यह समझना है कि तुम आखिरी के कुछ मीटर दौड़ रही हो। क्या तुम खुद को जीतते देखना चाहती हो?"

मैं धीरे से पलटी और पापाजी को देखने लगी। उनके चेहरे पर मुसकान थी, ऐसी मुसकान, जो मुझे आज भी याद है। यह साफ था कि उन्हें अपनी बेटी पर गर्व था। उस दिन उन्होंने ऐसा न जाने कितनी बार कहा था। उन्होंने अपने कोर्स के साथियों को फोन किया और मेरे चुन लिये जाने को लेकर खूब सारी बातें की थीं।

मैं धीरे से पलटी और पापाजी को देखने लगी। उनके चेहरे पर मुसकान थी, ऐसी मुसकान, जो मुझे आज भी याद है। यह साफ था कि उन्हें अपनी बेटी पर गर्व था। उस दिन उन्होंने ऐसा न जाने कितनी बार कहा था। उन्होंने अपने कोर्स के साथियों को फोन किया और मेरे चुन लिये जाने को लेकर खूब सारी बातें की थीं। मेरी रेकमेंडेशन मेरे माता-पिता के लिए एक बड़ी उपलब्धि थी। वे खुश थे और मैं उनका मूड खराब नहीं करना चाहती थी।

"मैं पूरी कोशिश करूँगी।" मैंने कहा और उन्हें गले लगा लिया।

उस रात मैं जब सो रही थी, तब पापाजी ने मेरे लिए चार हफ्ते का डायट प्लान बनाया। अचानक मेरे डायट से पराँठे, बटर चिकन व रोटियाँ गायब हो गईं और उनकी जगह फल, सलाद, कम कार्बोहाइड्रेट एवं दही आ गया और मुझे खूब पानी पीना था। यही नहीं, उन्होंने मेरा रोज की फिजिकल ट्रेनिंग का प्रोग्राम भी तय कर दिया था। अपने जीवन में मैंने कभी सोचा भी नहीं था कि किसी दिन मुझे डायटिंग करनी पड़ेगी। पर मुझे खाने से इतना प्रेम था कि मेरे लिए आगे का रास्ता काफी मुश्किल रहने वाला था। इसका असर सिर्फ मुझ पर नहीं हुआ, बल्कि मेरे पूरे परिवार पर हुआ, जिसे सलाद और कम कैलोरी वाला खाना खाना पड़ा। माँ को लगा कि अगर वे सभी अपना रोज का खाना खाएँगे और मैं सलाद से काम चलाऊँगी तो मेरा मनोबल कमजोर पड़ जाए।

पापाजी ने मुझे अगले दिन सुबह 4.30 बजे जगा दिया और मुझे दौड़ने के लिए ले गए, जिसकी मुझे जरा भी इच्छा नहीं थी। कुछ ही मिनटों बाद मैं हाँफने लगी। लेकिन पापाजी मेरा हौसला बढ़ाते रहे, "आज कम-से-कम एक किलोमीटर तो पूरा कर लो और फिर हम धीरे-धीरे करके दूरी बढ़ाएँगे।"

पापाजी ने मुझे अगले दिन सुबह 4.30 बजे जगा दिया और मुझे दौड़ने के लिए ले गए, जिसकी मुझे जरा भी इच्छा नहीं थी। कुछ ही मिनटों बाद मैं हाँफने लगी। लेकिन पापाजी मेरा हौसला बढ़ाते रहे, "आज कम-से-कम एक किलोमीटर तो पूरा कर लो और फिर हम धीरे-धीरे करके दूरी बढ़ाएँगे।" उन्होंने कहा। सुबह के थका देनेवाले सेशन के बाद मुझे नाश्ते में सादा वेजिटेबल सलाद दिया गया, वह भी बिना नमक के। किसी तरह मैं बेस्वाद सब्जियों को निगल गई। माँ से मेरी तकलीफ देखी नहीं जा रही थी, लेकिन दादा को खूब मजा आ रहा था।

"काश, तुम पहले मेरी बात सुन लेती और हर दिन एक्सरसाइज किया करती।" उन्होंने कमेंट किया।

उस दिन सुबह की थकान के साथ-साथ मेरी निराशा भी बढ़ गई थी। इतना जैसे काफी नहीं था कि पापाजी की यूनिट के जूनियर—दो कैप्टन और एक लेफ्टिनेंट लंच पर पापाजी से मिलने आए।

सेना की बरसों पुरानी परंपरा के अनुसार, माँ और पापाजी को मेहमानों की हर माँग पूरी करनी पड़ी। नतीजा यह हुआ कि लंच में दुनिया भर के स्वादिष्ट व्यंजन बनाए गए, जिसमें से कुछ मेरी पसंद के भी थे। मैं वहाँ मुँह लटकाए बैठी थी, जबकि बाकी सभी ड्रिंक्स का मजा ले रहे थे और माँ मेहमानों को स्टार्टर्स परोस रही थीं।

"बहुत-बहुत बधाई!" सबने एक साथ कहा और मुझे किसी तरह से विनम्र मुसकराहट बिखेरकर धन्यवाद देना पड़ा। मुँह में पानी लानेवाले स्नैक्स आते रहे और मैं वहाँ लगभग हताशा के साथ बैठी रही, क्योंकि मैं कुछ भी खा नहीं सकती थी।

"अरे, गुंजन अपने पसंदीदा कबाब नहीं खाएगी क्या?" उनमें से एक ऑफिसर ने कहा, जब माँ मेरी तरफ कुछ भी बढ़ाए बिना ही आगे बढ़ गईं।

"उसे अपना वजन कम करना है।" पापाजी ने कहा, "उसे रेकमेंड किया जा चुका है और अब मेडिकल टेस्ट क्लियर करने के लिए उसे वजन कम करना है।"

"बहुत-बहुत बधाई!" सबने एक साथ कहा और मुझे किसी तरह से विनम्र मुसकराहट बिखेरकर धन्यवाद देना पड़ा। मुँह में पानी लानेवाले स्नैक्स आते रहे और मैं वहाँ लगभग हताशा के साथ बैठी रही, क्योंकि मैं कुछ भी खा नहीं सकती थी। मैं इस स्थिति से बच सकती थी, अगर मैं अपने कमरे में चली जाती। लेकिन माँ को लगा कि यह दूसरों के लिए अपमानजनक होगा। आखिर में, जब टेबल पर लंच लगाया गया और हर किसी ने अपने-अपने प्लेट भर लिये तथा जब बटर चिकन व मलाई कोफ्ता की खुशबू मेरी नाक तक पहुँची तो मैं रो पड़ी। एक शब्द कहे बिना मैं उठी और अपने कमरे की तरफ भागकर चली गई। पापाजी झेंप गए। मेरे लिए अब और सहना मुश्किल हो गया था। जब सारे मेहमान चले गए तो पापाजी मेरे कमरे में आए।

"क्या यही तुम्हारी पूरी कोशिश है?" उन्होंने धैर्य से पूछा।

मैंने मुँह फेर लिया।

"क्या यही तुम्हारी पूरी कोशिश है?" उन्होंने धैर्य से पूछा।
मैंने मुँह फेर लिया।
"तुमने कहा था, तुम पूरी कोशिश करोगी।" उन्होंने कहा।
"मुझसे नहीं होगा।" मैंने उनकी तरफ देखे बिना ही कहा, "जब मेरे सामने सभी मेरे पसंदीदा खाने का मजा ले रहे हों।"

"तुमने कहा था, तुम पूरी कोशिश करोगी।" उन्होंने कहा।

"मुझसे नहीं होगा।" मैंने उनकी तरफ देखे बिना ही कहा, "जब मेरे सामने सभी मेरे पसंदीदा खाने का मजा ले रहे हों।"

"लेकिन ये कुछ ही हफ्तों की बात है।" पापाजी ने कहा।

"आप समझते नहीं, पापाजी! अपने जीवन में मैं आधे दिन के लिए भी डायट पर नहीं रही हूँ।" मैंने जवाब दिया, "मुझे इससे नफरत है।"

"तो फिर इस समस्या को कैसे सुलझाएँ?" उन्होंने पूछा।

"मैं नहीं जानती।" मैंने खीजकर कहा।

"मुझे···मुझे लगता है, मैं जानता हूँ।" उन्होंने कहा, "हमने एक बार किया है और हम इसे फिर से करेंगे।"

~•~

दिसंबर 1986

"मेरा खाने का मन नहीं कर रहा।" मैंने कहा, जब हम सभी डिनर टेबल पर बैठे थे।

"क्यों? क्या हुआ?" माँ ने दादा की तरफ अचार बढ़ाते हुए कहा।

"उसे ब्यूटी की याद आ रही है!" दादा ने मेरे मन की बात कह दी, "मैं भी उसे मिस करता हूँ।"

"मैं वापस जम्मू जाना चाहती हूँ।" मैंने उदासी के साथ कहा। ब्यूटी को

जम्मू के हमारे घर के आँगन में दफनाया गया था। पापाजी की पोस्टिंग जब उस साल मार्च में हुई थी, तब उसके पाँच महीने बाद उसकी मौत हो गई थी। मुझे जब भी ब्यूटी की याद आती तो मैं घर के आँगन में जाकर बैठ जाती थी; लेकिन यहाँ वडोदरा में मैं ऐसा नहीं कर सकती थी, जहाँ पापाजी सात महीने से अधिक समय के लिए एक कोर्स में शामिल होने आए थे।

"या शायद हम दूसरा कुत्ता लेकर आ सकते हैं?" दादा ने सुझाया।

"जब तक हमारी पोस्टिंग यहाँ से कहीं और नहीं होती, तब तक कोई पालतू जानवर नहीं रखा जाएगा।" माँ ने छूटते ही कहा।

"लेकिन तुम्हें फैमिली डिनर का सम्मान तो करना ही होगा।" पापाजी ने मुझसे कहा, "अपना खाना खाओ।"

"लेकिन मुझे बिल्कुल भी भूख नहीं है।" मैंने कहा, "मेरी तबीयत ठीक नहीं लग रही है।"

"कोई बात नहीं।" माँ ने मुझसे कहा और फिर पापाजी की तरफ देखने लगीं। "कल सुबह तक इसे अच्छा महसूस होने लगेगा।"

उस शाम मैंने शायद ही एक टुकड़ा भी खाया हो और फिर मैं सोने चली गई। मैं समझ नहीं सकी कि मेरा शोक था या मैं सच में बीमार थी। उस दिन बहुत सवेरे ही मेरी नींद खुली तो मुझे काफी बुखार था और उलटी भी आ रही थी। इससे पहले कि मैं बिस्तर से उतरकर बाथरूम तक जाती, मैंने वहीं फर्श पर ही उलटी कर दी। उलटी करने की मेरी ऊँची आवाज ने माँ को जगा दिया। वे भागी-भागी मेरे कमरे की तरफ आईं और देखा तो चारों तरफ उलटी फैली थी। मैं शर्मसार खड़ी थी।

उस शाम मैंने शायद ही एक टुकड़ा भी खाया हो और फिर मैं सोने चली गई। मैं समझ नहीं सकी कि मेरा शोक था या मैं सच में बीमार थी। उस दिन बहुत सवेरे ही मेरी नींद खुली तो मुझे काफी बुखार था और उलटी भी आ रही थी। इससे पहले कि मैं बिस्तर से उतरकर बाथरूम तक जाती, मैंने वहीं फर्श पर ही उलटी कर दी।

"कोई बात नहीं, उसकी चिंता मत करो।" उन्होंने कहा और इससे पहले कि मैं बाथरूम जाती, उन्होंने मेरे बिखरे बालों को पोनीटेल में बाँध दिया। जब एक घंटे में मैंने तीन बार उलटी कर दी तो मुझे देरी किए बिना मिलिट्री हॉस्पिटल ले जाया गया। मुझे इतनी कमजोरी महसूस हो रही थी कि किसी तरह चलकर मैं कार तक पहुँची। करीब एक हफ्ते से मेरी तबीयत ठीक नहीं लग रही थी। लेकिन मैं इतनी लापरवाह थी कि अपनी बिगड़ती तबीयत की बात माता-पिता को बताने के बजाय बस, हर रोज एक पैरासिटामोल ले रही थी। मैं डर रही थी कि कहीं मुझे इंजेक्शन न लगवाना पड़े। इंजेक्शन के नाम से ही मैं डर जाती थी। लेकिन उस दिन कोई रास्ता नहीं बचा था।

"वो मुझे जो भी दवा देंगे, मैं खा लूँगी; लेकिन कोई इंजेक्शन नहीं, प्लीज।" आँखों में आँसू लिये मैं मिन्नतें करने लगी। "लेकिन तुम बहुत कमजोर हो गई हो गुंजू, इंजेक्शन लेना ही होगा। कुछ नहीं होगा। मैं हूँ न तुम्हारे साथ।"

मेडिकल ऑफिसर ने मेरी नब्ज चेक की और मेरी आँखों में टॉर्च जलाकर देखा, जिसके बाद मुझे ब्लड सैंपल देने के लिए कहा गया। डरी-सहमी नजरों से मैंने पापाजी की तरफ देखा। इससे पहले कि वे कुछ कहते, नर्सिंग असिस्टेंट ने मेरी उँगली में एक सुई चुभो दी। मेरा ब्लड सैंपल लिया जा चुका था, जिसका श्रेय नर्सिंग असिस्टेंट की फुरती को जाता था। लेकिन असल खौफ तो अब सामने आया, जब मैंने मेडिकल ऑफिसर को कुछ इंजेक्शन देने की बात कहते सुना। मेरा दिल बैठ गया।

"वो मुझे जो भी दवा देंगे, मैं खा लूँगी; लेकिन कोई इंजेक्शन नहीं, प्लीज।" आँखों में आँसू लिये मैं मिन्नतें करने लगी।

"लेकिन तुम बहुत कमजोर हो गई हो गुंजू, इंजेक्शन लेना ही होगा। कुछ नहीं होगा। मैं हूँ न तुम्हारे साथ।" उन्होंने मुझे समझाने की कोशिश की।

लेकिन मैं पहले ही बहुत ज्यादा डर चुकी थी। अगर मेरे अंदर भागने की ताकत होती तो मैं वहाँ से भाग जाती; लेकिन मैं व्हीलचेयर पर असहाय

होकर बैठी थी। हम जब इंजेक्शन रूम में गए, तब नर्सिंग असिस्टेंट ने मुझे एक आराम-कुरसी पर बिठाया और अपना हाथ आमरेस्ट पर रखने को कहा। भारी मन से मैंने उनके निर्देश को माना। लेकिन पापाजी की तरफ देखती हुई, आँखों में आँसू लिये बार-बार गिड़गिड़ाती रही।

"बात सुनो मेरी।" पापाजी ने कुछ ज्यादा ही ऊँची आवाज में कहा और मेरा रोना-धोना सिसकियों में बदल गया। फिर उन्होंने आहिस्ते से मेरा हाथ पकड़ा, मेरे चेहरे को प्यार से पकड़ा और कहा, "बस, समझो, जैसे चींटी काटती है न, वैसे ही हलका सा चुभेगा। तुम्हें पता भी नहीं चलेगा। मैं प्रॉमिस करता हूँ। विश्वास करो मुझ पर। बस, हलका सा चुभेगा।'

"तुम्हें पता भी नहीं लगेगा और हो जाएगा।" उन्होंने कहा।

मैंने जैसे ही नर्सिंग असिस्टेंट को बड़ी, नुकीली सुईवाली सिरिंज तैयार करते देखा, मेरे होश उड़ गए।

"नहीं पापाजी, प्लीज, मुझे इंजेक्शन नहीं लेना है।" मैंने रोना-धोना शुरू कर दिया। कुछ ही देर में मैं सच में चिल्लाने लगी थी।

"बात सुनो मेरी।" पापाजी ने कुछ ज्यादा ही ऊँची आवाज में कहा और मेरा रोना-धोना सिसकियों में बदल गया। फिर उन्होंने आहिस्ते से मेरा हाथ पकड़ा, मेरे चेहरे को प्यार से पकड़ा और कहा, "बस, समझो, जैसे चींटी काटती है न, वैसे ही हलका सा चुभेगा। तुम्हें पता भी नहीं चलेगा। मैं प्रॉमिस करता हूँ। विश्वास करो मुझ पर। बस, हलका सा चुभेगा।'

"आप झूठ बोल रहे हैं।" मैंने धीरे से कहा।

"पहला इंजेक्शन लोगी तो तुम्हें खुद समझ आ जाएगा।" पापाजी ने कहा।

"नहीं।" मैं गिड़गिड़ाने लगी, "पहले आप लीजिए। मैं देखना चाहती हूँ कि सूई कैसे लगती है।"

यह सुनकर नर्सिंग असिस्टेंट मंद-मंद हँसने लगा। पापाजी परेशान हो गए।

"मैं तुम्हें किसी और को दिखा देता हूँ, जिसे अभी इंजेक्शन दिया जा रहा होगा।" नर्सिंग असिस्टेंट ने सुझाया और मैंने जोर से 'नहीं' कहकर जवाब दिया।

"ठीक है।" पापाजी नर्सिंग असिस्टेंट की तरफ मुड़े और कहा, "तुम मुझे कोई इंजेक्शन दे दो, एंटी-टेटनस या कोई भी।"

मैं इंजेक्शन लेने के लिए तैयार हो गई। मुझे चुभन का एहसास हुआ, लेकिन उतना दर्द नहीं हुआ, जितना मैंने सोचा था। अच्छी बात यह थी कि मेरी इस छोटी सी कामयाबी के बदले पापाजी ने मुझे कसाटा आइसक्रीम खिलाई। हम जब मजे लेकर खा रहे थे, तब मेरे डर की बात यादकर हँस रहे थे, जो डर अब मन से निकल चुका था।

इस अजीब सी बात को सुनकर नर्सिंग असिस्टेंट हैरान रह गया और उसने पापाजी के लिए एक इंजेक्शन तैयार किया। मैंने रोना बंद कर दिया और जो हो रहा था, उसे गौर से देखने लगी। मैंने देखा कि नर्सिंग असिस्टेंट सही नस का पता लगाने के लिए पापाजी के हाथ पर थपकी लगा रहा है। जब वह सिरिंज को पापाजी की त्वचा के करीब लेकर आया तो मैं और करीब से देखने के लिए उसकी तरफ झुक गई। जैसे ही सिरिंज पापाजी की चमड़ी के भीतर घुसी और नर्सिंग असिस्टेंट ने थोड़ा सा खून खींचा, मेरा ध्यान पापाजी की तरफ चला गया। उनके चेहरे पर कोई हाव-भाव नहीं थे, मानो कुछ हुआ ही न हो। चेहरे को न सिकोड़ना, न दर्द का एहसास। यह प्रक्रिया जब पूरी हो गई, तब उन्होंने मेरी तरफ देखा और कहा, "देख लिया, कुछ भी तो नहीं हुआ। तुम बिना बात के ही डर रही हो।"

मैं इंजेक्शन लेने के लिए तैयार हो गई। मुझे चुभन का एहसास हुआ, लेकिन उतना दर्द नहीं हुआ, जितना मैंने सोचा था। अच्छी बात यह थी कि मेरी इस छोटी सी कामयाबी के बदले पापाजी ने मुझे कसाटा आइसक्रीम खिलाई। हम जब मजे लेकर खा रहे थे, तब मेरे डर की बात यादकर हँस रहे थे, जो

डर अब मन से निकल चुका था। उन्होंने मुझे दिखा दिया था कि यह आसान है और इस वजह से ऐसा करना संभव है। अब मुझे इंजेक्शन से बिल्कुल भी डर नहीं लगता था।

~•~

अगली सुबह पापाजी ने मुझे जगाया और अपनी यूनिट के पी.टी. ग्राउंड में ले गए, जहाँ उनकी पूरी रेजिमेंट हर रोज सुबह होनेवाली पी.टी. के लिए तीन-तीन की लाइनों में खड़ी थी। मैं एक कोने में खड़ी हो गई, जबकि पापाजी मार्च कर आगे चले गए। एक युवा अफसर, जो सफेद शॉर्ट्स और सफेद टी-शर्ट में था, जो पी.टी. की ड्रेस होती है, उसने सूबेदार मेजर से रिपोर्ट ली और फिर पापाजी को रिपोर्ट दी। वहीं अन्य सभी सावधान की मुद्रा में खड़े थे।

“235 जवान, 14 जे.सी.ओ. और 3 अधिकारी सुबह की पी.टी. परेड में उपस्थित हैं, सर। मार्च ऑफ करने की अनुमति है, सर?”

यह सुनकर पापाजी, जो अपनी यूनिट के सेकंड-इन-कमांड अधिकारी और ट्रेनिंग के ऑफिसर इंचार्ज भी थे, ने कहा, “अनुमति है।”

रिपोर्टिंग की प्रक्रिया जब पूरी हो गई, तब सभी सुबह की दौड़ के लिए रवाना कर दिए गए। पापाजी मुझे दौड़ के लिए दूसरी दिशा में ले गए। वह मेरे आगे-आगे दौड़ रहे थे और मैं उनके पीछे-पीछे। उन्होंने जितने पुश-अप्स मुझसे कराए, उतने ही खुद भी किए।

रिपोर्टिंग की प्रक्रिया जब पूरी हो गई, तब सभी सुबह की दौड़ के लिए रवाना कर दिए गए। पापाजी मुझे दौड़ के लिए दूसरी दिशा में ले गए। वह मेरे आगे-आगे दौड़ रहे थे और मैं उनके पीछे-पीछे। उन्होंने जितने पुश-अप्स मुझसे कराए, उतने ही खुद भी किए। उन्होंने 5 किलोमीटर साइकिल चलाई और मैंने भी उतनी ही चलाई। उन्होंने वे सारी एक्सरसाइज कीं, जो मुझे करनी थीं और मैं उनके पीछे-पीछे करती जा रही थी। हम जब थककर घर पहुँचे तो

वह मुझे स्टोर रूम में ले गए और फिर कुछ ढूँढ़ने लगे। मैं हैरान होकर देख रही थी। तभी उन्होंने पुराने अखबारों और पत्रिकाओं के ढेर के बीच से 'रीडर्स डाइजेस्ट' का एक पुराना अंक निकाला। अपनी मोटी मूँछ के अंदर विजयी मुसकान के साथ उन्होंने उस पर पड़ी धूल को फूँक मारकर साफ किया।

"यह क्या है?" मैंने पूछा।

"मैं अपनी गुंजू को अकेले डायटिंग करने नहीं दे सकता।" उन्होंने कहा, "और फिर, मेरे लिए कुछ किलो कम करना भी अच्छा रहेगा।" इसके बाद वे माँ की तरफ देखने लगे, जो उसी समय लिविंग रूम में आई थीं और फिर कहा, "...और तुम्हारी माँ को इंप्रेस करूँगा।" माँ मुसकरा दीं और किचन में चली गईं।

"यह अगले चार हफ्ते का हमारा डायट प्लान है।" उन्होंने कहा। वे जब लिविंग रूम में गए तो पत्रिका के कुछ पन्नों को पलटा और उसे मेरी तरफ बढ़ा दिया। उसमें बॉलीवुड की सबसे बड़ी अभिनेत्रियों में से एक रेखा का डायट रुटीन था।

"तो आप चाहते हैं कि मैं उनके डायट को फॉलो करूँ?" मैंने उसके पन्नों को पढ़ते हुए पूछा।

"हम," उन्होंने उस शब्द पर जोर देते हुए कहा, "हम रेखा के डायट प्लान को फॉलो करेंगे।"

"क्या?" मैं हैरान थी, "आपको डायट की क्या जरूरत है?"

"मैं अपनी गुंजू को अकेले डायटिंग करने नहीं दे सकता।" उन्होंने कहा, "और फिर, मेरे लिए कुछ किलो कम करना भी अच्छा रहेगा।" इसके बाद वे माँ की तरफ देखने लगे, जो उसी समय लिविंग रूम में आई थीं और फिर कहा, "...और तुम्हारी माँ को इंप्रेस करूँगा।" माँ मुसकरा दीं और किचन में चली गईं।

'रीडर्स डाइजेस्ट' का डायट प्लान उतना सख्त नहीं था, जितना पापाजी ने पहले तैयार किया था और अपने साथ किसी और का भी वही खाना खाना, जो मुझे मिलता था, काफी हौसला बढ़ानेवाला था। इन चार मुश्किल हफ्तों

के दौरान पापाजी के साथ होने से काफी मदद मिली। हम साथ दौड़ते, साथ साइकिल चलाते, साथ खाते थे—और इन सबकी मदद से मैंने अपना वजन जरूरी सीमा तक घटा लिया। हर हफ्ता पिछले हफ्ते से ज्यादा मुश्किल था। मेरी दौड़ का समय निश्चित था, मेरी साइकिल चलाने के चक्कर निश्चित थे, मेरे पुश-अप्स और सिट-अप्स कम-से-कम जरूरी संख्या तक होने ही थे; लेकिन साथ मिलकर हमने शारीरिक रूप से बेहद कष्टदायी चार हफ्तों को पूरा कर लिया। वजन कम होने का असर मेरे चेहरे पर दिखने लगा, क्योंकि मेरा जबड़ा और मेरी ठुड्डी तीखी व नुकीली दिखने लगी। यहाँ तक कि पापाजी के वजन कम होने का असर उनकी वरदी के ढीला पड़ जाने से दिखने लगा। फिर मेडिकल बोर्ड में अपील का दिन भी आ गया और पापाजी के साथ मैं दिल्ली के लिए रवाना हो गई। माँ और पापाजी ने मुझे व दादा को अकेले ही हर जगह भेजकर हमारे भीतर जिम्मेदारी की भावना पैदा की थी, यहाँ तक कि जब मैं हॉस्टल गई थी; लेकिन इस बार पापाजी ने मेरे साथ जाने का फैसला किया। अपनी घबराहट को छिपाने की वे हर संभव कोशिश कर रहे थे; लेकिन मैं उसे उनके चेहरे पर देख ही लेती थी। मैं भी उतनी ही घबराई हुई थी। दिल्ली पहुँचने पर हमने ए.एफ.सी.एम.ई. को रिपोर्ट किया, जहाँ—दस्तावेजों की शुरुआती जाँच के बाद—मुझे वजन की जाँच के लिए भेजा गया। मैंने अपना वजन 8 किलो घटा लिया था। पहली बाधा मैंने पार कर ली थी, लेकिन दूसरी और बड़ी बाधा को लेकर अनिश्चितता बनी हुई थी। वह था एंथ्रोपोमेट्री टेस्ट। एक डॉक्टर ने बड़े ध्यान से मेरे शरीर की अलग-अलग नाप ली। अपने माथे से पसीना छूटने का एहसास मुझे हो रहा था। मेरी लंबाई में कोई बदलाव नहीं आया था और

दिल्ली पहुँचने पर हमने ए.एफ.सी.एम.ई. को रिपोर्ट किया, जहाँ—दस्तावेजों की शुरुआती जाँच के बाद—मुझे वजन की जाँच के लिए भेजा गया। मैंने अपना वजन 8 किलो घटा लिया था। पहली बाधा मैंने पार कर ली थी, लेकिन दूसरी और बड़ी बाधा को लेकर अनिश्चितता बनी हुई थी।

मैंने इस बात को मान लिया था कि मुझे पूरी नौकरी ग्राउंड स्टाफ की ड्यूटी करते हुए ही बितानी पड़ सकती है। डॉक्टर ने पापाजी और मुझे वेटिंग रूम में बैठने को कहा। हम जब इंतजार कर रहे थे, तब पापाजी ने मेरा ध्यान बँटाने के लिए इधर-उधर की बातें कीं; लेकिन मैं उन बातों पर ध्यान दिए बिना ही सिर हिलाती रही। लगभग आधे घंटे बाद मुझे कमांडेंट के ऑफिस में बुलाया गया।

"मैं अंदर आ सकती हूँ, सर?" मैंने पूछा।

"प्लीज।" कमांडेंट ने कहा, जो अखरोट की लकड़ी से बनी एक बड़ी सी टेबल के पीछे अपने तमगों से सजी वरदी में बैठे थे। "बैठो।" उन्होंने अपनी कैप उतारी और कहा, "तो तुम्हारे लिए अच्छी खबर यह है कि बोर्ड ने वजन को लेकर तुम्हारी टी.आर. क्लियर कर दी है। शाबाश!"

"थैंक्यू सर!" मैंने कहा।

"लेकिन तुम्हारी लंबाई फ्लाइंग के लिए जरूरी न्यूनतम लंबाई से एक सेंटीमीटर कम है।" मेरा चेहरा उतर गया और मैं फर्श को देखने लगी।

उन्होंने आगे कहा और मैं चेहरा ऊपर किए बिना ही सुनती रही, "एंथ्रोपोमेट्री टेस्ट के अनुसार, तुम्हारे हाथ व पैर की पहुँच की लंबाई न्यूनतम आवश्यक लंबाई से एक सेंटीमीटर अधिक पाई गई है।" यह सुनकर मैं उनकी तरफ देखने लगी।

"हालाँकि," उन्होंने आगे कहा और मैं चेहरा ऊपर किए बिना ही सुनती रही, "एंथ्रोपोमेट्री टेस्ट के अनुसार, तुम्हारे हाथ व पैर की पहुँच की लंबाई न्यूनतम आवश्यक लंबाई से एक सेंटीमीटर अधिक पाई गई है।" यह सुनकर मैं उनकी तरफ देखने लगी।

"और इस वजह से हमने उसे एक सेंटीमीटर की छूट दे दी है और फ्लाइंग के लिए तुम्हारी सिफारिश कर दी है।"

मुझे अपने कानों पर विश्वास नहीं हो रहा था। यह क्या हुआ अभी-अभी?

"मुझे लगता है, तुम जन्म से ही एक पायलट हो।" उन्होंने कहा और

फिर मुझे कागजी काररवाई तथा दूसरी चीजों पर निर्देश देने लगे। मैं जब उनके ऑफिस से बाहर आई तो मेरे चेहरे पर बड़ी सी मुसकान थी। पापाजी तुरंत समझ गए कि क्या हुआ होगा। मैं उन्हें गले लगाने के लिए भागी।

"आपने कर दिखाया, पापाजी!" मैंने कहा।

"हमने कर दिखाया!" उन्होंने कहा, "चलो, अब हम कैफेटेरिया में चलते हैं। मैंने सेलिब्रेट करने के लिए कुछ ऑर्डर किया है।"

"क्या ?" मैंने पूछा।

"कसाटा।" पापाजी ने कहा।

□

नौ

15 जनवरी, 1995

डुंडिगल की एयर फोर्स एकेडमी (ए.एफ.ए.) में हम नए कैडेट्स का स्वागत बेहद ठंडे अंदाज में किया गया। ऐसा मैंने कभी सोचा नहीं था। न स्वागत किए जाने का कोई संकेत, न उमंग-उत्साह, कुछ भी नहीं। वहाँ अनुशासित जीवन की चिर-परिचित शांति थी, जैसा कि अन्य किसी भी छावनी में होता है। हैदराबाद और सिकंदराबाद के जुड़वाँ शहरों से 25 किलोमीटर दूर स्थित इस एकेडमी की स्थापना सन् 1971 में फ्लाइंग, टेक्निकल और ग्राउंड ड्यूटी करनेवाली शाखाओं के साथ ही सेना एवं नौसेना के अधिकारियों की ट्रेनिंग के लिए की गई थी। हर साल इस एकेडमी से पायलटों के दो बैच पास होकर निकलते हैं, जिन्हें फाइटर, ट्रांसपोर्ट और हेलिकॉप्टर विंग में आगे की ट्रेनिंग के लिए दूसरे प्रतिष्ठानों में भेजा जाता है। अपने सामान के साथ मैं जब एकेडमी में दाखिल हुई तो मैंने एकेडमी में जगह-जगह पर प्रदर्शित किए गए अनेक पुराने विमानों को खड़ा देखा। एकेडमी का जो ध्येय था—'अचीवमेंट थ्रू डिलिजेंस', यानी परिश्रम से उपलब्धि, वह कई जगहों पर लिखा था। मैं एकेडमी के सभी चार स्क्वाड्रनों से गुजरती हुई फ्लाइट कैडेट्स मेस (एफ.सी.एम.) पहुँची और सोच रही थी कि मेरी ट्रेनिंग एक्विनो, बरार, चिटनिस या फिर कत्रे स्क्वाड्रनों में से किसमें होगी? मैं जब एफ.सी.एम. के सामने खड़ी थी, जो 7,000 एकड़ में फैली एकेडमी के मध्य शांत वातावरण में स्थित है तो मैं यह सोचने लगी कि मैं जहाँ खड़ी थी, वहाँ से अब तक न जाने कितने कैडेट्स ने अपने सफर की

शुरुआत की होगी। हम सभी सादे कपड़ों में थे और छोटे-छोटे समूहों में खड़े यह सोच रहे थे कि अब आगे क्या होगा। तभी एक फोटोग्राफर आया और उसने हमसे लाइन में खड़े होने को कहा, ताकि वह हमारी तसवीर खींच सके। जैसे ही उसका काम खत्म हुआ, विंग कमांडर रैंक का एक इंस्ट्रक्टर वहाँ आया, जिसके साथ कुछ वायु सेना कर्मी भी थे। उन्होंने एक बेहद संक्षिप्त और काम की शुरुआती स्पीच दी, जिसके बाद 'क्या करें और क्या न करें' पर कुछ निर्देश दिए। वायु सेना कर्मियों ने एक-एक कर सभी के सामान चेक किए, ताकि यह देखा जा सके कि कहीं कोई खाने-पाने की चीजें, दवाइयाँ या कैमरे लेकर तो नहीं आया, जिनकी इजाजत नहीं थी। इसके बाद हर कैडेट को उसका स्क्वाड्रन और एकेडमी नंबर अलॉट किया गया। मुझे बरार स्क्वाड्रन अलॉट किया गया था और 182860 मेरा एकेडमी नंबर था।

वायु सेना कर्मियों ने एक-एक कर सभी के सामान चेक किए, ताकि यह देखा जा सके कि कहीं कोई खाने-पाने की चीजें, दवाइयाँ या कैमरे लेकर तो नहीं आया, जिनकी इजाजत नहीं थी। इसके बाद हर कैडेट को उसका स्क्वाड्रन और एकेडमी नंबर अलॉट किया गया। मुझे बरार स्क्वाड्रन अलॉट किया गया था और 182, 860 मेरा एकेडमी नंबर था।

"अब आप सभी अपने-अपने स्क्वाड्रन में जाएँगे। अपने सामान ले लें। सफेद कपड़े पहनेंगे और इसी जगह पर 30 मिनट बाद खड़े होंगे। आपका समय और उसके साथ ही आपकी ट्रेनिंग भी शुरू होती है अब।" उन्होंने आदेशात्मक अंदाज में कहा। लेकिन उन्हें वहाँ मौजूद सभी का आलस भरा अंदाज पसंद नहीं आया, क्योंकि सभी बड़े ढीले-ढाले अंदाज में मुड़े और अपने स्क्वाड्रन की तरफ टहलते जा रहे थे। वे गरजे, "मैंने जब कहा था कि तुम्हें टहलने की इजाजत नहीं है तो क्या तुम सबने सुना नहीं था? तुम सब यहाँ पहले टर्म में हो और तुम्हें यहाँ दौड़ते-भागते ही दिखना है हमेशा। तो शुरू हो जाओ, अभी से!"

अचानक सारी लड़कियाँ दौड़ने लगीं। मैं भी। ट्रेनिंग शुरू हो चुकी है, इसका एहसास कमाल का था। सामान के साथ भागने में मेरा दम निकल गया और मैं हाँफने लगी। मुझे पता नहीं था कि जल्दी ही मैं अपनी पीठ पर इससे भी ज्यादा वजन लेकर भागनेवाली हूँ। मैं पाँच और महिला कैडेट्स के साथ बरार स्क्वाड्रन के बाहर पहुँची और एक-दूसरे की मदद से हमने अपना सामान फर्स्ट फ्लोर तक पहुँचाया। मेरा कमरा दाहिने हिस्से में आखिर से दूसरे नंबर पर था। उस समय मुझे एहसास हुआ कि अब मैं अकेले और अपने दम पर आगे बढ़ने वाली हूँ। यह सोच ही अपने आप में डरानेवाली थी। मैं जानती भी नहीं थी कि मैं उन चीजों का सामना करने के लिए तैयार भी हूँ या नहीं, जो आगे आनेवाली हैं।

"हाँ, होगी शायद।" मैंने एक शर्ट निकाली और उस लड़की की तरफ देखा। वह मुझसे बड़ी और लंबी थी। "पर... मुझे नहीं लगता ये तुम्हें फिट आएगी।" मैंने कहा। "नहीं, यह ठीक है। मैं पहन लूँगी।" उसने मुसकराते हुए कहा और झट से मेरे हाथ से शर्ट ले ली।

"तुम्हारे पास एक एक्स्ट्रा सफेद शर्ट होगी क्या?" मैं जब जल्दी-जल्दी अपना सामान निकाल रही थी, तभी मेरे केबिन के आधे खुले दरवाजे से झाँककर एक लड़की ने पूछा।

"हाँ, होगी शायद।" मैंने एक शर्ट निकाली और उस लड़की की तरफ देखा। वह मुझसे बड़ी और लंबी थी। "पर... मुझे नहीं लगता ये तुम्हें फिट आएगी।" मैंने कहा।

"नहीं, यह ठीक है। मैं पहन लूँगी।" उसने मुसकराते हुए कहा और झट से मेरे हाथ से शर्ट ले ली।

"हाय, मैं अनुरिमा हूँ।" जाने से पहले उसने कहा।

"मैं गुंजन।" मैंने कहा और तब तक वह जा चुकी थी।

आधे घंटे बाद एफ.सी.एम. के सामने साइकिल स्टैंड पर फॉल-इन हुआ। इंस्ट्रक्टर जब हमसे बात कर रहे थे, तब हम सभी सावधान खड़े थे।

एकेडमी से जुड़े कुछ नियम हमें बताए गए। "तुम में से कोई भी चलता नहीं दिखना चाहिए। अपने सीनियर्स को तुम सभी विश करोगी, चाहे तुम कहीं भी हो और कितनी ही बार उन्हें क्यों नहीं देखती हो। तुम्हें मेस के शिष्टाचार को सीखना है और उनका पालन करना है। तुम्हारे सीनियर जो भी तुमसे कहें, वह तुम्हें करना है। सही जगह, सही समय और सही ड्रेस में रहना है।" वगैरह-वगैरह। हर इंस्ट्रक्शन के साथ ट्रेनिंग की गंभीरता का एहसास हम सभी को होता जा रहा था। इस संबोधन के बाद हम सभी लंच के लिए चले गए। चारों ओर अजीब सी खामोशी थी। आधे घंटे बाद हमें ट्रेनिंग ग्राउंड में शाम के गेम्स की प्रैक्टिस के लिए गेम्स की ड्रेस में फॉल-इन होना था।

"तुम में से कोई भी चलता नहीं दिखना चाहिए। अपने सीनियर्स को तुम सभी विश करोगी, चाहे तुम कहीं भी हो और कितनी ही बार उन्हें क्यों नहीं देखती हो। तुम्हें मेस के शिष्टाचार को सीखना है और उनका पालन करना है। तुम्हारे सीनियर जो भी तुमसे कहें, वह तुम्हें करना है। सही जगह, सही समय और सही ड्रेस में रहना है।"

"क्या हमें इसी तरह हमेशा बिजी रखेंगे?" अनुरिमा ने मेरे पीछे से कहा, जब मैं डाइनिंग टेबल की ओर बढ़ रही थी और वह मेरे साथ कदम से कदम मिला रही थी।

"मुझे तो ऐसा ही लगता है।" मैंने कहा, "मेरे पापा ने कहा था कि एकेडमी के अंदर हर मिनट का हिसाब होता है। ट्रेनिंग कभी रुकती नहीं है।"

"मुझे फर्क नहीं पड़ता, जब तक कि ये हमें अच्छा खाना खिलाते हैं।" उसने कहा, "जब हम अपनी-अपनी प्लेट लिये सर्विंग काउंटर के सामने लाइन में खड़े थे।"

"मुझे फर्क नहीं पड़ता, जब तक कि वे मुझे ढंग से सोने देंगे।" मैंने कहा। लेकिन मैं जानती थी कि मैं कुछ ज्यादा ही उम्मीद कर रही थी। अगर कोई एक चीज थी, जिसके लिए मैं तरसने वाली थी तो वह थी नींद। अठारह

महीने की ट्रेनिंग महज 540 दिनों की ट्रेनिंग नहीं है, बल्कि उसमें 540 रातें भी हैं। मुझे यह सब जल्दी ही पता चलनेवाला था।

गेम्स पीरियड की शुरुआत 3 किलोमीटर की दौड़ से शुरू हुई, जिसमें अलग-अलग स्क्वाड्रन, शामिल हुए और हर स्क्वाड्रन, की जिम्मेदारी फिजिकल ट्रेनिंग इंस्ट्रक्टर वायु सेना कर्मी को सौंपी गई थी। दौड़ के बाद जबरदस्त पी.टी. हुई। उस दिन कोई भी खेल नहीं खेला गया। लगभग एक घंटे बाद हम अपने-अपने स्क्वाड्रन में चले गए—हाँफते हुए और पसीने से पूरी तरह भीगे हुए। 'ये वक्त भी गुजर जाएगा।' मैंने अपने आपसे कहा। हमने जैसे ही नहाया, वैसे ही हमें स्क्वाड्रन फॉल-इन का आदेश आ गया। हम जिस सेंट्रल हॉल में कतारों में खड़े हुए, वहाँ सीनियर टर्म के कैडेट्स हमारा इंतजार कर रहे थे। न जाने क्यों, लेकिन हमें पता चल गया कि कोई मुसीबत आनेवाली है। हम में से किसी ने दिन में सीनियर टर्म के एक कैडेट को विश नहीं किया था और चूँकि एकेडमी में 'सबके लिए एक और एक के लिए सब' का नियम लागू था, इसलिए हम सभी को पनिशमेंट परेड के लिए बुलाया गया था। हम सभी फर्स्ट टर्म वालों को पुश-अप्स करने की पोजीशन में आने को कहा गया और फिर एक-एक का परिचय देने की शुरुआत हुई। हम में से कुछ तो उस पोजीशन में 30 सेकंड भी नहीं रह सके। जब भी कोई फर्श पर गिरता तो सीनियर्स दूसरों से और ज्यादा पुश-अप्स करने को कहते थे। एकेडमी में सजा को आमतौर पर 'रगड़ा' कहा जाता था और हम पहले ही दिन अपना पहला रगड़ा झेल रहे थे। यह तो पहली ही सजा थी, जो सीनियर्स ने हमें दी थी और इसके बाद ऐसी सजा

हम सभी फर्स्ट टर्म वालों को पुश-अप्स करने की पोजीशन में आने को कहा गया और फिर एक-एक का परिचय देने की शुरुआत हुई। हम में से कुछ तो उस पोजीशन में 30 सेकंड भी नहीं रह सके। जब भी कोई फर्श पर गिरता तो सीनियर्स दूसरों से और ज्यादा पुश-अप्स करने को कहते थे।

हम तब तक झेलते रहे, जब तक कि हम अगले टर्म में खुद सीनियर नहीं बन गए और फिर अपने जूनियर्स के साथ हम ऐसा ही किया करते थे। इस तरह यह चक्र चलता रहता था।

"तुम्हारे बाल अस्त-व्यस्त क्यों हैं?" सोनिया, जो एक सीनियर फ्लाइट कैडेट थी, मुझसे पूछ रही थी। जबकि पुश-अप पोजीशन में खुद को बनाए रखने में मेरे पसीने छूट रहे थे। मुझे समझ नहीं आया कि क्या कहूँ और मैं खामोश रही।

मैं दर्द से कराहने लगी। "और तुम्हें पलटकर जवाब देने की भी हिम्मत है?" वह गुस्से से चीखने लगी। "खड़ी हो जाओ, तुम आलसी मूर्खों। भागकर अपने-अपने केबिन में जाओ और तेल की बोतल लेकर आओ। हम तुम्हें सिखाएँगे, जूड़ा कैसे बनाते हैं।"

"मैं तुमसे पूछ रही हूँ।" वह आगे झुकी और मुझसे कहा।

"मैंने...मैंने पूरी कोशिश की थी, मैम।" मैंने लड़खड़ाते हुए कहा। मैंने बालों में अच्छी तरह तेल लगाया था और उन्हें मजबूती से जूड़े में बाँधा था, तो फिर मुझे क्यों नोक किया जा रहा था? उसने मेरे जूड़े में से एक बाल निकाला और पूछा, "यही है तुम्हारी पूरी कोशिश?" और फिर वह मेरे कान में जोर से चीखी, "यह अच्छी तरह टाइट नहीं है!" मैं दर्द से कराहने लगी। "और तुम्हें पलटकर जवाब देने की भी हिम्मत है?" वह गुस्से से चीखने लगी। "खड़ी हो जाओ, तुम आलसी मूर्खों। भागकर अपने-अपने केबिन में जाओ और तेल की बोतल लेकर आओ। हम तुम्हें सिखाएँगे, जूड़ा कैसे बनाते हैं।"

और इस तरह एकेडमी के पहले 'ऑयल परेड' से मेरा परिचय हुआ। यह सबसे आमतौर पर दी जानेवाली सजा में से एक थी, जिसमें फ्लाइट कैडेट्स को तब तक अपने बालों में तेल डालना पड़ता था, जब तक कि वह उनके माथे और चेहरे से बहने न लग जाए। कुछ दूसरे किस्म की सजा भी थी, जिसमें आधी भरी बालटी से कई मग पानी पीना और तब तक गोल-गोल

घूमना, जब तक कि उलटी न हो जाए और फिर एक-दूसरे की उलटी पर घुलटना होता था—फ्रंट रोल, बैक रोल, क्रॉलिंग, दीवार पर पैर टिकाकर उलटा खड़े होना और कुछ भी, जो शरीर और दिमाग को दर्द देनेवाला हो सकता था। फर्स्ट टर्मवाले होने की वजह से हमसे अकसर छोटी-छोटी गलतियाँ होती थीं और इस वजह से दिन-रात सजा मिलती रहती थी। इसमें इंस्ट्रक्टर की ओर से मिलनेवाली आधिकारिक और सीनियर्स की ओर से मिलनेवाली अनधिकारिक सजा शामिल थी। आराम और फुरसत का कोई पल नहीं था। सख्त अनुशासन सुनिश्चित किया जाता था और नियमों को बेहद सख्त अंदाज में सिखाया जाता था। ट्रेनिंग के दौरान और युद्ध में भी चूक की जरा सी भी गुंजाइश नहीं थी।

एक ही दिन बाद हम सभी के लटके चेहरे पर थकान दिखने लगी थी। मैं अपने शरीर की हर मांसपेशी में दर्द महसूस कर रही थी। कंकड़ पर लगातार रोल करने की वजह से पसीना जब कटे-छिले हिस्सों से बहता था तो पीठ की चमड़ी लगता था, जैसे जल रही हो। ओपन-डोर स्टडी पीरियड से ठीक पहले, जब मैं शाम को नहा रही थी, तब मैंने तय किया था कि मैं अब कुछ नहीं सोचूँगी और चिंता करना छोड़ दूँगी। एकेडमी में अपना समय निकालने का यही एक रास्ता था। ओपन-स्टडी पीरियड हर शाम 7 से 8 बजे एक घंटे तक चलता था। जूनियर्स बैठकर पढ़ते थे और एक सीनियर निगरानी किया करती थी। अगर किसी को सोता पाया गया तो फर्स्ट टर्म के पूरे बैच को डिनर के बाद सजा मिलती थी और पहले दिन की कमर-तोड़ ट्रेनिंग के बाद नींद को रोक पाना असंभव था। वहीं देर रात को दी जानेवाली सजा से बचना भी संभव नहीं था। किसी तरह

एक ही दिन बाद हम सभी के लटके चेहरे पर थकान दिखने लगी थी। मैं अपने शरीर की हर मांसपेशी में दर्द महसूस कर रही थी। कंकड़ पर लगातार रोल करने की वजह से पसीना जब कटे-छिले हिस्सों से बहता था तो पीठ की चमड़ी लगता था, जैसे जल रही हो।

मैंने स्टडी पीरियड को पूरा किया और अनुरिमा के साथ डिनर के लिए गई। हर फर्स्ट टर्मवाले के साथ एक सीनियर टर्म के फ्लाइट कैडेट को बिठाया गया था और फर्स्ट टर्मवालों को मेस का शिष्टाचार सिखाने की जिम्मेदारी सीनियर्स की थी। मेस के अंदर की शिक्षा केवल एक हफ्ते तक चली। उसके बाद अगर गलतियाँ हुईं तो सजा देने का सिलसिला जारी रहता था। भागम-भाग भरी दिनचर्या में फर्स्ट टर्म का कोई भी कैडेट इतनी खोई रहती थी कि गलतियाँ हो जाती थीं। ठीक ही कहा जाता था कि सजा अंडे देती है। एक सजा के बाद दूसरी सजा मिलती थी।

एफ.सी.एम. का डिनर अच्छा होता था—संतुलित और स्वादिष्ट। इसके बाद मुँह में पानी ला देनेवाली खीर मिलती थी। हम इतना थक जाते थे कि भुक्खड़ों की तरह खाने पर टूट पड़ते थे। किस्मत से, हमें रात को 9 बजे सोने दिया गया, जो आधिकारिक रूप से 'लाइट्स ऑफ' टाइम था।

एफ.सी.एम. का डिनर अच्छा होता था—संतुलित और स्वादिष्ट। इसके बाद मुँह में पानी ला देनेवाली खीर मिलती थी। हम इतना थक जाते थे कि भुक्खड़ों की तरह खाने पर टूट पड़ते थे। किस्मत से, हमें रात को 9 बजे सोने दिया गया, जो आधिकारिक रूप से 'लाइट्स ऑफ' टाइम था। मैं अगले दिन की ड्रेस तैयार कर रही थी, तभी मुझे घर की याद आने लगी। इससे बचने के लिए मैंने सोचा कि क्यों न अगले केबिन में अनुरिमा के पास चला जाए। वह भी अब तक सोई नहीं थी। मैं जब उसके केबिन में पहुँची तो देखा कि वह खिड़की को ढकने के लिए उस पर अपना तौलिया डालने की कोशिश कर रही है। सामानों के पहुँचने में देरी के चलते कैडेट्स को अब तक परदे नहीं दिए गए थे और हमें जुगाड़ करना पड़ रहा था।

"ये चाहते हैं कि हम रगड़ा खाते रहें, लेकिन समय पर परदे तक नहीं दे सकते।" मैंने अनुरिमा की मदद करते हुए कहा।

"पक्का कोई आलसी सरकारी अफसर होगा।" उसने कहा।

"हो सकता है, कमांडेंट की ही गलती हो।" मैंने कहा, "वैसे भी, एकेडमी में ट्रेनिंग लेनेवालों की जिम्मेदारी तो उसी की है। ऐसा लापरवाह कमांडेंट इस एकेडमी में होना ही नहीं चाहिए।"

"कमांडेंट को और भी बहुत सारे काम होंगे।" उसने बचाव करने के अंदाज में कहा।

"तुम तो ऐसे कह रही हो, जैसे कमांडेंट को जानती हो।" मैंने कहा और इस बीच खिड़की ढकी जा चुकी थी।

"हाँ," वह चुप रही, फिर पानी का गिलास उठाते हुए कहा, "मैं जानती हूँ।"

"मैं अनुरिमा भारद्वाज, एयर मार्शल एन.के. भारद्वाज की बेटी।" उसने सादगी से कहा, "लेकिन किसी को बताना मत, प्लीज।"
"ओह, मुझे माफ करना, अगर मैंने कुछ उलटा-सीधा कह दिया हो तो।" मैंने कहा।

"हाँ, और मैं भारत के राष्ट्रपति को जानती हूँ।" मैंने नाटकीय अंदाज में कहा।

वह मुसकराने लगी और बोली, "मैं कमांडेंट की बेटी हूँ, गुंजन।"

पहले तो मैं हँसने लगी, लेकिन फिर अनुरिमा को देखा तो समझ गई कि वह झूठ नहीं बोल रही थी।

"मैं अनुरिमा भारद्वाज, एयर मार्शल एन.के. भारद्वाज की बेटी।" उसने सादगी से कहा, "लेकिन किसी को बताना मत, प्लीज।"

"ओह, मुझे माफ करना, अगर मैंने कुछ उलटा-सीधा कह दिया हो तो।" मैंने कहा।

"कोई बात नहीं।" उसने कहा।

कमांडेंट की बेटी होने के अपने ही फायदे थे। पहले मैंने ऐसा ही सोचा था, लेकिन अनुरिमा तमाम कैडेट्स में से एक कैडेट थी और उसे सबके बराबर ही समझा जाता था। इसका एहसास मुझे बाद में हुआ। उदाहरण के लिए, मेस सेक्रेटरी ने अनुरिमा को पहले ही दिन परदे दे दिए थे, लेकिन उसने

यह कहते हुए इनकार कर दिया था कि जब सभी कैडेट्स को मिल जाएँगे, तभी वह उसे लेगी। उसके माता-पिता एकेडमी के भीतर ही रहते थे, फिर भी वे उससे मिलने तब तक नहीं आए, जब तक कि उसे एकेडमी से छुट्टी नहीं मिल जाए। इसके अलावा और भी कई घटनाएँ हैं, जिनसे पता चलता था कि वह किस तरह की इनसान थी और इन वजहों से ही वह मुझे अच्छी लगने लगी। ट्रेनिंग के दौरान हमारी दोस्ती गहरी हो गई और उसके खत्म होने के बरसों बाद भी हम दोस्त बने रहे।

अगली सुबह मुझे उठाने की जिम्मेदारी मैंने अनुरिमा को ही सौंपी। मुझे कभी सुबह उठने की आदत नहीं थी और मेरी जैसी इनसान, जो बम फटने पर भी सोती रहे, उसके लिए कोई भी अलार्म काम नहीं कर सकता था। मैंने जैसा कहा था, उसने वैसा ही किया। उसे क्या मालूम था कि अगले तीन टर्म तक उसे इस ड्यूटी को करना पड़ेगा। सुबह 5.45 बजे एफ.सी.एम. के बाहर गेम्स के कपड़ों में सेंट्रल फॉल-इन का वक्त तय था। ठीक 6 बजे इंस्ट्रक्टर ऑफिसर को रिपोर्ट दी गई। किसी भी तरह की फॉल-इन या परेड से पहले और उसके बाद रिपोर्ट लेना एक अनिवार्य काररवाई रही है, ताकि कोई व्यक्ति गायब है या उसकी ड्यूटी कहीं और लगी है तो इसका पता लगाया जा सके। इसकी अपनी ही एक अनुशासित प्रक्रिया होती है, जिसे आनेवाले समय में हम सभी को सिखाया जाएगा। जब रिपोर्ट की प्रक्रिया पूरी हुई तो अलग-अलग पी.टी. उस्ताद अपने-अपने स्क्वाड्रन को 3 किलोमीटर की दौड़ के लिए ले गए, जिसके बाद दम निकाल देनेवाला शारीरिक प्रशिक्षण

अगली सुबह मुझे उठाने की जिम्मेदारी मैंने अनुरिमा को ही सौंपी। मुझे कभी सुबह उठने की आदत नहीं थी और मेरी जैसी इनसान, जो बम फटने पर भी सोती रहे, उसके लिए कोई भी अलार्म काम नहीं कर सकता था। मैंने जैसा कहा था, उसने वैसा ही किया। उसे क्या मालूम था कि अगले तीन टर्म तक उसे इस ड्यूटी को करना पड़ेगा।

हुआ। 45 मिनट की पी.टी. परेड में बुरी तरह थक जाने के बाद हमने जमकर नाश्ता किया और फटाफट नहाने के लिए अपने-अपने केबिन में गए और फिर दूसरे सेंट्रल फॉल-इन के लिए एफ.सी.एम. के बाहर इकट्ठा हुए। वहाँ हमें पूरे दिन का शेड्यूल बताया गया। एडमिनिस्ट्रेटिव ब्लॉक में सभी को साइकिलें जारी की गईं। ऐसा कहा जाता था, 'अपनी साइकिल का खयाल अपने ब्वॉयफ्रेंड से ज्यादा अच्छी तरह रखना।' और ठीक ही कहा जाता था, क्योंकि वह साइकिल ही हमारे आने-जाने का एकमात्र साधन थी और उसमें खराबी का मतलब था देरी और देरी का मतलब ज्यादा सजा। हर साइकिल को पहचान के लिए एक नंबर दिया गया था। शेड्यूल में अगली चीज थी अलग-अलग तरह की यूनिफॉर्म का जारी किया जाना और बाकी के सामान, जिनकी जरूरत हमें ट्रेनिंग के दौरान पड़ने वाली थी। चीफ इंस्ट्रक्टर के संबोधन के बाद हमें लंच के लिए छोड़ दिया गया, जिसमें हमें अगले छह महीने का पूरा शेड्यूल बताया गया।

हर साइकिल को पहचान के लिए एक नंबर दिया गया था। शेड्यूल में अगली चीज थी अलग-अलग तरह की यूनिफॉर्म का जारी किया जाना और बाकी के सामान, जिनकी जरूरत हमें ट्रेनिंग के दौरान पड़ने वाली थी। चीफ इंस्ट्रक्टर के संबोधन के बाद हमें लंच के लिए छोड़ दिया गया, जिसमें हमें अगले छह महीने का पूरा शेड्यूल बताया गया।

ऐसे कैडेट्स, जिन्होंने फ्लाइंग के लिए क्वालिफाई किया था और जिन्हें तकनीकी या प्रशासनिक जिम्मेदारियों के लिए चुना गया था, उनका शेड्यूल अलग होता था। फ्लाइंग कैडेट्स को एच.पी.टी.-32 फिक्स्ड विंग एयरक्राफ्ट पर चार हफ्ते का एक मेनटेनेंस कन्वर्जन फ्लाइट कोर्स करना होता था। उसके बाद ही उन्हें असली विमान के आसपास जाने की इजाजत मिलती थी। उन्हें उड़ान भरने की बुनियादी बातें सिखाई जाती थीं, जिनमें इंजन, एयरफ्रेम और किसी भी विमान के उड़ान भरने से संबंधित हर तकनीकी जानकारी शामिल

थी। उसके बाद उन्हें एक परीक्षा देनी पड़ती थी। जो उस परीक्षा में पास होते थे, उन्हें ही उड़ान भरना सिखाया जाता था। इन सबके बीच रोज के कार्यक्रम में कोई बदलाव नहीं हुआ। दिन की शुरुआत थका देनेवाली पी.टी. या ड्रिल परेड के साथ होती थी, जिसके बाद लंच के लिए छोड़े जाने से पहले तक क्लास होती थीं। गेम्स पीरियड में खेल की आगामी स्पर्धाओं के लिए तैयारी होती थी, जो गेम्स परेड के दौरान जारी रहती थी। ओपन-डोर स्टडी पीरियड का पालन ईमानदारी से किया जाता था। उसके बाद डिनर और आधी रात तक हमेशा का रगड़ा सेशन, जो कभी-कभी तो सुबह होने तक भी जारी रहता था।

चार हफ्ते गुजर गए और मुझे इसका एहसास ही नहीं हुआ कि परीक्षा करीब आ चुकी है। मैंने अपना अधिकांश खाली समय नींद की कमी को पूरा करने में बरबाद कर दिया था। लेकिन हौसला बढ़ाने के लिए अनुरिमा मेरे साथ थी, जो मुझे वह सबकुछ पढ़ा देती थी, जो छूट जाता था। उन चार हफ्तों में हम दोनों का वजन काफी कम हो गया था।

चार हफ्ते गुजर गए और मुझे इसका एहसास ही नहीं हुआ कि परीक्षा करीब आ चुकी है। मैंने अपना अधिकांश खाली समय नींद की कमी को पूरा करने में बरबाद कर दिया था। लेकिन हौसला बढ़ाने के लिए अनुरिमा मेरे साथ थी, जो मुझे वह सबकुछ पढ़ा देती थी, जो छूट जाता था। उन चार हफ्तों में हम दोनों का वजन काफी कम हो गया था। हमारी त्वचा काली पड़ गई थी और खुली धूपवाले दिन में हमारे गाल और जबड़े की हड्डियाँ चमकती थीं। हर कैडेट का यही हाल था। मैं सोच रही थी कि मेरे माँ-पिता ही मुझे पहचान पाएँगे या नहीं। मैंने काफी समय से उनसे बात नहीं की थी और मुझे उनकी काफी याद आ रही थी। मुझे इतना समय भी नहीं मिलता था कि उन्हें समय-समय पर चिट्ठी लिख सकूँ। शुरुआत के कुछ मुश्किल भरे दिनों के बाद मैंने खुद को एकेडमी के जीवन के तौर-तरीकों के अनुसार ढाल लिया था; लेकिन सुबह-सुबह उठने में अब

भी मुझे तकलीफ होती थी और मैं अकसर सितारों को देखती और पूछती थी, "मैं यहाँ आई ही क्यों?" लेकिन गहरे नीले आसमान में उड़ान भरते विमानों को देखती तो मुझे अपना मकसद याद आ जाता था। फिर भी, एक चीज, जो मेरे और उड़ान भरने के मेरे सपने के बीच खड़ी थी, वह थी मेरी परीक्षा। परीक्षा की सुबह तक भी मैं यही सोच रही थी कि मैंने ठीक से तैयारी की है या नहीं! लेकिन मैं उड़ान भरूँगी या नहीं, इसका जवाब केवल परीक्षा के नतीजे से ही मिल सकता था।

□

दस

"मुझे नहीं लगता कि मैं परीक्षा पास कर पाऊँगी।" मैंने घबराहट के साथ अनुरिमा से कहा।

"अगर तुम इसी तरह रोती-गाती रहीं तो जरूर नहीं करोगी।" मेरी तरफ पुस्तक बढ़ाते हुए अनुरिमा ने कहा, "चलो, अब जल्दी-जल्दी दोहरा लो।"

"मुझे समझ नहीं आ रहा कि मैं किस पर फोकस करूँ!" मैंने पुस्तक के पन्ने पलटते हुए अफसोस के साथ कहा, "सुरक्षा की प्रक्रिया या टेक्निकल डेटा? परीक्षा में अब सिर्फ चार घंटे बचे हैं!"

"अब बिल्कुल भी समय नहीं है! तू जो पढ़ सकती है, पढ़ ले।" अनुरिमा ने कहा और कमरे से बाहर चली गई। सुबह की पहली किरण के साथ ही रात का अँधेरा दूर हो गया और मैं बैठी यही सोच रही थी कि क्या करूँ। अनुरिमा ने मुझे ज्यादातर कंसेप्ट्स को समझाने की भरसक कोशिश की थी; लेकिन लिखने के लिए मुझे पुस्तक की भाषा को याद करना था। सिलेबस इतना लंबा-चौड़ा था कि मैं जानती थी कि महज चार घंटों में मैं सबकुछ नहीं पढ़ सकती थी। इसलिए मुझे चुन-चुनकर पढ़ना था और जो मन कहता था, उसे ही मानना था। सच कहूँ तो मेरे मन ने भी उस समय मेरा साथ छोड़ दिया था। इससे मेरा फ्रस्टेशन और बढ़ गया और मैंने पुस्तक को दूर फेंक दिया। मैं सोच रही थी कि काश, पापाजी मेरी मदद के लिए वहाँ होते!

अप्रैल 1987

मैं जब दसवीं कक्षा में थी, तब वे मेरे स्कूल के सबसे अच्छे दिन थे। उस दौरान मैंने कुछ सबसे अच्छे दोस्त बनाए थे। वह ऐसा वक्त था, जब परिवार से ज्यादा दोस्तों की अहमियत थी। उत्तर प्रदेश के बबीना में, जहाँ पापाजी की पोस्टिंग थी, वहाँ हमारे पुराने जमाने के बँगले में अकसर मेरे दोस्तों का खूब आना-जाना होता था। इससे माँ को किचन में काफी समय बिताना पड़ता था; क्योंकि वे मेरी हर सहेली की डिमांड पूरी करने की कोशिश करती थीं। सिर्फ गुरुवार और शनिवार को उन्हें राहत मिलती थी, जब मैं और मेरी सहेलियाँ कैंट के भीतर एक ऑडिटोरियम में फिल्म देखने जाती थीं। दसवीं कक्षा में ही मेरे स्कूटर चलाने की ट्रेनिंग भी शुरू हो गई थी। हर दिन डिनर के बाद पापाजी मुझे अपने स्कूटर पर ले जाते थे, क्योंकि कैंट के भीतर की सड़कें उस समय अमूमन खाली रहती थीं। लेकिन ऐसा समय भी आया, जब मैं स्कूटर चलाना सीखने से बचने के बहाने बनाने लगी। मेरी दोस्त नवप्रीत ने मुझसे कहा था कि हर दिन हेलमेट पहनने से मेरे बाल खराब हो गए हैं और दूसरी लड़कियों ने भी इस पर गौर करना शुरू कर दिया था। मुझसे कहा गया कि ये पहले की तरह लहराते नहीं थे। इसलिए कुछ दिनों बाद मैं पापाजी के साथ जाने से बचने लगी। लेकिन वे नहीं सुनते थे। कभी-कभी मेरी इच्छा के विरुद्ध भी वे मुझे स्कूटर चलाने के सबक सिखाने ले जाया करते थे। स्कूटर चलाना सीखने का यह काम अधूरा नहीं रहा। आखिरकार, मुझे अपना लर्नर्स लाइसेंस मिल गया। इसका अच्छा पहलू यह था कि अब मैं अपनी दोस्तों के साथ स्कूटर से घूमने जा सकती थी। लेकिन पापाजी की नजरों से दूर होते ही

मेरी दोस्त नवप्रीत ने मुझसे कहा था कि हर दिन हेलमेट पहनने से मेरे बाल खराब हो गए हैं और दूसरी लड़कियों ने भी इस पर गौर करना शुरू कर दिया था। मुझसे कहा गया कि ये पहले की तरह लहराते नहीं थे। इसलिए कुछ दिनों बाद मैं पापाजी के साथ जाने से बचने लगी। लेकिन वे नहीं सुनते थे।

मैं हेलमेट निकाल दिया करती थी। उस उम्र में सुरक्षा से ज्यादा महत्त्व बालों को दिया जा रहा था। हमेशा हेलमेट पहनने के पापाजी के निर्देशों को अनदेखा कर दिया गया।

अप्रैल महीने में एक रविवार को नवप्रीत और मैंने सुकमा दुकमा डैम घूमने जाने का फैसला किया, जो एक मशहूर पर्यटक स्थल भी था। उस दिन अच्छी हवा चल रही थी और घर पर बैठना किसी जुर्म से कम नहीं था। मैंने उसे अपने घर बुलाया। माँ ने हमारे लिए कुछ सैंडविच और पकौड़े पैक कर दिए, जिनका लुत्फ हम जलाशय के किनारे बैठकर उठा सकते थे। हमें 11 बजे तक निकल जाना था।

"हेलमेट मत भूलना। एक पीछे बैठनेवाले के लिए भी ले लेना।" पापाजी ने मुझे स्कूटर को किक लगाकर स्टार्ट करते सुना तो याद दिलाया। वे लॉन में बैठे थे और उनका चेहरा अखबार से ढका था।

"हेलमेट मत भूलना। एक पीछे बैठनेवाले के लिए भी ले लेना।" पापाजी ने मुझे स्कूटर को किक लगाकर स्टार्ट करते सुना तो याद दिलाया। वे लॉन में बैठे थे और उनका चेहरा अखबार से ढका था।

"बिल्कुल, पापाजी।" मैंने नवप्रीत की तरफ हेलमेट बढ़ाते हुए कहा। वहीं नवप्रीत ने हेलमेट पहनने से मना कर दिया।

"पहन ले, बस यहाँ से निकलने भर के लिए।" मैंने धीरे से नवप्रीत से कहा और उसने न चाहते हुए भी हेलमेट ले लिया।

पापाजी ने अखबार नीचे किया, ताकि यह देख सकें कि हम दोनों ने निर्देश के अनुसार हेलमेट पहने थे या नहीं। यह देखकर कि हमने उनका पालन कर लिया था, वे मुसकराए और हमें 'गुडबाय' कहा। हम स्कूटर लेकर बँगले से तेजी से निकल गए। घर से कुछ सौ मीटर दूर जाते ही हमने अपने हेलमेट उतार दिए। जल्दी ही हम किसी चीते से रेस लगाने की स्पीड में सड़क पर उड़ रहे थे। गजब का मजा आ रहा था। मैं अपने बालों में हवा को महसूस कर रही थी और इतना खुश हो गई थी कि हम जब मेन रोड पर आए

तो मैं रफ्तार कम करना भी भूल गई। मैंने स्कूटर जैसे ही बाईं ओर घुमाया, अचानक मेरे सामने न जाने कहाँ से एक साइकिलवाला आ गया और मैं बुरी तरह घबरा गई। ब्रेक लगाने का समय नहीं था और मैं उस साइकिल वाले से सीधे टकरा गई। इसके बाद जो मुझे याद है, वह बस इतना कि मैं सड़क पर चित लेटी थी और लोगों की भीड़ मेरे चारों ओर इकट्ठा हो गई थी, जो सहारा देकर मुझे खड़ा करने में जुटी थी। मैंने जब उठने की कोशिश की तो दाहिने गाल की हड्डी में तेज दर्द महसूस हुआ। नवप्रीत मेरे बगल में लेटी थी और वह भी उठने की कोशिश कर रही थी। कुछ लोग मेरे स्कूटर के नीचे फँसे उस साइकिल वाले को खींचकर निकालने की कोशिश कर रहे थे, जो आधी बेहोशी में था। ऐसा लग रहा था, उसे ज्यादा चोट नहीं लगी थी। मेरी ठुड्डी से खून बह रहा था। किस्मत से नवप्रीत को बस, हलकी खरोंच आई थी। मैंने अपने गिरे हुए स्कूटर के रियर-व्यू मिरर में अपना चेहरा देखा। मेरे दाहिने गाल का रंग गहरा लाल हो गया था।

मैंने स्कूटर जैसे ही बाईं ओर घुमाया, अचानक मेरे सामने न जाने कहाँ से एक साइकिलवाला आ गया और मैं बुरी तरह घबरा गई। ब्रेक लगाने का समय नहीं था और मैं उस साइकिल वाले से सीधे टकरा गई। इसके बाद जो मुझे याद है, वह बस इतना कि मैं सड़क पर चित लेटी थी और लोगों की भीड़ मेरे चारों ओर इकट्ठा हो गई थी, जो सहारा देकर मुझे खड़ा करने में जुटी थी।

मैं जान चुकी थी कि अब बहुत बड़ी मुसीबत आनेवाली है। पापाजी मुझे देखते ही समझ जाएँगे कि मैंने हेलमेट नहीं पहना था। खून बहना बंद हो गया था, लेकिन घर जाने में मुझे डर लग रहा था, इसलिए मैंने नवप्रीत को उसके घर छोड़ दिया और यही दुआ करती अपने घर लौट रही थी कि काश, कोई चमत्कार हो जाए और मैं पापाजी का सामना करने से बच जाऊँ। मैं जब अपने घर के करीब आई तो मैंने सोचा कि स्कूटर को बंद कर दूँ और उसे खींचकर घर तक ले आऊँ, ताकि किसी को कुछ पता न चले।

मैंने चारदीवारी से अंदर यह देखने के लिए झाँका कि पापाजी अब भी लॉन में बैठे हैं या नहीं। एक कुरसी और छोटे से टेबल के सिवाय वहाँ कोई भी नहीं था। इसलिए मैं जल्दी से अंदर आई और स्कूटर को स्टैंड पर लगा दिया।

"ज्यादा तो नहीं लगी ?" मेरे पीछे से पापाजी की आवाज आई। मेरे तो जैसे पाँव ही जम गए।

मैं समझ चुकी थी कि अब बचना मुश्किल है। इसलिए धीरे से उनका सामना करने के लिए मुड़ी। वहीं मेरी नजरें जमीन पर गड़ी थीं। उन्होंने मेरे गाल पर जब चोट को देखा तो उनके चेहरे की मांसपेशियाँ दर्द से खिंच गईं। उन्होंने मेरा चेहरा उठाया और चोट को अच्छी तरह देखने के लिए उसे बाईं ओर घुमाया।

"क्या पापाजी ?" मैं बहुत ज्यादा डरी हुई थी।

"मुझे स्कूटर में डेंट दिख रहे हैं।" उन्होंने सीधे-सीधे कहा।

"अरे···बस, छोटा सा डेंट है। मैं ठीक करवा दूँगी।" बोलते हुए मैं काँप रही थी।

"बात स्कूटर की नहीं है, गुंजू।" उन्होंने कहा, "तुम्हें ज्यादा चोट तो नहीं लगी है ?"

मैंने कुछ नहीं कहा।

"पीछे घूमो।" उन्होंने शांत स्वर में कहा।

मैं समझ चुकी थी कि अब बचना मुश्किल है। इसलिए धीरे से उनका सामना करने के लिए मुड़ी। वहीं मेरी नजरें जमीन पर गड़ी थीं। उन्होंने मेरे गाल पर जब चोट को देखा तो उनके चेहरे की मांसपेशियाँ दर्द से खिंच गईं। उन्होंने मेरा चेहरा उठाया और चोट को अच्छी तरह देखने के लिए उसे बाईं ओर घुमाया।

"काश, मेरी बात मानकर तुमने हेलमेट नहीं उतारा होता!" उन्होंने प्यार से कहा।

पछतावे के आँसू मेरी आँखों में छलक आए थे। "आई एम सॉरी, पापाजी!" आखिरकार मैं रो पड़ी। "मुझसे गलती हो गई। मुझे माफ कर

दीजिए। मुझे आपकी बात मान लेनी चाहिए थी। बहुत दुख रहा है।"

पापाजी ने कुछ नहीं कहा और मुझे गले लगा लिया। वे मुझे अंदर ले गए, मेरे जख्म को साफ किया और उस पर एंटीसेप्टिक लगाया। फिर हल्दीवाले दूध का गिलास लेकर आए और मेरी बगल में बैठ गए। मुझे आज भी उनकी एक ही बात याद है, जो उन्होंने कही थी। किसी चीज को करना सीखने से पहले सारे तरीके जान लो कि उसे 'नहीं' कैसे करना है। याद रखो, सुरक्षा सबसे अधिक महत्त्व रखती है।

~•~

इस घटना की याद अचानक आते ही मेरी अंतरात्मा जाग उठी और मुझे लगा, जैसे मैं जानती हूँ कि मुझे किस पर फोकस करना है—सुरक्षा की प्रक्रिया और सुरक्षा की चेकलिस्ट। परीक्षा सुबह 10 बजे शुरू होनेवाली थी। कैडेट्स को 9.45 बजे तक अपनी सीट पर बैठ जाना था।

इस घटना की याद अचानक आते ही मेरी अंतरात्मा जाग उठी और मुझे लगा, जैसे मैं जानती हूँ कि मुझे किस पर फोकस करना है—सुरक्षा की प्रक्रिया और सुरक्षा की चेकलिस्ट। परीक्षा सुबह 10 बजे शुरू होनेवाली थी। कैडेट्स को 9.45 बजे तक अपनी सीट पर बैठ जाना था। सभी चिंता के साथ बैठे थे और 10 बजने से 10 मिनट पहले प्रश्न-पत्र दे दिए गए। परीक्षक जब प्रश्न-पत्र लेकर मेरी सीट के पास आए तो मैंने जल्दी-जल्दी प्रश्नों को पढ़ना शुरू कर दिया। मैं यह देखकर हैरान भी हुई और मुझे राहत भी मिली कि ज्यादातर सवाल उसी विषय पर थे, जिसकी मैंने पूरी तरह तैयारी की थी—सुरक्षा की प्रक्रिया। दो घंटे की परीक्षा में मैं लगातार अपने उत्तर लिखती रही। समय से काफी पहले ही मैंने सवालों को हल कर लिया था और अपने प्रदर्शन से काफी खुश थी। मैंने अनुरिमा की तरफ देखा, जो परीक्षा हॉल के दूसरे कोने पर बैठी थी। उसकी चिर-परिचित प्रसन्नचित्त मुसकान को देखकर मैं समझ

गई कि उसकी परीक्षा भी अच्छी रही थी। परीक्षा के दो दिन बाद रिजल्ट घोषित किया गया और सारे फ्लाइट कैडेट्स पास हो चुके थे।

चूँकि अब हम सभी उड़ान भरने के लिए क्वालिफाई कर चुके थे, अत: अब अगला काम था सारे फ्लाइट कैडेट्स को उनके स्क्वाड्रन अलॉट किया जाना। चार स्क्वाड्रन थे, जो 1 से लेकर 4 तक थे। मुझे नंबर 2 स्क्वाड्रन अलॉट किया गया था। हर स्क्वाड्रन के पाँच से छह कैडेट्स को एक इं-स्ट्रक्टर दिया गया था, जो उनकी फ्लाइंग ट्रेनिंग के लिए जिम्मेदार होगा। हमें अगले पाँच महीने का शेड्यूल भी बता दिया गया, जिसमें हमारी ट्रेनिंग तब तक चलेगी, जब तक कि हम अकेले उड़ान भरने का टेस्ट पास नहीं कर लेते। उसके बाद दो स्क्वाड्रन सुबह में फ्लाइंग करेंगे और दो दोपहर में—हर दूसरे हफ्ते। वैसे तो दोनों ही सेशन बेहद मुश्किल थे, लेकिन मुझे सुबह का सेशन बिल्कुल भी पसंद नहीं था। हर फ्लाइंग सेशन की शुरुआत सेंट्रल ब्रीफिंग से होती थी, जिसे 'मास ब्रीफिंग' भी कहते हैं, जो सुबह 5 बजे होती थी। फ्लाइट कैडेट्स को सुबह 4.30 बजे ब्रीफिंग रूम में बैठ जाना पड़ता था। इसका मतलब था कि हमें सुबह में 3.30 बजे जागना पड़ता था और चूँकि मुझे सोने से इतना लगाव था कि सुबह के सेशन से मुझे सबसे ज्यादा चिढ़ थी। हर मास ब्रीफिंग की शुरुआत टाइम चेक से होती थी, जिसमें यह सुनिश्चित किया जाता था कि सभी की घड़ियों का समय एक हो। इसके बाद मौसम अधिकारी की ब्रीफिंग होती थी, जो हमें फ्लाइंग के अगले कुछ घंटे के मौसम की जानकारी देते थे। फिर एयर ट्रैफिक कंट्रोल ऑफिसर हमें NOTAMS (फ्लाइट से पहले पायलटों को जारी की जानेवाली विशेष अधिसूचना, जिसमें उन्हें फ्लाइंग

चूँकि अब हम सभी उड़ान भरने के लिए क्वालिफाई कर चुके थे, अत: अब अगला काम था सारे फ्लाइट कैडेट्स को उनके स्क्वाड्रन अलॉट किया जाना। चार स्क्वाड्रन थे, जो 1 से लेकर 4 तक थे। मुझे नंबर 2 स्क्वाड्रन अलॉट किया गया था।

की परिस्थितियों से जुड़ी सलाह दी जाती थी) बेस पर बाहर से आनेवाले विमानों और उस दिन उपलब्ध अन्य सुविधाओं पर ब्रीफ करता था। इसके बाद टेक्निकल ऑफिसर की ब्रीफिंग होती थी और आखिर में एक 'पायलट ऑर्डर' होता था, जिसे किसी एक ट्रेनी कैडेट की ओर से पढ़ा जाता था। मास ब्रीफिंग के बाद हमें अपनी सामान्य हलकी नीली शर्ट और नीले-भूरे पैंट को बदलकर फ्लाइंग की पोशाक, फ्लाइंग के जूते और दस्ताने पहनने के लिए अपने-अपने स्क्वाड्रन में भेज दिया जाता था। फ्लाइंग के शुरुआती हफ्ते में मुझे बड़ी साइज की पोशाक से काम चलाना पड़ा। मेरी साइज की पोशाक उपलब्ध नहीं थी, क्योंकि सारे कैडेट्स में मेरी लंबाई सबसे कम थी। साइज से बड़ी पोशाक में मुझे देखकर अनुरिमा मेरा मजाक उड़ाया करती थी। मैं उसके मजाक का बुरा नहीं मानती थी। हम साथ-साथ अपने स्क्वाड्रन के कैफेटेरिया में जल्दी से थोड़ा सैंडविच और कभी-कभी दलिया खाने जाया करते थे। फ्लाइट से पहले नाश्ता हलका ही होना चाहिए था। उसके बाद हर कैडेट अपने स्क्वाड्रन के ऑप्स रूम में जाता था, जहाँ एक सफेद बोर्ड पर उनके लिए निर्देश लिखे जाते थे, जिन्हें उसे पढ़ना होता था। इस तरह की जानकारियाँ बोर्ड पर लिखी होती थीं कि किस कैडेट को किस सोर्टी* के लिए जाना है और किस समय पर जाना है। मुझे एक कथन याद है, जो अकसर हमारे इंस्ट्रक्टर उस सफेद बोर्ड पर लिखा करते थे—'ग्राउंड पर आपको 200 परसेंट तैयारी करने की जरूरत है, ताकि हवा में आप 100 परसेंट परफॉर्म कर सकें और याद रहे, आपको हमेशा अपने विमान से आगे सोचना है।'

मेरी साइज की पोशाक उपलब्ध नहीं थी, क्योंकि सारे कैडेट्स में मेरी लंबाई सबसे कम थी। साइज से बड़ी पोशाक में मुझे देखकर अनुरिमा मेरा मजाक उड़ाया करती थी। मैं उसके मजाक का बुरा नहीं मानती थी।

* सोर्टी वह होती है, जब सैनिकों के एक समूह को किसी खास मिशन पर भेजा जाता है। किसी फाइटर पायलट की सोर्टी में किसी लक्ष्य पर बम गिराने और बेस पर लौटने का मिशन शामिल हो सकता है। एयर फोर्स की भाषा में प्रैक्टिस फ्लाइट को भी सोर्टी कहा जाता है।

इसके पूरा होते ही कैडेट अपने-अपने इंस्ट्रक्टर को यह बताने के लिए रिपोर्ट करते थे कि वे सोर्टी के लिए तैयार हैं। फिर इंस्ट्रक्टर उन कैडेट्स से यह जानने के लिए सवाल करते थे कि वे कितने तैयार हैं। संतुष्ट होने पर इंस्ट्रक्टर उस कैडेट के साथ डेली सर्विस सेक्शन में जाते थे, जहाँ विमान की सभी जरूरी तकनीकी जाँच के बाद टेक्निकल स्टाफ इंस्ट्रक्टर से एयरक्राफ्ट मेनटेनेंस फॉर्म, फॉर्म 700, पर दस्तखत करवाता था, जिसमें उस विमान की पूरी तकनीक और सेवा संबंधी पिछली जानकारियाँ लिखी होती थीं।

इसके बाद जो होता था, वह पूरी ट्रेनिंग में मुझे सबसे ज्यादा पसंद था। प्रशिक्षु अपने इंस्ट्रक्टर के साथ-साथ एयरक्राफ्ट तक जाता था। अनुशासित तरीके से नपे-तुले कदम बढ़ाए जाते थे, जहाँ इंस्ट्रक्टर दाईं तरफ और उसका प्रशिक्षु बाईं तरफ उससे एक कदम पीछे चलता था। साथ-साथ दोनों विमान की ओर अपने बाएँ हाथ में कमर पर टिके हेलमेट को लिये बढ़ते थे। मैं जब भी ऐसा करती थी तो मेरा हृदय गर्व से भर जाता था। आज भी मैं जब इस बारे में सोचती हूँ तो रोमांचित हो जाती हूँ।

इसके पूरा होते ही कैडेट अपने-अपने इंस्ट्रक्टर को यह बताने के लिए रिपोर्ट करते थे कि वे सोर्टी के लिए तैयार हैं। फिर इंस्ट्रक्टर उन कैडेट्स से यह जानने के लिए सवाल करते थे कि वे कितने तैयार हैं। संतुष्ट होने पर इंस्ट्रक्टर उस कैडेट के साथ डेली सर्विस सेक्शन में जाते थे"

एयरक्राफ्ट के पास आते ही कुछ जरूरी चीजों को देखा जाता था, जैसे कवर लगे हैं या नहीं या चोक्स अपनी जगह पर हैं या नहीं। फिर इंस्ट्रक्टर और प्रशिक्षु दोनों ही अपने-अपने हेलमेट विंग्स पर रखते थे और विमान का चक्कर लगाते थे, ताकि चेकलिस्ट के अनुसार सारी चीजों को अनिवार्य रूप से चेक कर लिया जाए। चेकलिस्ट को आपको रट जाना होता था। उसमें स्टार्ट-अप से पहले, उसके बाद और फिर जब हवा में हों, तब उनसे जुड़ी तमाम तरह की प्रक्रियाएँ लिखी होती थीं।

मुझे याद है, जब मैं पहली बार विमान में अपने इंस्ट्रक्टर के साथ

दाखिल हुई थी तो कामयाबी और गर्व की भावना मेरे दिलो-दिमाग पर छा गई थी। मैं कल्पना कर रही थी कि पापाजी टारमैक के किनारे खड़े होकर मुझे देख रहे हैं और खुलकर मुसकरा रहे हैं। मैं कल्पना कर रही थी कि दादा जोर से चिल्ला रहे हैं, 'शाबाश, गुंजू!' मैं कल्पना कर रही थी कि माँ पापीजी के साथ खड़ी हैं और उनसे कह रही हैं कि मुझे टेक-ऑफ करता देख उन्हें कितना गर्व हो रहा है। मेरे मन में गहरी इच्छा थी कि काश, मेरा पूरा परिवार वहाँ होता और पहली बार मुझे उड़ान भरते देख पाता! लेकिन मैं अब भी यह सोचकर खुश थी कि मैं जो हासिल करने चली थी, उसे हासिल कर लिया था और कुछ ही समय की बात है, जब मुझे ओहदा भी मिल जाएगा। मैं खुश थी कि जल्दी ही पापाजी अपने कोर्स के साथियों के बीच अपनी बेटी को लेकर बड़ी-बड़ी बातें करेंगे। मैं खुश थी कि माँ अपनी शरारती बेटी को एक अनुशासित सिपाही के रूप में देख सकेगी।

मेरा विमान जब टारमैक से दूर निकला तो मैंने अपने आप को एक नए क्षितिज की ओर बढ़ता देखा, जहाँ मेरे जीवन का सबसे बड़ा मकसद मेरा इंतजार कर रहा था। लेकिन उस रास्ते में अब भी कमर तोड़ देनेवाली बाधाएँ थीं, इतने मुश्किल टेस्ट थे कि मेरी क्षमता से भी बाहर जाने लगते थे।

मेरा विमान जब टारमैक से दूर निकला तो मैंने अपने आप को एक नए क्षितिज की ओर बढ़ता देखा, जहाँ मेरे जीवन का सबसे बड़ा मकसद मेरा इंतजार कर रहा था। लेकिन उस रास्ते में अब भी कमर तोड़ देनेवाली बाधाएँ थीं, इतने मुश्किल टेस्ट थे कि मेरी क्षमता से भी बाहर जाने लगते थे। मुझे बस, इतना करना था कि मैं सबकुछ सहती चली जाऊँ। एकेडमी में किसी भी कैडेट को यही करना होता है कि जो कहा जाए, वह सबकुछ ज्यादा सोचे बिना करता जाए। सेना उन लोगों के लिए नहीं है, जो आदेशों पर तर्क लागू करते हैं। सेना उनके लिए है, जो जानते हैं कि आदेशों का किस प्रकार शब्दशः पालन किया जाता है। ऐसा इस कारण, क्योंकि युद्ध के समय तर्क

से भय पैदा होता है और भय से कायरता पैदा होती है। लेकिन जिन्हें केवल आदेशों का पालन करने की ट्रेनिंग दी जाती है, वे जानते ही नहीं कि भय क्या होता है। जो आदेशों का पालन करते हैं, वही कुछ बड़ा करते हैं और इस पूरी प्रक्रिया की शुरुआत एकेडमी में ही होती है। इसलिए मैं जब अपनी पहली सोर्टी में उड़ान भर रही थी, तब मुझे एहसास हुआ कि मुझे बस, यही करना है और मैंने खुद से वादा किया कि मैं चलती जाऊँगी और जो भी होगा, उसका सामना करूँगी। फ्लाइंग की ट्रेनिंग अभी शुरू ही हुई थी। पहला उद्देश्य अकेले उड़ान भरने की योग्यता हासिल करना था। मुझे इस लक्ष्य को पाने का बेसब्री से इंतजार था; पर मैं नहीं जानती थी कि इससे मैं एक ऐसी परिस्थिति में आ जाऊँगी, जो मैं कभी नहीं चाहती थी।

□

ग्यारह

"गुड ईवनिंग, मैम। फ्लाइट कैडेट गुंजन सक्सेना रिपोर्टिंग फॉर लाइट्स आउट परेड स्टेट।" मैंने केबिन के दरवाजे को बिल्कुल वैसे ही दो बार खटखटाते हुए कहा, जैसा निर्देश मुझे प्रिया यादव ने दिया था, जो वुमन अंडर ऑफिसर (डब्ल्यू.यू.ओ.) थीं। डब्ल्यू.यू.ओ. प्रत्येक स्क्वाड्रन के एक सीनियर टर्म कैडेट की होनेवाली नियुक्ति है। आम तौर पर उनके ऊपर जूनियर कैडेट्स को सेना के सही आचार-व्यवहार और ट्रेनिंग से जुड़ी सारी बातों के लिए तैयार करने की जिम्मेदारी होती है। फ्लैंक* के किसी एक कैडेट को रात के ठीक 10 बजे डब्ल्यू.यू.ओ. को लाइट्स-आउट रिपोर्ट के साथ हाजिर होना पड़ता था, जिसे एक खास फॉरमैट में बनाना होता था। अपने फ्लैंक में इस काम के लिए मुझे चुना गया था।

"आवाज नहीं आ रही मुझ तक तुम्हारी।" डब्ल्यू.यू.ओ. प्रिया यादव ने बंद दरवाजे के पीछे से बड़े ठंडे तरीके से कहा, जबकि मैंने अच्छी-खासी ऊँची आवाज में कहा था।

"और जोर से बोलो।"

मैंने अपनी आवाज पिछली बार से थोड़ी ऊँची की।

"अब भी आवाज नहीं आ रही मुझे तुम्हारी।" उसने कहा।

इस बार मैं अपनी पूरी ताकत से चीखी।

---

* फ्लैंक आमतौर पर एक 'साइड' होता है, जैसे किसी कॉलम का दायाँ फ्लैंक या बायाँ फ्लैंक। किसी बैरक में फ्लैंक एक साइड होता है—बाएँ या दाएँ। यहाँ इसका मतलब है—किसी बिल्डिंग के एक साइड के कमरे।

"बेंड।" उसने दरवाजा खोलकर बाहर निकलते ही कहा और दरवाजे की चौखट पर टिककर खड़ी हो गई। मुझे समझ नहीं आया कि मैंने क्या गलती की है तो मैंने सवालों भरी नजर से उसकी तरफ देखा।

"अच्छा, तो तुम हुक्म नहीं मानोगी, पिद्दी सी फर्स्ट टर्मर?" उसने गुस्से में आकर कहा, "बेंड!" बेंड का मतलब पुशअप के लिए हाई-फ्लैक पोजीशन ही होता था अत: मैंने वही किया, जो मुझसे कहा गया था। मैं उस पर सवाल उठा ही नहीं सकती थी। एकेडमी में कोई भी सीनियर पर सवाल नहीं उठा सकता।

"याद रखना, अगली बार पहली ही कोशिश में पूरी ताकत से आवाज आनी चाहिए।" उसने सीधे-सीधे कहा, "चलो, खड़ी हो जाओ अब।"

कागज के जिस टुकड़े पर मैंने उसे रिपोर्ट दी थी, उसे पढ़ने के बाद वह मेरी तरफ निराशा के साथ देखने लगी। "रोलिंग शुरू करो।" उसने आदेश दिया।

मैंने फर्श पर ही फ्रंट रोल करना शुरू कर दिया। लेकिन मैं यकीन से कह सकती थी कि उस रात रिपोर्ट बनाने में मैंने कोई गलती नहीं की थी। डब्ल्यू.यू.ओ. को रिपोर्ट देते हुए मुझे दस दिन हो चुके थे और मैं पूरी कोशिश करती थी कि उसे निराश न करूँ। फिर भी मुझसे कोई-न-कोई गलती हो ही जाती थी। कभी-कभी मुझे गलत फॉर्मेट में रिपोर्ट बनाने के लिए सजा दी जाती थी या रिपोर्ट में कोई गलती छोड़ देने की वजह से या उसके केबिन तक दो महीने पहले या दो मिनट बाद आने के लिए। फिर कभी-कभी ऐसा भी होता था कि रिपोर्ट बनाते-बनाते मैं सो जाती थी और रिपोर्ट देने ही नहीं जाती थी। कुछ कैडेट्स ने यह कहकर मजाक उड़ाना

मैंने फर्श पर ही फ्रंट रोल करना शुरू कर दिया। लेकिन मैं यकीन से कह सकती थी कि उस रात रिपोर्ट बनाने में मैंने कोई गलती नहीं की थी। डब्ल्यू.यू.ओ. को रिपोर्ट देते हुए मुझे दस दिन हो चुके थे और मैं पूरी कोशिश करती थी कि उसे निराश न करूँ। फिर भी मुझसे कोई-न-कोई गलती हो ही जाती थी।

शुरू कर दिया था कि डब्ल्यू.यू.ओ. के केबिन के बाहर की फर्श 'गुंजन की रोलिंग से हमेशा चमकती रहती है।' लेकिन उस रात मुझे यकीन था कि मैंने कोई गलती नहीं की है। पंद्रह मिनट तक रोलिंग और पुश-अप्स के बाद डब्ल्यू.यू.ओ. ने मुझे मेरे केबिन में यह कहकर जाने को कहा कि उसे मेरी हैंडराइटिंग पसंद नहीं आई और मुझे उसमें सुधार लाना चाहिए। एक फ्लाइट कैडेट की जिंदगी की वह एक और रात थी!

हम फर्स्ट टर्म का आधा रास्ता तय कर चुके थे, जब आठवीं चेक सोर्टी ने हमारे दरवाजे पर दस्तक दी। फ्लाइंग की ट्रेनिंग के दौरान अलग-अलग समय पर कुछ चेक सोर्टी निर्धारित की जाती है, ताकि आगे की ट्रेनिंग देने से पहले यह देखा जाए कि किसी कैडेट ने कितना सीखा है। यह वैसी ही एक चेक सोर्टी थी, जिसमें हमें चीफ फ्लाइंग इंस्ट्रक्टर (सी.एफ.आई.) के साथ उड़ान भरना था। अनुरिमा, सुमन और मुझे एकेडमी के सबसे अच्छे इंस्ट्रक्टर्स में से एक स्क्वाड्रन लीडर जतिन बोरा ने ट्रेनिंग दी थी, जो छोटे कद के, उदार और गोल चेहरेवाले असमिया अधिकारी थे लेकिन सी.एफ.आई. विंग कमांडर आर.आर. पटेल के साथ उड़ान भरने में सबसे अच्छे ट्रेनी के हाथ-पैर काँपने लगते थे। विंग कमांडर पटेल वैसे तो प्रोफेशनर और जोश से भरे थे। लेकिन सारे कैडेट जानते थे कि अगर किसी ने अच्छा प्रदर्शन नहीं किया तो कॉकपिट में भी उस पर बरस पड़ते थे। छोटी सी बात पर उन्हें भयंकर गुस्सा आता था और उनकी कठोरता तो अपने आप में एक मिसाल थी। अगर उनकी आँखों में खटके तो कई बार कैडेट्स को डिमोट कर दिया जाता था या फिर फ्लाइंग ब्रांच से हमेशा के लिए बाहर भी कर दिया जाता था। सी.एफ.आई. चाहते थे

विंग कमांडर पटेल वैसे तो प्रोफेशनर और जोश से भरे थे, लेकिन सारे कैडेट जानते थे कि अगर किसी ने अच्छा प्रदर्शन नहीं किया तो कॉकपिट में भी उस पर बरस पड़ते थे। छोटी सी बात पर उन्हें भयंकर गुस्सा आता था और उनकी कठोरता तो अपने आप में एक मिसाल थी।

कि उनकी देख-रेख में सभी कैडेट्स बेहतरीन प्रदर्शन करें और फ्लाइंग ट्रेनिंग के दौरान तय मापदंडों पर खरा उतरें।

जब मेरी आठवीं चेक सोर्टी का दिन आया तो मैं मान चुकी थी कि सी.एफ.आई. मेरे प्रदर्शन से खुश नहीं होंगे, जिस तरह मैं अकसर अपने स्क्वाड्रन के डब्ल्यू.यू.ओ. को निराश किया करती थी। मुझे इसका बिल्कुल भी एहसास नहीं था कि मेरे प्रति मेरे डब्ल्यू.यू.ओ. का सख्त रवैया एक दिन मुझे बारीक-से-बारीक चीजों पर भी गौर करना सिखा देगा। एक कारण यह भी हो सकता है, जिसकी वजह से सी.एफ. आई. के साथ मेरी चेक सोर्टी अच्छी रही, जो सोर्टी के बाद मुझसे काफी खुश हुए। असल में, वह इतना प्रभावित हुए कि उन्होंने मेरे इंस्ट्रक्टर 'बोरा सर' से कहा, जिन्हें हम यही कहकर बुलाते थे कि मेरी दसवीं सोर्टी के बाद मुझे अकेले उड़ान भरने के लिए तैयार करें, जहाँ मैं विमान को टेक-ऑफ से लेकर लैंडिंग तक अकेले ही करानेवाली थी। आमतौर पर चौदहवीं सोर्टी में अकेले उड़ान भरा जाता है। सिर्फ दसवीं सोर्टी के बाद अकेले उड़ान भरना मेरे लिए ज्यादा हो सकता था और इसका तनाव मेरे ऊपर आ सकता था। बोरा सर इस बात को अच्छी तरह जानते थे, इसलिए उन्होंने मुझे यह बात नहीं बताई थी। नौवीं सोर्टी की डी-ब्रीफिंग के बाद बोरा सर ने मुझे यह खबर दी थी कि अगले दिन मुझे अकेले ही उड़ान पर जाना है—अपनी दसवीं सोर्टी के ठीक बाद।

मुझे इसका बिल्कुल भी एहसास नहीं था कि मेरे प्रति मेरे डब्ल्यू.यू.ओ. का सख्त रवैया एक दिन मुझे बारीक-से-बारीक चीजों पर भी गौर करना सिखा देगा। एक कारण यह भी हो सकता है, जिसकी वजह से सी.एफ.आई. के साथ मेरी चेक सोर्टी अच्छी रही, जो सोर्टी के बाद मुझसे काफी खुश हुए।

"लेकिन यह कैसे हो पाएगा, सर?" मैं परेशान होकर उनसे कहने लगी, "अभी तो मैं इसके लिए तैयार भी नहीं हूँ। यह तो मेरी चौदहवीं सोर्टी के बाद होनेवाला था, फिर अभी क्यों?"

"घबराओ मत, गुंजन! बस, एक नॉर्मल सोर्टी की तरह उड़ान भरना। वैसे ही उड़ान भरना, जैसे मेरे साथ रहने पर भरती हो। अगर तुमने अच्छा परफॉर्म नहीं किया तो वह तुम्हें पास नहीं करेंगे। फिर उस सोर्टी को नॉर्मल ट्रेनिंग सोर्टी के तौर पर दर्ज किया जाएगा।" बोरा सर ने मुझे निश्चिंत करने की कोशिश की। मैं और वह—दोनों ही जानते थे कि अगर मैंने अच्छा नहीं किया तो संभव है कि सी.एफ.आई. मेरे फोल्डर में चेक सोर्टी में 'फेल' लिख देंगे। अगर कोई कैडेट चेक सोर्टी में पास नहीं करती या करती और यह बात उसके फोल्डर में लिख दी जाती है तो उसे टर्मिनेशन रिव्यू बोर्ड का सामना करना पड़ सकता है और हो सकता है कि आखिर में उसे फ्लाइंग ब्रांच से बाहर कर दिया जाए।

"चिंता मत करो, कुछ भी बुरा नहीं होगा।" बोरा सर ने कहा और मुझे रात को अच्छी नींद लेने की सलाह दी। हम अपनी-अपनी साइकिल से जब अपने स्क्वाड्रन की तरफ जा रहे थे, तब अनुरिमा ने भी मेरा हौसला बढ़ाने की कोशिश की।

"चिंता मत करो, कुछ भी बुरा नहीं होगा।" बोरा सर ने कहा और मुझे रात को अच्छी नींद लेने की सलाह दी। हम अपनी-अपनी साइकिल से जब अपने स्क्वाड्रन की तरफ जा रहे थे, तब अनुरिमा ने भी मेरा हौसला बढ़ाने की कोशिश की। उसने कहा, मुझे इसके आशावादी पक्ष की ओर देखना चाहिए। लेकिन मैं इतनी नर्वस थी कि उसकी बातों को सुन भी नहीं रही थी। ओपन-डोर स्टडी पीरियड और फटाफट डिनर करने के बाद मैं अपने केबिन में लाइट्स-आउट रिपोर्ट बनाने के लिए आई। मैं हैरान रह गई, जब डब्ल्यू. यू.ओ. प्रिया यादव ने मुझे अपने केबिन में 10 की बजाय 9 बजे ही आने को कहा। मैंने उस रात उनसे कहा भी कि मुझे माफ कर दें। फिर भी उन्होंने मेरा रगड़ा सेशन शुरू कर दिया, जिससे मेरा मूड और खराब हो गया। आधे घंटे तक जबरदस्त सजा मिली। मैं जब 9.30 बजे अपने केबिन में पहुँची तो इतना थक चुकी थी कि अगले दिन की चिंता भी नहीं की। मैं जैसे ही बिस्तर पर लेटी, गहरी नींद में सो गई, जिसमें सपनों की भी गुंजाइश नहीं थी। अनुरिमा

ने बाद में मुझे बताया कि डब्ल्यू.यू.ओ. ने जान-बूझकर पनिशमेंट सेशन की प्लानिंग की थी, ताकि मैं थक जाऊँ और सो जाऊँ, बजाय इसके कि जागती रहूँ और चेक सोर्टी की चिंता करती रहूँ।

अगली सुबह अनुरिमा का अलार्म बजने से पहले ही मैं जाग गई। वह जब मेरे केबिन में आई तो मैं तैयार हो रही थी। "तुम जब कॉकपिट में बैठो तो बस, यही सोचना कि तुम अकेली हो।" उसने सलाह दी। उसे भी उतनी ही चिंता हो रही थी। उस दिन मैं मास ब्रीफिंग के लिए समय से पहले बैठ गई थी और यह भी अपने आप में अनोखी घटना थी। लेकिन मुझे याद नहीं कि उस दिन मैंने क्या-क्या सुना था। मैं हर हाल में यही चाहती थी कि बोरा सर कुछ करें और उस सोर्टी को टाल दें। लेकिन उन्हें मुझ पर भरोसा था और ऑप्स रूम में उन्होंने मुझे भरोसा दिलाया कि सबकुछ ठीक होगा। हम आधे घंटे की सोर्टी पर साथ-साथ गए, जिसमें उन्होंने सारी बेसिक बातों और एरोबैटिक संचालन से जुड़ी चीजों को रिवाइज कराया। हम जब लौटे तो मैंने देखा कि सी.एफ.आई. पहले से ही टारमैक पर अपनी पूरी पोशाक में खड़े थे और एक विमान भी तैयार था। हमने जैसे ही लैंड किया, सी.एफ.आई. मुझे अपने साथ ले गए और मुझे बोरा सर से बात करने का मौका तक नहीं दिया। मैं इतनी डरी हुई थी कि मेरा रोने का मन कर रहा था। लेकिन अब बहुत देर हो चुकी थी। सोलो चेक सोर्टी शुरू हो चुकी थी। इससे पहले कि मैं कुछ कहती, मैं टेकऑफ कर चुकी थी।

सोलो चेक को क्लियर करने के लिए आपको सी.एफ.आई. को एक के बाद एक तीन सेफ लैंडिंग दिखानी पड़ती है, जिनके अलावा कई सारी चेक और भी होती हैं; लेकिन लैंडिंग हमेशा ही सबसे मुश्किल काम होता है। उस दिन धूप खिली थी और आसमान साफ भी था और शांत भी।

सोलो चेक को क्लियर करने के लिए आपको सी.एफ.आई. को एक के बाद एक तीन सेफ लैंडिंग दिखानी पड़ती है, जिनके अलावा कई सारी

चेक और भी होती हैं; लेकिन लैंडिंग हमेशा ही सबसे मुश्किल काम होता है। उस दिन धूप खिली थी और आसमान साफ भी था और शांत भी। उड़ान भरने के लिए परफेक्ट दिन था। जो परफेक्ट नहीं था, वह था मेरे साथ सोर्टी पर जानेवाला आदमी। उनकी मौजूदगी ही मुझे इतना नर्वस बनाने के लिए काफी थी कि मैंने फाइनल लैंडिंग के दौरान कुछ बेहद मामूली सी गलतियाँ कीं और वे ऐसी गलतियाँ थीं, जिन्हें मैंने पहले बोरा सर के साथ कभी नहीं की थीं। विंग कमांडर पटेल कॉकपिट में ही चीखने-चिल्लाने लगे।

"अगर तुमने अगली लैंडिंग में दोबारा ऐसा किया न तो मैं तुम्हें फ्लाइंग ब्रांच से बाहर फेंक दूँगा।" वह आखिरी बार चिल्लाए और फिर शांत हो गए। मेरे हाथ काँप रहे थे और आँखों में आँसू भर आए थे। मुझे कुछ-न-कुछ करना था। मैं उस समय अपना मानसिक संतुलन नहीं खो सकती थी।

"यह क्या किया तुमने अभी? तुम्हें होश भी है कि तुम सोलो चेक के लिए आई हो? यही दिखाना चाहती हो तुम मुझे?" चूँकि यह रोलर टेकऑफ था, इसलिए मैंने टचडाउन के बाद इंजन में ईंधन की सप्लाई को फिर से चालू कर दिया और लैंडिंग के फौरन बाद बिना रुके टेकऑफ कर लिया। फिर नीले आसमान की ऊँचाई को छूने लगी। सी.एफ.आई. इतनी जोर-जोर से चीख रहे थे कि मुझे इंजन की गरजने की आवाज भी नहीं सुनाई दे रही थी, "अगर तुमने अगली लैंडिंग में दोबारा ऐसा किया न तो मैं तुम्हें फ्लाइंग ब्रांच से बाहर फेंक दूँगा।" वह आखिरी बार चिल्लाए और फिर शांत हो गए। मेरे हाथ काँप रहे थे और आँखों में आँसू भर आए थे। मुझे कुछ-न-कुछ करना था। मैं उस समय अपना मानसिक संतुलन नहीं खो सकती थी। मैंने अपनी आँखें बंद कीं और उन सारी आवाजों से ध्यान हटाया, जो मेरे कानों तक आ रही थीं। पल भर के लिए सबकुछ अँधेरा और खाली-खाली सा हो गया।

जून 1987

बबीना में भयंकर गरमी पड़ती थी। झुलसा देनेवाली गरमी से निजात पाने के लिए पापाजी मुझे और दादा को लगभग हर दिन दोपहर बाद ऑफिसर्स मेस के स्वीमिंग पूल में लेकर जाते थे। दादा को तैरना बहुत अच्छे से आता था और वह इस मौके का फायदा अपने स्वीमिंग के हुनर को और तराशने के लिए करते थे; जबकि मैं अपना समय इधर-उधर की चीजों में काटती थी। लेकिन पापाजी ने हमारे लिए कुछ और ही प्लान बना रखा था। उन्होंने हम लोगों का नाम तैराकी प्रतियोगिता के लिए दे रखा था, जो महीने के आखिर में होनेवाली थी और हमें बताया तक नहीं था। यह बात उन्होंने हमें महज चार दिन पहले बताई। यह सुनकर दादा जहाँ खुश हुए, वहीं मैं निराश थी, क्योंकि मैं जानती थी कि मैं हार जाऊँगी। सोसाइटी की बाकी लड़कियाँ जानती थीं कि कैसे डाइव करना है, जबकि मैं अच्छी स्विमर होने के बाद भी बस, जंप करना जानती थी, डाइव करना नहीं। इसलिए पापाजी ने मुझे डाइव करना सिखाना शुरू कर दिया; लेकिन दिन गुजरते गए, फिर भी मैं सीख नहीं पाई।

"मैं कल तुम्हारे साथ नहीं आ सकूँगा।" पापाजी ने फोन रखने के बाद मुझसे कहा और डाइनिंग टेबल पर आ गए। तैराकी प्रतियोगिता अगले दिन होनेवाली थी। "अच्छा है, आपको गुंजन को हारते नहीं देखना होगा।" दादा ने कमेंट किया।

"मैं कल तुम्हारे साथ नहीं आ सकूँगा।" पापाजी ने फोन रखने के बाद मुझसे कहा और डाइनिंग टेबल पर आ गए। तैराकी प्रतियोगिता अगले दिन होनेवाली थी।

"अच्छा है, आपको गुंजन को हारते नहीं देखना होगा।" दादा ने कमेंट किया।

पापाजी दादा को गुस्से में घूरने लगे।

"मैं नहीं हारूँगी।" मैंने पलटकर जवाब दिया।

"तुम्हें क्यों लगा कि गुंजन हार जाएगी?" पापाजी ने पूछा।

"उसे डाइव करना नहीं आता।" दादा ने कहा। "बाकी सभी डाइविंग की वजह से आगे निकल जाएँगे।"

"क्या हुआ तो इसे डाइव करना नहीं आता? यह जीत जाएगी।" मेरा साथ देती हुई माँ बहस में कूद पड़ीं।

"माँ, अगर तुम चाहती हो कि तुम्हारी बेटी जीते तो उससे कहो कि डाइव करे। भले ही वह अच्छे से डाइव नहीं कर सकेगी, फिर भी जंप करने से तो अच्छा ही होगा।" दादा ने माँ से कहा। वह बिल्कुल भी नहीं चाहता था कि मैं जंप करूँ। मैं जानती थी कि अगर मैंने डाइव करने के बजाय जंप किया तो उसके दोस्त उसका मजाक उड़ाएँगे। लड़के ऐसे ही होते हैं।

"मैं रेफरी से कहूँगी कि वह गुंजन को पूल से ही स्टार्ट करने दे।" माँ ने कहा।
"नहीं।" दादा और मैंने एक साथ कहा, "आप ऐसा कुछ भी नहीं करेंगी।"
किसी भी किशोरी की तरह मैं भी नहीं चाहती थी कि मेरे माता-पिता वहाँ जाकर मेरी तरफदारी करें।

"मैं रेफरी से कहूँगी कि वह गुंजन को पूल से ही स्टार्ट करने दे।" माँ ने कहा।

"नहीं," दादा और मैंने एक साथ कहा, "आप ऐसा कुछ भी नहीं करेंगी।"

किसी भी किशोरी की तरह मैं भी नहीं चाहती थी कि मेरे माता-पिता वहाँ जाकर मेरी तरफदारी करें।

"तुम जो भी करना, अपनी तरफ से सबसे अच्छा करने की कोशिश करना।" पापाजी ने इस बातचीत को वहीं खत्म करते हुए कहा।

बबीना कैंट के भीतर ऑफिसर्स मेस को पारंपरिक तौर-तरीकों से सजाया जा रहा था। प्रवेश द्वार पर झंडे लगाए गए थे और एक रेड कारपेट बिछाया गया था। वह चीफ गेस्ट की कुरसी तक बिछा था। सिख रेजिमेंट की पोशाक में दो सैनिक मुख्य द्वार पर स्टेशन कमांडर की पत्नी का स्वागत

करने के लिए खड़े थे, जो मुख्य अतिथि थीं। प्रतियोगिता सुबह 10 बजे शुरू होनेवाली थी। अफसर, उनकी पत्नियाँ और बच्चे—प्रतियोगियों के साथ—एक घंटे पहले से ही आने लगे। माँ मेरे और दादा के साथ आईं और हमें गुडलक विश करने के बाद दर्शकों के बीच जाकर अपनी सीट पर बैठ गईं। रेफरी ने व्हिसल बजाकर लाइफगाड्र्स को अपनी पोजीशन लेने को कहा। टाइमकीपर्स ने अपनी सीट ले ली। इस बीच मैं और दादा चेंजिंग रूम की ओर बढ़ गए। पहले मुझे जाना था।

"याद है न, बस डाइव मारना।" दादा ने मेरा हाथ पकड़ा और जोर देकर कहा। मैंने हामी भरी और चेंजिंग रूम में चली गई।

चीफ गेस्ट 9.45 बजे पहुँच गईं। पहला राउंड अठारह साल से कम उम्र की महिलाओं के लिए होनेवाला था। हम स्वीमिंग पूल के किनारे अपने-अपने स्टार्टिंग प्वाइंट के सामने खड़े हो गए। मैंने अपने आसपास देखा। मेरी बाईं और दाईं ओर मुझे टक्कर देनेवाली लड़कियाँ डाइव लगाने की तैयारी कर रही थीं।

चीफ गेस्ट 9.45 बजे पहुँच गईं। पहला राउंड अठारह साल से कम उम्र की महिलाओं के लिए होनेवाला था। हम स्वीमिंग पूल के किनारे अपने-अपने स्टार्टिंग प्वाइंट के सामने खड़े हो गए। मैंने अपने आसपास देखा। मेरी बाईं और दाईं ओर मुझे टक्कर देनेवाली लड़कियाँ डाइव लगाने की तैयारी कर रही थीं। मैं घबरा रही थी। एक पल के लिए लगा, जैसे सारी भीड़ मुझे ही देख रही है। इससे मेरी घबराहट और बढ़ गई। मैंने सोचा, अगर मैंने डाइव करने की बजाय जंप किया तो लोग मुझे देखकर हँसने लगेंगे। मेरी नजर दादा पर पड़ी, जो पूल की दूसरी तरफ अपने दोस्तों के साथ खड़े थे और मुझे याद दिलाने के लिए सिर हिला रहे थे कि मुझे जंप नहीं करना है। फिर रेफरी ने हमें अपनी फाइनल पोजीशन लेने को कहा। मैं देख रही थी कि दादा ने अपनी पीठ मेरी तरफ घुमा दी है और दोनों हाथों से अपनी आँखों को ढक लिया है। रेफरी ने व्हिसल बजाई और मैंने डाइव करने की कोशिश की। फिर भी मैं पूल

में जंप करके ही पहुँची, जबकि अन्य सारी प्रतियोगी अपने सफल डाइव के बाद तैरकर मुझसे आगे निकल चुकी थीं। कुछ समय के लिए मैंने स्पीड बढ़ाने की कोशिश की। उस समय मुझे सच्चाई का एहसास हुआ और मैं समझ गई कि मैं हारनेवाली हूँ; लेकिन मेरे अंदर कुछ था, जो अभी हार मानने को तैयार नहीं था। इसलिए मैंने आँखें बंद कीं और बाहर की सारी आवाज, हौसला-अफजाई को अनसुना कर दिया तथा अपने हाथ-पैर जितनी तेजी से संभव हो उतनी तेजी से चलाने लगी। मेरे अंदर जितनी ताकत थी, उसका एक-एक हिस्सा मुझे पानी के भीतर तेजी से आगे बढ़ाने में लग गया। मैंने तब तक साँस लेने के लिए एक बार भी मुँह पानी से ऊपर नहीं निकाला, जब तक कि मैंने आखिर में संगमरमर को छू नहीं लिया और तब मुझे एहसास हुआ कि मैं पूल के दूसरी तरफ पहुँच चुकी हूँ। मैं जब पानी से बाहर निकली और जोर-जोर से साँस ले रही थी, तब मुझे खुशी मनाते लोगों की आवाजें सुनाई पड़ीं। मैंने जब अपनी आँखों को पोंछा और अपने बाईं एवं दाईं ओर देखा तो पाया कि अंतिम छोर तक अकेले मैं ही पहुँची थी और दूसरी लड़कियाँ अब भी मुझसे पीछे थीं। पहले तो मुझे लगा कि जरूर कोई-न-कोई चूक हुई है; लेकिन मैंने जब देखा कि दादा के दोस्त उन्हें मेरी ओर घुमा रहे हैं, जिसके बाद वे मेरी तरफ देखकर खुशी से मुसकराने लगे। तब मुझे एहसास हुआ कि मैं जीत गई थी। दादा ने हवा में मुक्का चलाया और उछलकर खुशी का इजहार किया। भले ही मेरी शुरुआत खराब रही, लेकिन मैं जीतने में कामयाब रही और यह सिर्फ इस वजह से संभव हुआ कि मैंने अपना धैर्य नहीं खोया। जीवन ने मुझे सिखाया था कि 'करो या मरो' का मतलब क्या होता है। मैं हारनेवाली थी तो मैंने सोचा कि क्यों न सम्मान से ही रहूँ और अपनी सारी

दादा ने हवा में मुक्का चलाया और उछलकर खुशी का इजहार किया। भले ही मेरी शुरुआत खराब रही, लेकिन मैं जीतने में कामयाब रही और यह सिर्फ इस वजह से संभव हुआ कि मैंने अपना धैर्य नहीं खोया। जीवन ने मुझे सिखाया था कि 'करो या मरो' का मतलब क्या होता है।

ताकत को अपने हाथों व पैरों की ओर मोड़ दिया। हार मानने की जगह मैंने उस दिन जीत हासिल की। उस दिन पापाजी, माँ और दादा को मुझ पर काफी गर्व हुआ। मैंने तय कर लिया कि जब भी मेरे सामने ऐसी कोई परिस्थिति आएगी तो मैं इस घटना को याद करूँगी।

मैंने जब अपनी आँखें खोलीं तो गहरी साँस ली और अपने विमान को एक और लैंडिंग के लिए वापस मोड़ दिया। इस बार मैंने सी.एफ.आई. के चीखने-चिल्लाने पर जरा भी ध्यान नहीं दिया। मैंने मान लिया था कि वह उस समय विमान के अंदर हैं ही नहीं। मैंने वही किया, जो मैंने बोरा सर से सीखा था। अगली दो लैंडिंग ठीक हुईं, कहीं कोई गड़बड़ नहीं। चेक सोर्टी पूरी होने के बाद मैंने जब अपने विमान को टारमैक पर धीरे-धीरे लाना शुरू किया तो मैंने देखा कि बोरा सर, अनुरिमा और सुमन हैंगर के पास खड़े थे। जब भी कोई कैडेट अपनी अकेली फ्लाइट पर जाता या जाती है तो चाहे उसने उसे पास कर लिया है या नहीं, इसका पता इससे चलता है कि विमान को बंद किया गया है या नहीं। अगर कोई कैडेट सोलो फ्लाइट को पास कर लेता या लेती है तो विमान को बंद नहीं किया जाएगा। केवल सी.एफ.आई. कॉकपिट से बाहर निकलेंगे और उस कैडेट को विमान को पीछे मुड़ाकर सोलो फ्लाइट के लिए ले जाना होगा। अपने नाखून चबाते हुए बोरा सर वहाँ खड़े होकर यही देख रहे थे कि मेरा विमान बंद होता है या नहीं। विमान जब रुका तो कैनोपी खुली और सी.एफ.आई. बाहर आए तथा मुझे विमान मोड़ने का और सोलो फ्लाइट पर

जब भी कोई कैडेट अपनी अकेली फ्लाइट पर जाता या जाती है तो चाहे उसने उसे पास कर लिया है या नहीं, इसका पता इससे चलता है कि विमान को बंद किया गया है या नहीं। अगर कोई कैडेट सोलो फ्लाइट को पास कर लेता या लेती है तो विमान को बंद नहीं किया जाएगा।

जाने का इशारा किया। मैं बोरा सर की ओर देखने लगी, जिन्होंने मुझे थम्सअप किया। मेरी आँखों से खुशी के आँसू छलक गए और मैं अपने कॅरियर की पहली सोलो फ्लाइट पर निकल गई। भले ही स्टार्ट में थोड़ा उछाल आया, फिर भी मैंने सोलो चेक क्लियर कर लिया था और अपने कोर्स की अकेले विमान उड़ाने वाली पहली कैडेट बन चुकी थी। मैं जब लैंडिंग करने वाली थी, तब मैंने बोरा सर को ए.सी.पी. हट* के पास रनवे की शुरुआत में खड़ा देखा। वह मुसकरा रहे थे। मैं भी मुसकरा रही थी। मैं अपने विमान को धीरे-धीरे हैंगर तक लेकर आई और सीधे बोरा सर की तरफ दौड़ी, ताकि जो कुछ हुआ, वह सब उन्हें विस्तार से बता सकूँ।

“तुम्हारी सोर्टी तब तक पूरी नहीं होगी जब तक कि तुम साइन नहीं करोगी।” बोरा सर ने मुझे याद दिलाया। मैं वापस मुड़ी और हैंगर की तरफ दौड़ गई। खुशी और रोमांच के बीच मैं फॉर्म 700 पर साइन करना ही भूल गई थी। इससे पहले कि मैं वापस बोरा सर के पास जाती, सी.एफ. आई. ने मुझे अपने ऑफिस में डीब्रीफिंग के लिए बुलाया। इसके बाद मैं सीधे बोरा सर के पास पहुँची और एक साँस में जो कुछ हुआ था, सब बता दिया। अनुरिमा और सुमन ध्यान से सुन रही थीं।

“तुम्हारी सोर्टी तब तक पूरी नहीं होगी जब तक कि तुम साइन नहीं करोगी।” बोरा सर ने मुझे याद दिलाया। मैं वापस मुड़ी और हैंगर की तरफ दौड़ गई। खुशी और रोमांच के बीच मैं फॉर्म 700 पर साइन करना ही भूल गई थी। इससे पहले कि मैं वापस बोरा सर के पास जाती, सी.एफ.आई. ने मुझे अपने ऑफिस में डीब्रीफिंग के लिए बुलाया।

“मैं जानता था, तुम कर लोगी। यू हैव मेड मी प्राउड (मुझे तुम पर गर्व है)।” बोरा सर ने कहा।

---

* ए.सी.पी. या अप्रोच कंट्रोल पायलट हट रनवे के आखिर में बना एक छोटा सा हट होता है, जो लैंडिंग में ट्रेनी पायलटों की मदद करता है। उनका पायलट के साथ आर.टी. से सीधा संपर्क होता है।

अनुरिमा और सुमन ने मुझे बधाई दी। इसके ठीक बाद मैंने अपने स्क्वाड्रन के कैफेटेरिया में लगे एस.टी.डी. फोन से अपने माता-पिता को फोन किया। मैंने उन्हें जो बताया, उस पर उन्हें यकीन नहीं हो रहा था।

"तुमने अकेले फ्लाई किया?" पापाजी ने पूछा।

"तुम विमान को अकेले ही आसमान में ले गईं?" माँ ने आश्चर्य से पूछा।

"ये बता, कितने पक्षियों को मारा तूने?" दादा ने मजाक में पूछा।

मेरा परिवार बहुत खुश था और उसे गर्व हो रहा था; और मैं खुश थी, क्योंकि वे खुश थे। यही तो मैं हमेशा से करना चाहती थी। किसी भी दूसरे कैडेट के उस पड़ाव को पार करने से पहले ही मेरी फर्स्ट टर्म की फ्लाइंग की ट्रेनिंग पूरी हो चुकी थी। एक और अच्छी बात यह हुई कि सप्ताहांत में मुझे शहर जाने की छूट मिल गई, जो अपने सोलो फ्लाइट के बाद मुझे दी जानेवाली सुविधाओं में से एक थी। लेकिन मैंने उसका इस्तेमाल अनुरिमा के यहाँ, घर पर बने खाने का स्वाद चखने और उसके व उसकी माँ के साथ बेइंतहा गप लड़ाने के लिए किया; हालाँकि सबसे पहले सोलो क्लियर करने की बुरी बात यह थी कि मुझे विंग कमांडर पटेल के साथ उनकी शिष्या के रूप में लगा दिया गया था। इसका मतलब था कि मैं बोरा सर के साथ अब फ्लाई नहीं कर सकती थी। लेकिन बोरा सर ने मुझे समझाया था कि यह सब मेरे भले के लिए ही था। वह हमेशा मुझसे अगले दो टर्म पर फोकस करने को कहते थे, जो वायु सेना में मेरी सर्विस का सही मायने में आधार होगा।

मेरा परिवार बहुत खुश था और उसे गर्व हो रहा था; और मैं खुश थी, क्योंकि वे खुश थे। यही तो मैं हमेशा से करना चाहती थी। किसी भी दूसरे कैडेट के उस पड़ाव को पार करने से पहले ही मेरी फर्स्ट टर्म की फ्लाइंग की ट्रेनिंग पूरी हो चुकी थी।

पहला टर्म समाप्त हो गया। हर साल एयरक्रू एग्जामिनेशन बोर्ड

(ए.ई.बी.) के पायलटों की एक टीम विभिन्न फ्लाइंग स्टेशनों का दौरा वहाँ के पायलटों की परीक्षा लेने और उसके अनुसार उनकी कैटेगरी तय करने के लिए किया करती थी। ए.ई.बी. के पायलटों की एक टीम मई 1995 में एयर फोर्स एकेडमी डुंडिगल में आनेवाली थी। निदेशक से लेकर प्रशासनिक कर्मचारियों तक पूरी एकेडमी इस दौरे की तैयारियों में जुट गई थी। चूँकि ए.ई.बी. टीम इंस्ट्रक्टरों के साथ उड़ान भरेगी, इसलिए इंस्ट्रक्टर पायलटों को भी प्रैक्टिस सोर्टी के तहत उड़ान भरते देखा जा सकता था। हर टर्म के एक कैडेट को ए.ई.बी. के पायलटों के साथ उड़ान भरने के लिए चुना जाना था। आमतौर पर इसका मौका पुरुष कैडेट्स को मिलता था, क्योंकि भारतीय वायु सेना में महिलाओं को उड़ान भरते अभी सिर्फ एक साल ही हुआ था। मैंने सपने में भी नहीं सोचा था कि मुझे ए.ई.बी. पायलटों के साथ किसी सोर्टी में उड़ान भरने का मौका दिया जाएगा। ए.ई.बी. के साथ सोर्टी की प्लानिंग दो दिन पहले हुई थी और सी.एफ.आई. ने मुझे अपने ऑफिस में बुलाया था।

"ए.ई.बी. के सी.ओ. ग्रुप कैप्टन आर. बालाकृष्णन दो दिन बाद तुम्हारे साथ एक सोर्टी पर उड़ान भरेंगे। तुम तैयारी कर लो और उन्हें अच्छा प्रदर्शन करके दिखाओ।"

"ए.ई.बी. के सी.ओ. ग्रुप कैप्टन आर. बालाकृष्णन दो दिन बाद तुम्हारे साथ एक सोर्टी पर उड़ान भरेंगे। तुम तैयारी कर लो और उन्हें अच्छा प्रदर्शन करके दिखाओ।"

पल भर के लिए उनके शब्दों को सुनकर मैं स्तब्ध रह गई। फिर किसी तरह मैंने 'यस सर' कहा। चेंजिंग रूम में मैंने यह खबर अनुरिमा और सुमन को दी। दोनों बहुत खुश हुईं और मुझे शुभकामनाएँ दी। लेकिन मैं डरी हुई थी, क्योंकि सोलो क्लियर करने के बाद लंबे समय से मैंने फ्लाई नहीं किया था। दूसरों ने शायद हमारी बातचीत सुन ली थी और यह खबर पूरी एकेडमी में जंगल की आग की तरह फैल गई। उस दिन दोपहर बाद हम जब कैफेटेरिया में पहुँचे तो कई महिला कैडेट्स ने मुझसे पूछा कि क्या सच में मुझे ए.ई.बी.

के साथ फ्लाई करने के लिए चुना गया है? उन्होंने जो कुछ सुना था, उस पर उन्हें यकीन नहीं हो रहा था। क्लास में जब इंस्ट्रक्टरों ने मुझे बुलाया और पूछा, "सी.एफ.आई. ने तुम्हें क्यों चुना? क्या ए.ई.बी. के पायलटों ने तुम्हारे साथ उड़ान भरने की इच्छा जताई है?"

अधिकांश पुरुष इंस्ट्रक्टरों के चेहरे के जो भाव थे, उसका मतलब था, 'तुम्हें लगता है कि तुम्हें उनके साथ उड़ान भरना चाहिए?' ज्यादातर पुरुष कैडेट्स को लगा, जैसे मैंने उनसे यह मौका छीन लिया है और मेरी तरफ सही-गलत का फैसला सुनानेवाली नजरें उठने लगीं। कुछ सीनियर इंस्ट्रक्टर इस बात से चिंतित थे कि एकेडमी की साख दाँव पर लग गई है और उन्हें लग रहा था कि एक महिला कैडेट को चुनने से साख पर बट्टा लग जाएगा, क्योंकि ए.ई.बी. के पायलट नुक्ताचीनी करनेवाले और बेहद सख्त होते थे। लेकिन मैं एक ऐसे परिवार में पली-बढ़ी थी, जहाँ दोनों बच्चों को बराबर माना जाता था। अगर दादा को लेट-नाइट पार्टियों में जाने दिया जाता था तो मेरे जाने पर भी सवाल नहीं उठाए जाते थे, भले ही मेरी ज्यादा ही चिंता करनेवाले दादा इससे खुश नहीं होते थे। इस तरह एकेडमी के भीतर मेरा यह पूरा अनुभव अपने आप में नया था। भले ही यह महज अंदर-अंदर चलनेवाली एक लहर थी, लेकिन इसके वजूद का अनुभव मैं कर सकती थी।

ए.ई.बी. के साथ मैं उस सोर्टी के लिए जब उड़ान भरनेवाली थी, उससे महज एक दिन पहले सी.एफ.आई. ने मुझे अपने ऑफिस में बुलाया और मुझसे कहा कि मैं उनके साथ दो सोर्टी उड़ाऊँ, ताकि अपने फ्लाइंग के कौशल को फिर से तराश लूँ। मैं चाहती थी कि मैं सी.एफ.आई. से गुजारिश करूँ कि ये दो प्रैक्टिस सोर्टी वह मुझे बोरा सर के साथ करने दें।

ए.ई.बी. के साथ मैं उस सोर्टी के लिए जब उड़ान भरनेवाली थी, उससे महज एक दिन पहले सी.एफ.आई. ने मुझे अपने ऑफिस में बुलाया और मुझसे कहा कि मैं उनके साथ दो सोर्टी उड़ाऊँ, ताकि अपने फ्लाइंग के

कौशल को फिर से तराश लूँ। मैं चाहती थी कि मैं सी.एफ.आई. से गुजारिश करूँ कि ये दो प्रैक्टिस सोर्टी वह मुझे बोरा सर के साथ करने दें। लेकिन मैं बेशक ऐसा कर नहीं सकी। दोनों प्रैक्टिस सोर्टी दोपहर में हुईं। सी.एफ.आई. ने उड़ान भरने के तौर-तरीकों को दोहराने और प्रक्रियाओं को चेक करने में मेरी मदद की।

अगले दिन मैंने ग्रुप कैप्टन बालाकृष्णन के साथ एक सोर्टी में उड़ान भरी। मैं भी और दूसरे सभी हैरान रह गए, क्योंकि ए.ई.बी. के सी.ओ. ने माना कि सोर्टी असाधारण रूप से अच्छी थी और उसे सही ढंग से उड़ाया गया था। ए.ई.बी. ने उस सोर्टी के बाद कोई भी मुद्दा नहीं उठाया, बल्कि फ्लाइंग ट्रेनिंग ब्रांच की तारीफों के पुल बाँध दिए। यह सी.एफ.आई. के सिर पर सजा एक और सेहरा था। ए.ई.बी. के दौरे के बाद एक सेंट्रल ब्रीफिंग हुई। सी.एफ. आई. ने बताया कि क्या अच्छा रहा और कहाँ सुधार की जरूरत है। कुल मिलाकर दौरा सफल रहा था।

ब्रीफिंग के आखिर में सी.एफ.आई. ने बताया कि ए.ई.बी. के सी.ओ. के साथ सबसे उम्दा प्रैक्टिस में से एक सोर्टी में उड़ान भरकर मैंने एकेडमी का नाम ऊँचा किया है। यहाँ तक कि पुरुष कैडेट्स व इंस्ट्रक्टर भी खुश थे और स्पीच के बाद उन सभी ने मुझे बधाई दी। मेरे लिए यह आगे की ओर बढ़ा एक और कदम था। पुरुष कैडेट्स के बीच भी अब मुझे स्वीकार्यता मिल गई थी और जो कुछ भी हुआ था, उससे मैं खुश थी।

भारतीय सेना एक ऐसी जगह है, जो किसी भी तरह के लिंग भेद या पक्षपात से मुक्त है। अगर मैं अपना बाकी का जीवन भी वरदी में सैन्य बलों की सेवा में गुजार सकती तो सहर्ष गुजारती।

□

बारह

जुलाई 1995

फ्लाइट ट्रेनिंग का दूसरा टर्म हैदराबाद के हाकिमपेट स्थित हेलिकॉप्टर ट्रेनिंग स्कूल (एच.टी.एस.) में शुरू होनेवाला था। अपने फर्स्ट टर्म के बाद मुझे एक छोटा सा ब्रेक मिला और फिर मध्य जुलाई में हमने एच.टी.एस. को ज्वॉइन कर लिया। मैं यहाँ बताना चाहूँगी कि एच.टी.एस. ट्रेनिंग के लिहाज से ए.एफ.ए. से काफी अलग था। एच.टी.एस. में कोई कैडेट्स मेस नहीं था और हम सभी को ऑफिसर्स मेस में ही रखा गया था। एच.टी.एस. में दो कैडेट्स को एक रूम शेयर करने के लिए कहा गया था और किस्मत से मुझे एवं अनुरिमा को एक ही कमरा दिया गया था। हम इस बात से खुश थीं कि हम पूरे दो टर्म साथ-साथ रहकर गुजारने वाली थीं। एच.टी.एस. में फ्लाइंग ब्रांच के हमारे सीनियर कैडेट भी थे, जो बेहद कठिन ट्रेनिंग से गुजरने में हमारी मदद करते थे और हमें सारे ट्रिक्स बताया करते थे। कहने की जरूरत नहीं कि इन सभी की एक कीमत होती थी, जो हम रगड़ा खाकर चुकाते थे। सजा अब पहले से काफी कम हो गई थी; लेकिन इसकी एक बड़ी वजह यह थी कि हमने अब सजा से बचना सीख लिया।

शारीरिक प्रशिक्षण के मुकाबले फ्लाइंग और उससे जुड़ी पढ़ाई पर ज्यादा जोर दिया जाता था, क्योंकि हमारा फोकस वहीं होना जरूरी था। सुबह और दोपहर में पी.टी. एवं ड्रिल पीरियड को छोड़कर हमारा बाकी का शेड्यूल ए.एफ.ए. के जैसा ही था, जिसमें सुबह और दोपहर में एक हफ्ते छोड़कर

हर दूसरे हफ्ते फ्लाइंग सेशन होते थे। एच.टी.एस. में शाम को कोई स्टडी पीरियड नहीं होता था। लेकिन विषय से जुड़ा सिलेबस इतना लंबा-चौड़ा था कि हमें खुद से पढ़ने पर मजबूर कर देता था। इन सबकी शुरुआत मेनटेनेंस कन्वर्जन हेलिकॉप्टर कोर्स से हुई, जो तीन हफ्ते तक चलती रही, जिसके बाद उससे जुड़ी परीक्षा हुई, जो ए.एफ.ए. में पिछले टर्म में हुई परीक्षा से कहीं ज्यादा मुश्किल साबित हुई। एक हेलिकॉप्टर की चेकलिस्ट बहुत लंबी होती है और उसमें दुनिया भर की चीजें होती हैं, जिनके बारे में जानना होता है। उस स्कूल को ज्वॉइन करने के लगभग एक महीने बाद यह परीक्षा हुई और उसके बाद सभी कैडेट्स को इंस्ट्रक्टर अलॉट किए गए। मुझे चीफ फ्लाइंग इंस्ट्रक्टर विंग कमांडर भूपेंद्र चौहान अलॉट किए गए थे और मैं उनकी एकमात्र प्रशिक्षु थी। उन्हें हाल ही में एच.टी.एस. में पोस्ट किया गया था। लेकिन उन्होंने अब तक ज्वॉइन नहीं किया था।

एक हेलिकॉप्टर की चेकलिस्ट बहुत लंबी होती है और उसमें दुनिया भर की चीजें होती हैं, जिनके बारे में जानना होता है। उस स्कूल को ज्वॉइन करने के लगभग एक महीने बाद यह परीक्षा हुई और उसके बाद सभी कैडेट्स को इंस्ट्रक्टर अलॉट किए गए।

जैसा कि हमने अपने सीनियर्स से सुना था, किसी हेलिकॉप्टर में स्टार्ट-अप की प्रक्रिया को सीखना सबसे मुश्किल होता है। दूसरे कैडेट्स ने जहाँ अपनी ट्रेनिंग शुरू कर दी थी, वहीं मैं इंतजार कर रही थी कि कब सी.एफ.आई. एच.टी.एस. आकर ज्वॉइन करेंगे। अनुरिमा जब लौटकर आती और मुझे बताती थी कि स्टार्ट-अप की प्रक्रिया को समझना और सीखना कितना मुश्किल है तो मैं चिंतित हो जाती थी; क्योंकि मुझे लगता था कि बाकी सब जहाँ सीख रहे हैं, वहीं मेरा समय निकलता जा रहा है।

मैंने सोचा, किसी की मदद लूँ और एक दिन मैं अनुरिमा के इंस्ट्रक्टर के पास गई।

"तुम्हारा इंस्ट्रक्टर कौन है ?" उन्होंने मुझसे पूछा।

मैंने जब बताया कि विंग कमांडर चौहान, तो उनका कहना था, "अच्छा, चौहान सर! मुझे लगता है, मैं नहीं, बल्कि वही तुम्हें स्टार्ट-अप की प्रक्रिया सिखाएँगे।" मैं हैरान थी कि मेरे इंस्ट्रक्टर का नाम सुनते ही उन्होंने इस तरह का जवाब क्यों दिया।

अनुरिमा ने मुझे फ्लाइट कमांडर से बात करने की सलाह दी, जो सी.एफ.आई. से नीचे सेकंड-इन कमांड अधिकारी थे। उनका जवाब भी पिछले इंस्ट्रक्टर के जैसा ही था। इससे मैं और भी कन्फ्यूज हो गई। जब यह बात दूसरे कैडेट्स तक पहुँची, तब मुझे पता चला कि विंग कमांडर चौहान बहुत सख्त ट्रेनर हैं और सख्ती के साथ ही उन्हें हर चीज का पूरा ज्ञान है। वे ऐसे हैं, जो लिखे हुए नियम-कायदों से चलते हैं। मुझे इस वजह से कोई सिखाने को तैयार नहीं था कि अगर उन्होंने मुझे कोई भी चीज ऐसी सिखाई, जो सही नहीं है और इसका पता बाद में सी.एफ.आई. को चला तो उनकी खैर नहीं। पंद्रह दिन गुजर गए और आखिर में मैंने सी.एफ.आई. के आते ही उनके दरवाजे पर दस्तक दी। मैं जब अंदर गई तो मैंने अपने सामने छह फीट लंबे व मजबूत शरीरवाले एक इनसान को देखा। अपने ऑफिस में वे अपने हाथों में कुछ दस्तावेज लिये इधर-से-उधर चहलकदमी कर रहे थे।

मैंने जब बताया कि विंग कमांडर चौहान, तो उनका कहना था, "अच्छा, चौहान सर! मुझे लगता है, मैं नहीं, बल्कि वही तुम्हें स्टार्ट-अप की प्रक्रिया सिखाएँगे।" मैं हैरान थी कि मेरे इंस्ट्रक्टर का नाम सुनते ही उन्होंने इस तरह का जवाब क्यों दिया।

"क्या चाहिए तुम्हें ?" उन्होंने मेरी ओर देखे बिना ही कहा।

"सर, मैं आपकी प्रशिक्षु, फ्लाइट कैडेट गुंजन सक्सेना।" मैंने खुद को आत्मविश्वास से भरा दिखाने की कोशिश करते हुए कहा।

"अच्छा, तो तुम मेरी प्रशिक्षु हो। अब तक क्या सीखा तुमने ? क्या तुम

अब तक किसी हेलिकॉप्टर के पास गई हो? तुमने स्टार्टअप देखा है?" उन्होंने कहा और एक के बाद मुझ पर कई सवाल दाग दिए।

"नो, सर!" मैं बस, इतना ही कह सकी।

"ओके, तो कल सुबह मिलते हैं।" उन्होंने कहा और मुझे जाने को कह दिया। सी.एफ.आई. के साथ अपनी फ्लाइट ट्रेनिंग की शुरुआत को लेकर मैं वैसे तो काफी नर्वस थी, लेकिन मैं खुश थी कि आखिरकार वह शुरू होने जा रही थी। अगले दिन मुझे बताया गया कि सी.एफ.आई. किसी दूसरे काम में फँस गए हैं और वह फ्लाई नहीं कर सकेंगे। इससे मेरी निराशा और बढ़ गई, क्योंकि दूसरे कैडेट्स सिलेबस में मुझसे आगे निकल चुके थे। लेकिन सी.एफ.आई. ने आखिरकार मेरी ट्रेनिंग शुरू की और उस दिन दोपहर में मुझे हेलिकॉप्टर के पास ले गए तो मेरी सारी आशंका दूर हो गई। मैंने जब उन्हें सारी बातों को धारा-प्रवाह और विस्तार से समझाते देखा तो हैरान रह गई। पहली ही बार में उन्होंने मुझे रोटर्स के रेट और उनकी टाइमिंग को सिखा दिया, जिसे सीखने में दूसरों को कई दिन लग गए थे। मैं समझ चुकी थी कि मेरी ट्रेनिंग सही व्यक्ति के हाथों में है और चौहान सर, जो पूरी तरह प्रोफेशनल व एक्सपर्ट इंस्ट्रक्टर थे, उनके पढ़ाए हर चैप्टर से मेरा आत्मविश्वास बढ़ता जा रहा था।

किसी हेलिकॉप्टर को उड़ाना फिक्स विंगवाले विमान को उड़ाने से काफी अलग था। बेहद संवेदनशील नियंत्रण के कारण हेलिकॉप्टर उड़ाते समय काफी अस्थिर रहता है। आमतौर पर सभी कैडेट्स शुरुआत में यही गलती करते हैं कि वे कंट्रोल को कई संदेश दे देते हैं।

किसी हेलिकॉप्टर को उड़ाना फिक्स विंगवाले विमान को उड़ाने से काफी अलग था। बेहद संवेदनशील नियंत्रण के कारण हेलिकॉप्टर उड़ाते समय काफी अस्थिर रहता है। आमतौर पर सभी कैडेट्स शुरुआत में यही गलती करते हैं कि वे कंट्रोल को कई संदेश दे देते हैं। यह समझने में वक्त लगता है कि किसी हेलिकॉप्टर को नाजुक तरीके से उड़ाया जाता

है, जिसमें कम-से-कम ताकत लगाई जाती है। एक हेलिकॉप्टर और एक फिक्स विंगवाले विमान में बड़ा अंतर यह होता है कि हेलिकॉप्टर में जमीन पर किसी निश्चित जगह के ऊपर मँडराने की क्षमता होती है। देखने में यह भले ही हम कैडेट्स को काफी आसान दिखता था, लेकिन हेलिकॉप्टर को हवा में स्थिर रखना सबसे मुश्किल काम था। इसके लिए कंट्रोल को लगातार इनपुट देते रहना पड़ता है। जब कैडेट इसे सीख लेते हैं तो कंट्रोल को लेकर तनाव में आ जाते हैं। यह हम में से लगभग सभी के साथ हुआ और इसका नतीजा हवा में हेलिकॉप्टर के इधर-उधर डोलते रहने के तौर पर सामने आता है, जिसे हम सभी 'हाथी डांस' कहते थे। हाथी डांस को देखकर कोई भी आसानी से कह सकता था कि जरूर सेकंड टर्म का कोई कैडेट हेलिकॉप्टर उड़ा रहा होगा। भले ही सी.एफ.आई. को उनके सख्त होने के लिए जाना जाता था, लेकिन मुझे यह समझ आने लगा था कि एक बार कॉकपिट के भीतर आने के बाद वे बिल्कुल भी चीखते-चिल्लाते नहीं थे। ठंडे दिमाग से सिखाने के उनके तरीके की वजह से ही मैंने मँडरानेवाले हिस्से को ज्यादा तेजी और अच्छी तरह सीखा। इसका नतीजा यह हुआ कि मैंने चेक सोर्टी ज्यादा अच्छी तरह की, जिसकी उड़ान मैंने कमांडिंग ऑफिसर ग्रुप कैप्टन सर्वनन के साथ भरी थी, जो बहुत अच्छे, मृदुभाषी और निश्चिंत व्यक्ति थे। उसके लिए उनके साथ उड़ान भरना राहत की बात थी, जिसने दो सख्त सी.एफ.आई. के साथ ट्रेनिंग की हो।

इसका नतीजा यह हुआ कि मैंने चेक सोर्टी ज्यादा अच्छी तरह की, जिसकी उड़ान मैंने कमांडिंग ऑफिसर ग्रुप कैप्टन सर्वनन के साथ भरी थी, जो बहुत अच्छे, मृदुभाषी और निश्चिंत व्यक्ति थे। उसके लिए उनके साथ उड़ान भरना राहत की बात थी, जिसने दो सख्त सी.एफ.आई. के साथ ट्रेनिंग की हो।

मुझे याद है कि चौहान सर ने मेरे साथ एक ही बार अपना आपा खोया था, जब हम नेविगेशन की ट्रेनिंग ले रहे थे। इस चरण में दो प्रशिक्षुओं को नक्शे

के इस्तेमाल से नेविगेट करना था और एक एयरफील्ड से दूसरे एयरफील्ड तक क्रॉस-कंट्री उड़ान भरनी थी। एक प्रशिक्षु को वहाँ तक जानेवाली सोर्टी को उड़ाना था और दूसरे को वापस की सोर्टी। इस सोर्टी के लिए सी.एफ. आई. ने अनुरिमा को एवं मुझे एक साथ रखा था और मुझसे कहा था कि अच्छा परफॉर्म करूँ तथा अनुरिमा को एक व्हाइट डेमो दिखाऊँ। चूँकि मैंने उनकी देख-रेख में बहुत तेजी से और पूरी तरह से सीखा था, इसलिए मैं ज्यादा निश्चिंत रहने लगी थी और अति आत्मविश्वास की शिकार हो गई थी। तैयारी न करने के कारण नेविगेशन के चरण में सोर्टी के दौरान मेरा प्रदर्शन बहुत खराब रहा, इतना खराब कि 50 मिनट की उस सोर्टी के दौरान चौहान सर लगातार बरसते रहे। आखिर में उन्हें इतना गुस्सा आ गया कि उन्होंने मेरे हाथों से कंट्रोल तक छीन लिया। मैं रो पड़ी थी। मैं जानती थी कि मैंने उन्हें बहुत निराश किया है। अनुरिमा भी उतनी ही कन्फ्यूज थी। जब सोर्टी खत्म हुई तो चौहान सर ने केवल अनुरिमा को डीब्रीफिंग के लिए बुलाया, जबकि मुझे उनके ऑफिस के बाहर ही इंतजार करने के लिए कहा गया। अनुरिमा जब बाहर आई तो मैंने उससे पूछा कि क्या उन्होंने मुझे अंदर बुलाया है? उसका जवाब था, नहीं। इससे मैं और भी परेशान हो गई। आखिर में, जब चौहान सर अपने ऑफिस से बाहर निकले और मुझे देखा तो बोले, "क्या तुम चाहती हो कि मैं उस बेहद खराब सोर्टी के लिए तुम्हारी डीब्रीफिंग करूँ? मुझे कुछ नहीं कहना है। वापस जाओ और सोचो कि तुमने क्या किया और क्यों किया।" मैंने पूरी रात यही सोचते हुए बिता दी कि क्या गलती हुई थी। इसका जवाब मैं जानती थी, लेकिन स्वीकार करने के लिए तैयार नहीं थी—कम-से-कम अगले दिन तक तो नहीं ही और

मैं जानती थी कि मैंने उन्हें बहुत निराश किया है। अनुरिमा भी उतनी ही कन्फ्यूज थी। जब सोर्टी खत्म हुई तो चौहान सर ने केवल अनुरिमा को डीब्रीफिंग के लिए बुलाया, जबकि मुझे उनके ऑफिस के बाहर ही इंतजार करने के लिए कहा गया।

फिर मैंने सी.एफ.आई. को बताया कि यह तैयारी न करने का नतीजा था। एक लंबा लेक्चर हुआ, ऐसा लेक्चर जिसने मुझे अंदर से पूरी तरह झकझोर दिया और उस घटना से मैंने तय किया कि मैं कवर कर लूँगी।

ट्रेनिंग का दूसरा टर्म और एच.टी.एस. में पहला टर्म खत्म होने को था। एक अजीब सी घबराहट का माहौल था, जैसे-जैसे फाइनल टेस्ट सोर्टी करीब आ रहा था। जब भी और जहाँ भी मौका मिलता था, मैंने रिवाइज करना शुरू कर दिया था। फाइनल टेस्ट सोर्टी के दिन मैं ग्रुप कैप्टन सर्वनन के साथ हेलिकॉप्टर तक गई। इस सोर्टी में एक कैडेट को कुछ एक्सरसाइज और एक या दो इमरजेंसी दी जाती थी, जिससे उसे निपटना होता था। ग्रुप कैप्टन सर्वनन ने मुझे कुछ एक्सरसाइज दीं और मैंने अच्छे-से-अच्छा प्रदर्शन किया। हमने उस सोर्टी को लगभग पूरा कर लिया था और लैंडिंग के लिए वापस जा रहे थे, तभी ग्रुप कैप्टन सर्वनन ने एक बम गिरा दिया।

यह सबसे खतरनाक इमरजेंसी की प्रक्रियाओं में से एक होती है और आमतौर पर सेकंड टर्म के कैडेट्स से इसे नहीं करवाया जाता है। जब ऐसी इमरजेंसी से निपटने को कहा जाता है, तब एक कैडेट अपने रडर पेडल्स का इस्तेमाल नहीं कर सकता है (कैडेट को अपने पैर कंट्रोल से हटा लेने पड़ते हैं)।

"टेल रोटर केबल टूट गया है।"

यह सबसे खतरनाक इमरजेंसी की प्रक्रियाओं में से एक होती है और आमतौर पर सेकंड टर्म के कैडेट्स से इसे नहीं करवाया जाता है। जब ऐसी इमरजेंसी से निपटने को कहा जाता है, तब एक कैडेट अपने रडर पेडल्स का इस्तेमाल नहीं कर सकता है (कैडेट को अपने पैर कंट्रोल से हटा लेने पड़ते हैं)। इस कारण टेल रोटर की पिच को कंट्रोल नहीं किया जा सकता है।

रडर, जो हेलिकॉप्टर की नोज को कंट्रोल करता है, उसके न होने पर फ्लाइट को बैलेंस करना मुश्किल हो जाता है। मैंने सोचा भी नहीं था कि ग्रुप कैप्टन सर्वनन मुझसे इस इमरजेंसी प्रक्रिया को पूरा करने के लिए कहेंगे। मैं

जानती थी कि यह फैसला उनका नहीं हो सकता था। मैंने वे सारे सबक याद किए, जो सी.एफ.आई. ने मुझे शुरुआत से लेकर अब तक सिखाए थे और तीन या चार कोशिशों के बाद मैंने इमरजेंसी प्रक्रिया को पूरा कर लिया। ग्रुप कैप्टन सर्वनन ने इसके लिए जब मेरी तारीफ की तो चौहान सर ने मुझसे कहा कि मैंने उनका मान बढ़ाया है। मेरे लिए यही मायने रखता था।

हमारी ट्रेनिंग का तीसरा व आखिरी टर्म और एच.टी.एस. में दूसरा टर्म जनवरी 1996 में एक छोटे से टर्म ब्रेक के बाद शुरू हुआ। यह टर्म पिछले दो टर्म से थोड़ा सुकून भरा था, क्योंकि अब हम एकेडमी के सबसे सीनियर कैडेट थे। रगड़ा भी लगभग खत्म हो गया था। लेकिन फ्लाइंग और पढ़ाई-लिखाई के लिहाज से उम्मीदें बहुत ज्यादा हो चुकी थीं। इस टर्म में रविवार को हमें कुछ छूट मिलती थी और वही काफी राहत की बात थी। सुबह से शाम तक हमें शहर में जाने की इजाजत थी। ऐसे दिनों में अनुरिमा और मैं 'पैराडाइज बिरयानी' जाया करते थे, जो उस समय हैदराबाद का एक बेहद लोकप्रिय रेस्टोरेंट था, जहाँ हम जी भरकर खाते थे। लौटते समय हम बर्गर किंग से बर्गर भी पैक करा लिया करते थे। बेशक, वे एच.टी.एस. में बिताए सबसे अच्छे दिन थे।

हमारी ट्रेनिंग का तीसरा व आखिरी टर्म और एच.टी.एस. में दूसरा टर्म जनवरी 1996 में एक छोटे से टर्म ब्रेक के बाद शुरू हुआ। यह टर्म पिछले दो टर्म से थोड़ा सुकून भरा था, क्योंकि अब हम एकेडमी के सबसे सीनियर कैडेट थे। रगड़ा भी लगभग खत्म हो गया था।

इस टर्म में हमारे इंस्ट्रक्टर भी बदल गए। पिछले टर्म में जो अनुरिमा के इंस्ट्रक्टर थे, विंग कमांडर ऋषभ, वे इस टर्म में मेरे इंस्ट्रक्टर बन गए; हालाँकि चौहान सर के मुकाबले मैं उनके साथ बहुत कम सोर्टी पर गई। वहीं, चौहान सर इस टर्म में भी मेरे साथ सोर्टी पर जाया करते थे। मेरी कोशिश यही रहती थी कि चौहान सर से ज्यादा-से-ज्यादा जानकारी बाहर निकालूँ,

जिनकी प्रोफेशनलिज्म और जिनके व्यवहार से मैं बहुत प्रभावित थी और आज भी हूँ। इस टर्म में सबकुछ काफी आसान रहा और लगभग पाँच महीने बाद हमें अपने पासिंग आउट परेड (पी.ओ.पी.) के लिए वापस ए.एफ.ए. डुंडिगल भेज दिया गया।

हम वापस अपने मातृ प्रशिक्षण संस्थान में फर्स्ट टर्म के ही स्क्वाड्रन में लौट आए, जहाँ हमें तीन हफ्ते और बिताने थे। पी.ओ.पी. की प्रैक्टिस जोर-शोर से चल रही थी। सुबह व दोपहर इसी प्रैक्टिस में निकल जाती थी और जो समय बचता था, वो प्री-कमिशनिंग की कागजी काररवाई में चला जाता था। गरमी का महीना चरम पर था और उसकी झुलसा देनेवाली गरमी कोलतार वाले परेड ग्राउंड की वजह से हमें पसीने से भिगो देती थी। मेरे शरीर की हर मांसपेशी जैसे खिंची-खिंची सी लगती थी। पी.ओ.पी. का अभ्यास भले ही शारीरिक रूप से किसी यातना के जैसा और निचोड़ देनेवाला लगता था, लेकिन काफी महत्त्वपूर्ण था। इसमें हमारे तीन टर्म्स की ट्रेनिंग का भव्य प्रदर्शन दिखना चाहिए था। ट्रेनिंग के दौरान हमने जैसा अनुशासन सीखा था, उसका प्रदर्शन कदम से कदम मिलानेवाली परेड में हमें दिखाना था। हर हाथ का घूमना, पैर का पटका जाना, मुड़ना और सैल्यूट की न जाने कितनी बार प्रैक्टिस करनी पड़ती थी, तब जाकर वे आदत में शुमार हो जाते थे। चूक की कोई गुंजाइश नहीं थी। लेकिन दोपहर की धूप में हम अपनी चमड़ी काली कर रहे थे, तब भी हम में से हर किसी में कुछ हासिल कर लेने का एक एहसास था। तीन टर्म की कमर-तोड़ ट्रेनिंग के बाद जाकर हम कमीशन प्राप्त अधिकारी बनने वाले थे। हमारी सारी मेहनत, पसीने

हम वापस अपने मातृ प्रशिक्षण संस्थान में फर्स्ट टर्म के ही स्क्वाड्रन में लौट आए, जहाँ हमें तीन हफ्ते और बिताने थे। पी.ओ.पी. की प्रैक्टिस जोर-शोर से चल रही थी। सुबह व दोपहर इसी प्रैक्टिस में निकल जाती थी और जो समय बचता था, वो प्री-कमिशनिंग की कागजी काररवाई में चला जाता था।

की एक-एक बूँद की कीमत आखिर में हमें समझ में आ रही थी।

तीन टर्म्स की ट्रेनिंग के बाद भी पी.ओ.पी. के एक दिन पहले तक किसी को मेरिट की पोजिशन नहीं बताई गई थी। मेरिट पोजिशन फ्लाइंग और पढ़ाई में किसी कैडेट के कुल मिलाकर प्रदर्शन पर आधारित होती थी। इनका खुलासा पी.ओ.पी. से एक रात पहले कमांडेंट के डिनर-नाइट समारोह के दौरान किया जाता था।

तीन टर्म्स की ट्रेनिंग के बाद भी पी.ओ.पी. के एक दिन पहले तक किसी को मेरिट की पोजिशन नहीं बताई गई थी। मेरिट पोजिशन फ्लाइंग और पढ़ाई में किसी कैडेट के कुल मिलाकर प्रदर्शन पर आधारित होती थी। इनका खुलासा पी.ओ.पी. से एक रात पहले कमांडेंट के डिनर-नाइट समारोह के दौरान किया जाता था।

उस रात हम सभी काफी चिंतित थे। वैसे तो सब जानते थे कि उनका प्रदर्शन कैसा रहा, फिर भी कोई नहीं जानता था कि टॉप थ्री में कौन-कौन से कैडेट होंगे। टॉप की तीन पोजिशन के अलावा तीन और भी खिताब थे—ओवरऑल मेरिट में पहला स्थान, फ्लाइंग में पहला स्थान और ग्राउंड के विषयों में पहला स्थान। जब रिजल्ट घोषित किए गए, तब मैं भी एकदम हैरान रह गई थी। जब कमांडेंट ने घोषित किया कि मैंने दो खिताब जीते हैं, जिनमें ओवरऑल ऑर्डर ऑफ मेरिट में फर्स्ट एवं फ्लाइंग में फर्स्ट का खिताब शामिल था और इसके अलावा टॉप तीन कैडेट्स में फर्स्ट पोजिशन भी थी। ग्राउंड के विषयों में अनुरिमा ने पहला स्थान हासिल किया था और टॉप तीन कैडेट्स में दूसरे नंबर पर थी। सुमन तीसरे नंबर पर थी। इन घोषणाओं के बाद हम दोनों ने एक-दूसरे को गले लगाया। यह भी एक संयोग था कि बोरा सर की तीनों प्रशिक्षु—सुमन, अनुरिमा और मैं टॉप थ्री में थीं। उस रात वे बेहद खुश थे और उन्हें गर्व हो रहा था। मैं बस, कल्पना ही कर रही थी कि मेरे माता-पिता अगले दिन कितने खुश होंगे, जब परेड के दौरान निरीक्षण अधिकारी मुझे ट्रॉफी देंगे।

29 जून, 1996 की तारीख थी। पापाजी, माँ, दादा और ग्यारहवीं क्लास की मेरी दोस्त सलोनी अगले दिन होनेवाली परेड देखने आए थे। पापाजी, जो अपनी वरदी में थे, को वहाँ मौजूद स्टाफ ने बताया कि उनकी सीट पहली कतार में रिजर्व है। चूँकि सिर्फ ट्रॉफी जीतनेवाले कैडेट्स के माता-पिता को ही पहली कतार में बैठने दिया जाता था, इसलिए पापाजी को संकेत मिल गया था कि आगे क्या होने वाला है। पी.ओ.पी. शुरू हुई और मार्च करते हुए निरीक्षण अधिकारी की तरफ एक नजर देखने के दौरान मैंने अपने परिवार को भी चोरी से देख लिया। मार्च करती अपनी बेटी को देखकर वे खुश थे और फिर वह पल आया, जिसका कब से इंतजार था। परेड का निरीक्षण करनेवाले अधिकारी ने पासिंग-आउट में शामिल कैडेट्स की वर्दियों पर विंग्स लगाना शुरू किया। इन विंग्स को बेहद पवित्र माना जाता है। इनकी अपनी ही एक पवित्रता होती है। एक कहावत है, 'दुनिया में मौजूद पूरे सोने से भी आप ऐसे विंग्स नहीं खरीद सकते; लेकिन एक बार आपने इसे अपनी मेहनत से हासिल कर लिया है तो फिर दुनिया की कोई ताकत इन्हें आप से छीन नहीं सकती है।' सिर्फ वही, जिन्होंने सेना में उड़ान भरने की ट्रेनिंग ली है, वही जानते हैं कि यह कहावत कितनी सच्ची है। पी.ओ.पी. के बाद कैडेट्स और उनके माता-पिता के लिए हाई-टी का इंतजाम किया गया था। मैं दौड़कर सीधे पापाजी के पास पहुँची और उन्हें वैसे ही सैल्यूट किया, जैसे कि एक ऑफिसर दूसरे को करता है। उन्होंने भी मुझे सैल्यूट किया। यह मेरे जीवन का सबसे कीमती पल था।

पापाजी, जो अपनी वरदी में थे, को वहाँ मौजूद स्टाफ ने बताया कि उनकी सीट पहली कतार में रिजर्व है। चूँकि सिर्फ ट्रॉफी जीतनेवाले कैडेट्स के माता-पिता को ही पहली कतार में बैठने दिया जाता था, इसलिए पापाजी को संकेत मिल गया था कि आगे क्या होने वाला है।

माँ इतनी खुश थीं कि जब उन्होंने मुझे गले लगाया तो उनकी आँखें

भर आईं। "तेरे जैसी आलसी लड़की ने यह ट्रॉफी कैसे जीत ली?" दादा ने मजाक किया और मुझे गले लगा लिया। मैंने अपने माता-पिता को चौहान सर और उनकी पत्नी से मिलवाया। उन्होंने हमारे परिवार की एक तसवीर खींची और हमारे साथ अपनी तसवीर भी खिंचवाई। आज भी मुझे वे दोनों तसवीरें बहुत प्यारी लगती हैं। अनुरिमा अपनी माँ को लेकर मेरे माता-पिता से मिलवाने आई।

"तो, यहीं तक हमारा साथ रहेगा न?" उसने कहा, जब मेरे माता-पिता अनुरिमा की माँ से बातचीत कर रहे थे।

"शायद।" मैंने कहा और हम दोनों भावुक हो गए। "काश, हमारी पोस्टिंग एक ही जगह पर हो जाती!" पी.ओ.पी. से एक हफ्ते पहले हमें हमारी पोस्टिंग मिल गई थी।

"बरेली में मुझे तुम्हारी बहुत याद आएगी।" अनुरिमा ने नम आँखों के साथ कहा।

"मैं उधमपुर में तुम्हें मिस करूँगी।" मैंने कहा और फिर हम दोनों ने बहुत देर तक एक-दूसरे को बाँहों में कसे रखा। मुझे पता भी नहीं था कि उधमपुर की पोस्टिंग अग्रिम मोर्चे की एक्टिव ड्यूटी के दौरान मेरे दमखम की कड़ी परीक्षा लेगी।

□

तेरह

जब सबको अपनी-अपनी पोस्टिंग का पता चल गया था, तब चौहान सर ने मुझसे कहा था कि मुझे सबसे अच्छे स्टेशनों में से एक में पोस्ट किया जा रहा है, जहाँ मुझे कई तरह के अवसर मिलेंगे। हमें तीन हफ्ते की छुट्टी मिली। उस दौरान मैं कुछ दिन पहले दिल्ली में अपने कॉलेज की दोस्तों के साथ गुजारे और फिर लखनऊ में अपने घर पर रही। छुट्टियों के बाद मैं जम्मू पहुँची, जहाँ सेना का काफिला मुझे उधमपुर मिलिट्री स्टेशन ले जाने का इंतजार कर रहा था।

उधमपुर स्थित भारतीय वायु सेना का स्टेशन काफिला जहाँ ठहरता था, उस ग्राउंड से काफी दूर था। इसलिए फ्लाइट लेफ्टिनेंट तन्मय, जो मेरी यूनिट के एडजुटेंट थे, वे मुझे रिसीव करने एक जिप्सी में आए थे। मैं जहाँ अपनी यूनिट के ऑफिसर से गर्मजोशी से स्वागत की उम्मीद कर रही थी, वहीं उन्होंने बस इतना कहा, "यूनिट में तुम्हारा स्वागत है, गुंजन। अपना सामान इस जिप्सी में डालो और ऑफिसर्स मेस पहुँचो।" इसके बाद वे अपनी मोटरसाइकिल में सवार हुए और निकल गए। यूनिट का अपना कोई अलग मेस नहीं था और एयर फोर्स स्टेशन का एक कॉमन ऑफिसर्स मेस था। वहाँ पहुँचने पर मैं मेस मैनेजर से मिली, जिसने मुझे बताया कि मेरी कोर्स मेट शिखा, जो उस यूनिट में पोस्टेड थी, उसके साथ मुझे फर्स्ट फ्लोर पर एक कमरा शेयर करना होगा। वह दो कमरों का एक सेट था, जिसमें एक छोटी सी बालकनी थी। सहायक के तौर पर हमें एक मेस ब्वॉय दिया गया था।

शिखा, जो एक लंबी और पतली-दुबली लड़की थी, शाम को पहुँची और हमने सामान व्यवस्थित करने में एक-दूसरे की मदद की। ट्रेनिंग के दौरान हमारे बीच ज्यादा बातचीत नहीं होती थी, लेकिन हम जल्दी ही आपस में घुल-मिल गए। हम जब बाद में एक खूबसूरत गार्डन में गए तो वहाँ से हम पूरे उधमपुर शहर को देख सकते थे, जिसकी सीमा पर हरी-हरी पहाड़ियों की चोटियाँ दिख रही थीं। वहाँ हमें स्टेशन के कुछ अधिकारियों से बातचीत का मौका मिला; लेकिन एकेडमी के पुरुष कैडेट्स की तुलना में वे हमसे बात करने से कतराते थे और उनका व्यवहार काफी ठंडा सा रहा था, बिल्कुल मेरी यूनिट के एडजुटेंट की तरह ही। हमने चुपचाप डिनर किया और अगले दिन के लिए अपनी वरदी तैयार करने के लिए अपने कमरे में चले गए। अगली सुबह मास ब्रीफिंग के बाद हम काफी पैदल चलने के बाद अपनी यूनिट पहुँचे। वहाँ भी यूनिट के अधिकारियों के व्यवहार में कोई अंतर नहीं था। ऐसा लग रहा था, जैसे हमारी मौजूदगी उन्हें असहज बना रही थी और हर कोई अजीब ढंग से चुप-चुप सा रहता था। यूनिट के सीनियर पायलट विंग कमांडर पवन हमें कमांडिंग ऑफिसर ग्रुप कैप्टन देवाशीष दत्ता से मिलवाने के लिए उनके पास लेकर गए। हमें लगा कि एक कमांडिंग ऑफिसर ही थे, जिन्होंने हमसे गर्मजोशी से बात की और हमें सहज महसूस कराया, वहीं यह कहा कि हमारा प्रयास होना चाहिए कि हम सीखें और अच्छा प्रदर्शन कर यूनिट का नाम रोशन करें।

शिखा, जो एक लंबी और पतली-दुबली लड़की थी, शाम को पहुँची और हमने सामान व्यवस्थित करने में एक-दूसरे की मदद की। ट्रेनिंग के दौरान हमारे बीच ज्यादा बातचीत नहीं होती थी, लेकिन हम जल्दी ही आपस में घुल-मिल गए। हम जब बाद में एक खूबसूरत गार्डन में गए तो वहाँ से हम पूरे उधमपुर शहर को देख सकते थे, जिसकी सीमा पर हरी-हरी पहाड़ियों की चोटियाँ दिख रही थीं।

किसी भी यूनिट के सभी युवा अधिकारियों से इसकी उम्मीद की जाती है।

अपनी पहली ही यूनिट में अपनी प्रतिभा को साबित करने के लिए हमसे एक जेन टेस्ट में शामिल होने को कहा गया, ताकि विमान, उसकी कार्य-प्रणाली और कंट्रोल, सुरक्षा की प्रक्रिया आदि के बारे में किसी पायलट की जानकारी की पुष्टि की जा सके। यह टेस्ट उसके ही जैसा था, जिसमें हम ट्रेनिंग के दौरान शामिल हुए थे। सी.ओ. ने हमें अपना पुराना स्कूटर भी ऑफर किया, क्योंकि ऑफिसर्स मेस से यूनिट की दूरी के चलते आना-जाना काफी मुश्किल भरा था। हमने शाम को उनसे स्कूटर ले लिया और अगली सुबह होनेवाले जेन टेस्ट के लिए अपने कमरे में बैठकर तैयारी करने लगे। हमारा प्रदर्शन बेहद खराब रहा और जेन टेस्ट में हमारे प्रदर्शन के लिए हमें काफी डाँट भी पड़ी, जिसके हम पूरी तरह से हकदार थे। फिर भी हमें फ्लाइंग शुरू करने की इजाजत दे दी गई। इसका नतीजा यह हुआ कि तीसरे दिन एक एक्सेप्टेंस सोर्टी हुई, जब पहली बार उस इलाके में मैंने उड़ान भरी और वहाँ की जमीन, नक्शे और दूसरी हिदायतों से अपनी जानकारी बढ़ाई। उस दिन पहली बार मैंने पहाड़ों के ऊपर विमान उड़ाया था।

उसी दिन दोपहर बाद, एक अधिकारी ने हमें बताया कि हमसे बात करने में दूसरे अधिकारी इस वजह से कतराते हैं, क्योंकि पहली बार उस स्टेशन पर महिला पायलट अधिकारियों की पोस्टिंग हुई थी और हमारे आने से पहले स्टेशन के सभी पुरुष अधिकारियों को ब्रीफ किया गया था कि वे अपना व्यवहार अच्छा रखें और हमसे ज्यादा दोस्ती गाँठने की कोशिश न करें।

उसी दिन दोपहर बाद, एक अधिकारी ने हमें बताया कि हमसे बात करने में दूसरे अधिकारी इस वजह से कतराते हैं, क्योंकि पहली बार उस स्टेशन पर महिला पायलट अधिकारियों की पोस्टिंग हुई थी और हमारे आने से पहले स्टेशन के सभी पुरुष अधिकारियों को ब्रीफ किया गया था कि वे अपना

व्यवहार अच्छा रखें और हमसे ज्यादा दोस्ती गाँठने की कोशिश न करें। इस तरह का व्यवहार स्वाभाविक था और एडजस्ट करने में थोड़ा समय लग सकता था और चूँकि स्टेशन पर पहले कभी महिला पायलट अधिकारी नहीं रही थीं, इसलिए महिलाओं के लिए जरूरी सुविधाएँ भी मौजूद नहीं थीं। हवाई पट्टी पर कपड़े बदलने के लिए अलग कमरे नहीं थे, इसलिए हमारे लिए अस्थायी चेंजिंग रूम बनाया गया, जिसमें स्टील की अलमारियों का इस्तेमाल पार्टिशन के लिए किया गया था। हम में से जब कोई चेंज करता था तो दूसरा निगरानी के लिए खड़ा रहता था और यह तब तक चलता रहा, जब तक कि अलग चेंजिंग रूम नहीं बन गया। लगभग दो महीने बाद मैंने अपना ब्लू एल.एम.एल. वेस्पा खरीद लिया। तब तक हमारी मौजूदगी से दूसरे अधिकारी सहज हो चुके थे और शुरुआत में हमें जो उनका अजीब सा व्यवहार लगा था, वह भी अब नहीं था।

मुझे अकसर श्रीनगर एयरबेस से हेलिकॉप्टरों को लाने के लिए भेजा जाता था, जहाँ हमारी यूनिट का एक स्थायी डिटैचमेंट बना दिया गया था। अगले ढाई वर्षों के दौरान स्टेशन के दूसरे पुरुष अधिकारियों के बीच हम स्वीकार्यता को भाँप सकते थे और फिर वहाँ हमारा अच्छा समय बीता।

मुझे अकसर श्रीनगर एयरबेस से हेलिकॉप्टरों को लाने के लिए भेजा जाता था, जहाँ हमारी यूनिट का एक स्थायी डिटैचमेंट बना दिया गया था। अगले ढाई वर्षों के दौरान स्टेशन के दूसरे पुरुष अधिकारियों के बीच हम स्वीकार्यता को भाँप सकते थे और फिर वहाँ हमारा अच्छा समय बीता। उन दो वर्षों में दादा ने अपनी एस.एस.बी. क्लियर कर ली, मिलिट्री ट्रेनिंग के लिए गए और भारतीय सेना में सेकंड लेफ्टिनेंट के तौर पर कमीशन कर लिये गए। उन्होंने गोरखा राइफल्स की एक बटालियन के साथ अपनी सर्विस शुरू की। पापाजी और उनके बच्चे अब कमीशन प्राप्त अधिकारी थे।

उसी दौरान, सन् 1998 में भारत और पाकिस्तान ने परमाणु परीक्षण

किए, जिसके बाद दोनों देशों के बीच तनाव बढ़ गया। इसका नतीजा यह हुआ कि वर्ष 1998-1999 की सर्दियों में पाकिस्तानी सेना ने गुपचुप तरीके से नियमित और अर्धसैनिक बलों के प्रशिक्षित जवानों को कथित तौर पर मुजाहिदीनों के वेश में नियंत्रण रेखा (एल.ओ.सी.) के पार भेजना शुरू कर दिया। 'ऑपरेशन बद्र' नाम से शुरू की गई इस घुसपैठ का मकसद कश्मीर और लद्दाख के बीच के संपर्क को काटना था, जिसके बाद भारतीय सेना को सियाचिन ग्लेशियर को खाली करना पड़ता। पाकिस्तान को लगा कि इस स्थिति में भारत कश्मीर विवाद पर समझौते के लिए मजबूर हो जाएगा। लेकिन सर्दियों में खाली कर दी जानेवाली इन चौकियों पर चूँकि भारतीय सैनिक तैनात नहीं थे, इसलिए भारत को इस घुसपैठ का पता नहीं चला। 3 मई को जाकर भारत को इस बारे में तब पता चला, जब स्थानीय चरवाहों ने कारगिल के उस क्षेत्र में पाकिस्तानी सैनिकों की आवा-जाही देखी, जो कश्मीर और लद्दाख के बीच स्थित था। इसकी पुष्टि के लिए कारगिल की पहाड़ियों में भारतीय सेना के जवानों की एक पेट्रोलिंग पार्टी को भेजा गया था। पाँच भारतीय सैनिकों को पकड़ लिया गया, जिन्हें यातना देकर मार डाला गया और उसके बाद पाकिस्तानी सेना ने कारगिल में हथियारों के भंडार पर भारी गोलाबारी शुरू कर दी, जिससे पाकिस्तान की नापाक साजिश का पर्दाफाश हो गया। मई के मध्य में भारतीय सेना ने कश्मीर घाटी से ज्यादा-से-ज्यादा सैनिकों को कारगिल सेक्टर में भेजा।

पाकिस्तान को लगा कि इस स्थिति में भारत कश्मीर विवाद पर समझौते के लिए मजबूर हो जाएगा। लेकिन सर्दियों में खाली कर दी जानेवाली इन चौकियों पर चूँकि भारतीय सैनिक तैनात नहीं थे, इसलिए भारत को इस घुसपैठ का पता नहीं चला।

हमें इन घटनाओं की जानकारी नहीं थी, क्योंकि शुरुआती ऑपरेशन में वायु सेना बहुत ज्यादा शामिल नहीं थी। मुझे द्रास-कारगिल सेक्टर में बने

हालात की गंभीरता और किस पैमाने पर ऑपरेशन चलाए जा रहे हैं, इसकी जानकारी नहीं थी। मई 1999 के आखिरी हफ्ते में* मैं छुट्टियों में लखनऊ चली गई। जम्मू से लखनऊ की मेरी यात्रा के बीच में दिल्ली पड़ती थी, इसलिए मैंने कुछ दिन सलोनी और कॉलेज की दूसरी दोस्तों के साथ मिलने-जुलने में बिताए। मैं इस खबर पर ध्यान ही नहीं दे सकी कि भारतीय वायु सेना ने मई महीने के पिछले कुछ दिनों में एक मिग-21 फाइटर जेट, एक मिग-27 फाइटर जेट और एक एमआई-17 हेलिकॉप्टर गँवा दिए, जब पाकिस्तानी सैनिकों ने उन्हें मार गिराया था। उस महीने के आखिरी दिन मैं दिल्ली से लखनऊ के लिए रात की ट्रेन से निकली और सुबह अपने शहर पहुँच गई। माँ और पापाजी मुझे पिक करने आए थे। उनके साथ-साथ मेरे चेहरे पर भी खुशी की चमक थी। लंबे समय बाद एक हो रहे किसी खुशहाल परिवार की तरह हम साथ-साथ घर गए।

"मैंने तुम्हारे लिए राजमा-चावल बनाया है!" हम जब घर के मुख्य दरवाजे की तरफ बढ़ रहे थे, तब माँ ने कहा। "मुझे बहुत जोर की भूख लगी है, माँ, और मैं मेस का खाना खाकर थक चुकी हूँ।" मैंने उनसे कहा और उन्हें बाँहों में कस लिया।

"मैंने तुम्हारे लिए राजमा-चावल बनाया है!" हम जब घर के मुख्य दरवाजे की तरफ बढ़ रहे थे, तब माँ ने कहा।

"मुझे बहुत जोर की भूख लगी है, माँ, और मैं मेस का खाना खाकर थक चुकी हूँ।" मैंने उनसे कहा और उन्हें बाँहों में कस लिया।

"मैंने ही कहा कि यही बना दो।" पापाजी ने घर का दरवाजा खोलते हुए कहा।

"आप ही हैं, जो सबकुछ ठीक से करते हैं, है न?" माँ ने तपाक से कहा।

---

* घटनाओं से जुड़ी बातें और उनका क्रम वास्तविक घटनाओं के अनुसार ही है; लेकिन फ्लाइट लेफ्टिनेंट (रिटा.) गुंजन सक्सेना के कारगिल युद्ध में शामिल होने से जुड़ा घटनाक्रम थोड़ा पहले बताया गया है, ताकि पाठकों को कारगिल युद्ध की पूरी घटना समझ आ सके। फ्लाइट लेफ्टिनेंट गुंजन सक्सेना (रिटा.) ने कारगिल युद्ध में कुल बीस दिनों तक भाग लिया था।

पापाजी ने जैसे ही दरवाजा खोला, फर्श पर एक लिफाफा पड़ा देखकर उनके कदम वहीं ठहर गए।

"अरे, लगता है पोस्टमैन आया था!" उन्होंने लिफाफे को उठाते हुए कहा।

"क्या लिखा है इसमें?" मैंने पूछा। हम तीनों अब भी दरवाजे पर ही खड़े थे।

पापाजी ने लिफाफे पर लिखे पते को ध्यान से पढ़ने की कोशिश की। "ये तो…तुम्हारी यूनिट से आया है।" उन्होंने रुक-रुककर कहा और फिर लिफाफे को खोला।

मुझे कुछ समझ नहीं आया; लेकिन ऐसा लग रहा था कि माँ और पापाजी जान चुके थे कि वह क्या था।

"तुम्हारे एडजुटेंट ने भेजा है। इसमें लिखा है कि तुम्हें अपनी यूनिट में तुरंत लौटना होगा।" पापाजी ने जब यह कहा तो उनके चेहरे के भाव मुसकराहट से तकलीफ में बदल गए।

"तुम्हारे एडजुटेंट ने भेजा है। इसमें लिखा है कि तुम्हें अपनी यूनिट में तुरंत लौटना होगा।" पापाजी ने जब यह कहा तो उनके चेहरे के भाव मुसकराहट से तकलीफ में बदल गए। "पर क्यों? मेरी छुट्टी तो अभी शुरू ही हुई है।" मैंने चिंतित और दुःखी होते हुए कहा।

"पर क्यों? मेरी छुट्टी तो अभी शुरू ही हुई है।" मैंने चिंतित और दुःखी होते हुए कहा।

"इसमें कारण तो नहीं लिखा है।" पापाजी ने चिट्ठी मेरी ओर बढ़ाते हुए कहा।

"जरूर सेना को कोई जरूरत होगी।" हम जब अंदर दाखिल होने लगे, तब माँ ने कहा, "तुम्हारे पापा के साथ भी पहले कई बार हुआ है।"

वैसे तो मुझे यह अच्छा नहीं लगा, लेकिन मेरे माता-पिता को इसमें कोई दिक्कत नहीं लग रही थी। उन्होंने मुझसे ज्यादा सेना का जीवन देखा था और

उनके लिए छुट्टी से इस तरह वापस बुलानेवाली चिट्ठी कोई नई बात नहीं थी। बेशक, इसने मुझे उदास कर दिया था और मैं वापस नहीं जाना चाहती थी।

"तुम नहा-धो लो और खाना खा लो।" पापाजी ने कहा, "इस बीच मैं रेलवे स्टेशन पर मूवमेंट कंट्रोल रूम (एम.सी.ओ.) जाता हूँ और तुम्हारे लिए टिकट बुक कराता हूँ। लखनऊ से जम्मू के लिए एक डायरेक्ट ट्रेन है।"

मैंने अगले कुछ घंटे घर पर ही बिताए और फिर शाम को मेरे माता-पिता ने मुझे रेलवे स्टेशन पर छोड़ दिया। पापाजी ने मुझसे कहा कि वापस बुलाने पर मुझे उदास नहीं रहना है। उन्होंने याद दिलाया कि मेरी ड्यूटी ही मेरी प्राथमिकता है। अगली शाम मैं उधमपुर के अपने मेस में पहुँची और अपने फ्लाइट कमांडर को रिपोर्ट किया। उन्होंने मुझसे कहा कि मैं अगली सुबह उनसे उनके ऑफिस में मिलूँ।

मैंने अगले कुछ घंटे घर पर ही बिताए और फिर शाम को मेरे माता-पिता ने मुझे रेलवे स्टेशन पर छोड़ दिया। पापाजी ने मुझसे कहा कि वापस बुलाने पर मुझे उदास नहीं रहना है। उन्होंने याद दिलाया कि मेरी ड्यूटी ही मेरी प्राथमिकता है।

मुझे याद है कि उस शाम मैंने एक खबर सुनी थी कि पाकिस्तान ने एन.एच.-1 पर बमबारी शुरू कर दी है, जो लद्दाख को श्रीनगर से जोड़ता है। अगली सुबह की ब्रीफिंग से मुझे आखिरकार समझ आया कि यह काररवाई कितने बड़े पैमाने पर चल रही है। भारतीय वायु सेना ने ऑपरेशन 'सफेद सागर' शुरू किया था, जो पाकिस्तानी घुसपैठियों को निकालकर वापस खदेड़ने के लिए वायु सेना को सौंपी गई जिम्मेदारी का कोड नेम था। जून के पहले हफ्ते के आखिर में भारतीय सेना ने पाकिस्तानी सैनिकों से दस्तावेज बरामद किए थे, जो साबित करते थे कि इस घुसपैठ में पाकिस्तानी सेना शामिल थी, जिसके जवान मुजाहिदीनों के वेश में घुसे थे। उस समय तक मेरे सी.ओ. ने पहले ही मुझे आदेश जारी कर दिए थे। मुझे श्रीनगर के लिए एक सोर्टी उड़ानी थी।

"मैं तुम्हें बता तो नहीं सकता कि श्रीनगर में तुम्हें कितने दिनों तक

रहना पड़ेगा, लेकिन उसकी तैयारी कर लो।" उन्होंने मुझे उस शाम कहा था। उसी समय मुझे यह भी समझ आया कि एक बार मैं श्रीनगर पहुँच गई तो फिर लंबे समय तक अपने माता-पिता से बात नहीं कर सकूँगी। श्रीनगर के लिए उड़ान भरने का ऑर्डर मिलने के बाद सबसे पहले मैंने एक एस.टी. डी. बूथ से अपने माता-पिता को फोन किया। मैंने अपने माता-पिता को बस, इतना बताया कि मैं रुटीन सोर्टी के लिए जा रही हूँ। उन्होंने मुझसे कहा कि मैं अपना खयाल रखूँ। बेशक, वे चिंतित थे, क्योंकि उनके दोनों बच्चे युद्धक्षेत्र में होंगे और एल.ओ.सी. पर हालात बिगड़ते जा रहे थे।

क्रू एयरफील्ड पर जैसे-तैसे भाग रही थी और वहाँ की सुरक्षा आम दिनों से दस गुना बढ़ा दी गई थी। यहाँ तक कि हमारी डिटैचमेंट के दो कमरे भी एयर क्रू से भरे थे और हमारी पार्किंग की जगह अब रिजर्व नहीं रह गई थी।

अगले ही दिन मैं श्रीनगर के लिए रवाना हो गई। मैंने पूरे हालात के बारे में ज्यादा नहीं सोचा। मेरे लिए यह बस, एक नॉर्मल सोर्टी थी, क्योंकि मुझे अकसर श्रीनगर एयरबेस तक उड़ान भरने की आदत पड़ चुकी थी। वहाँ की जमीन मेरे दिमाग में बस चुकी थी। मैंने जब एयरबेस पर लैंड किया, तब जाकर मुझे समझ आया कि कितनी बड़ी लड़ाई छिड़ चुकी है। एयरबेस पर अफरा-तफरी थी, जहाँ सभी तरह के विमान थोड़ी-थोड़ी देर पर लैंड कर रहे थे और उड़ान भर रहे थे। क्रू एयरफील्ड पर जैसे-तैसे भाग रही थी और वहाँ की सुरक्षा आम दिनों से दस गुना बढ़ा दी गई थी। यहाँ तक कि हमारी डिटैचमेंट के दो कमरे भी एयर क्रू से भरे थे और हमारी पार्किंग की जगह अब रिजर्व नहीं रह गई थी। मैंने किसी तरह अपने लिए एक कमरे का बंदोबस्त किया और अगले तीन दिनों तक वहीं रही; लेकिन अब तक एक भी सोर्टी नहीं उड़ाई थी। फ्लाइंग पहले से प्लान नहीं होती थी और जरूरत पर निर्भर करती थी। सुबह की ब्रीफिंग हर दिन सूर्योदय से पहले होती थी और मैं उनमें मौजूद रहा करती थी। माहौल में खतरे को भाँपा जा सकता

था। हमारे सामने युद्ध जैसी स्थिति थी। इस अराजक माहौल के बीच फाइटर पायलटों और दूसरे सभी पुरुष पायलटों ने गौर करना शुरू कर दिया था कि उनके बीच एक महिला ऑफिसर मौजूद है। कई लोगों के लिए यह अजीब था और कोई भी यह नहीं सोचता था कि मुझे युद्धक्षेत्र में जाने के लिए कहा जाएगा। सच कहूँ तो मैंने भी ऐसा नहीं सोचा था। ऐसी ही एक ब्रीफिंग में मैंने फ्लाइट लेफ्टिनेंट शिखर से दोस्ती की, जो काफी खुशमिजाज थे और दूसरों की तरह नहीं थे, जो अब तक हिचकिचाते थे। वह एक बेहतरीन फाइटर पायलट थे, जिन्होंने मुझे यह बताया कि पिछले कुछ दिनों से कारगिल में क्या चल रहा है।

जब श्रीनगर में एयर फोर्स ऑपरेशंस के सीनियर ऑफिसर इंचार्ज को वहाँ मेरी मौजूदगी की जानकारी मिली तो उन्हें शंका थी कि महिला पायलट अधिकारियों को युद्धक्षेत्र में भेजा जाना चाहिए या नहीं! उस समय युद्ध के दौरान महिला अधिकारियों की भूमिका के बारे में कोई लिखित नीति नहीं थी।

जब श्रीनगर में एयर फोर्स ऑपरेशंस के सीनियर ऑफिसर इंचार्ज को वहाँ मेरी मौजूदगी की जानकारी मिली तो उन्हें शंका थी कि महिला पायलट अधिकारियों को युद्धक्षेत्र में भेजा जाना चाहिए या नहीं! उस समय युद्ध के दौरान महिला अधिकारियों की भूमिका के बारे में कोई लिखित नीति नहीं थी। इसके बावजूद मेरी यूनिट के डिटैचमेंट कमांडर ने मेरे लिए सोर्टी की प्लानिंग शुरू कर दी। कारगिल के लिए मेरी पहली सोर्टी एक रेकी (टोही) सोर्टी थी। इसके लिए श्रीनगर एयरबेस से उड़ान भरनी पड़ती थी और कारगिल में छोटी सी हवाई पट्टी पर लैंड करना पड़ता था और उसके बाद रेकी मिशन पर जाना होता था। हमें कारगिल एयरबेस पर लैंड करना होता था, जहाँ भारतीय सेना ग्राउंड इंटेलिजेंस के आधार पर हमें ब्रीफ करती थी। भारतीय सेना के जवानों को जमीनी हालात की जानकारी ज्यादा बेहतर थी और वह हर घंटे बदलती रहती थी, इसलिए एक विस्तृत ब्रीफिंग जरूरी हो गई थी। कारगिल हवाई पट्टी पर बने ब्रीफिंग

रूम में हम रिपोर्ट के लिए पहुँचे, जहाँ हमें बताया गया कि दुश्मन की लोकेशन क्या है और उस ऊँचाई के बारे में बताया गया, जहाँ से दुश्मन हमें सीधे देख सकता है और इस वजह से हम पर दुश्मन की फायरिंग का खतरा होगा; लेकिन वहाँ की जमीन हमें कुदरती आड़ दे सकती है। अगले कुछ दिनों तक मैं लगभग हर दिन रेकी सोर्टी उड़ाने लगी। ऐसे ही एक दिन हम जब ब्रीफिंग रूम के लिए अपने रास्ते में थे तो मैंने टारमैक पर दादा को देखा। दादा, जो अपनी कैमोफ्लाज वरदी में थे, की भी नजर मुझ पर पड़ी। हम दोनों एक-दूसरे की तरफ दौड़ पड़े। वह मुझे कारगिल में देखकर हैरान थे।

"तुम यहाँ क्यों आई हो।" उन्होंने मुझे गले लगाने के बाद पूछा। "मैं श्रीनगर में हूँ और इस इलाके में उड़ान भरूँगी।" मैंने कहा। "तुम कैसे हो, दादा?" "मैं ठीक हूँ।" उन्होंने कहा, "पर क्या तुम्हें इस इलाके में फ्लाई करना है?" "क्यों? मुझे यहाँ क्यों फ्लाई नहीं करना चाहिए?"

"तुम यहाँ क्यों आई हो?" उन्होंने मुझे गले लगाने के बाद पूछा।

"मैं श्रीनगर में हूँ और इस इलाके में उड़ान भरूँगी।" मैंने कहा। "तुम कैसे हो, दादा?"

"मैं ठीक हूँ।" उन्होंने कहा, "पर क्या तुम्हें इस इलाके में फ्लाई करना है?"

"क्यों? मुझे यहाँ क्यों फ्लाई नहीं करना चाहिए?"

"यहाँ सेफ नहीं है।" चिंता करते हुए दादा ने कहा।

"तो फिर आप यहाँ क्यों हो?" मैंने पूछा। लेकिन दादा के पास जवाब नहीं था।

"कोई बात नहीं, दादा, हम दोनों ही देश की सेवा कर रहे हैं।" मैंने कहा और उन्होंने एक बार फिर मुझे गले लगा लिया। मैं दादा से लंबे समय बाद मिली थी। उस समय तक मुझे युद्धक्षेत्र में उनकी तैनाती की जानकारी नहीं थी। मैं नहीं चाहती थी कि उन्हें लगे कि मैं उनके लिए चिंतित हूँ। हम ब्रीफिंग

रूम में गए और ब्रीफिंग के बाद दादा मुझे लेकर अपनी यूनिट के अस्थायी मेस में नाश्ते के लिए ले गए। जब यह पता चल गया कि दादा भी हर दिन उसी ब्रीफिंग रूम में आएँगे तो हम एक-दूसरे से टारमैक पर मिलने लगे और अगले कुछ दिनों तक साथ ही नाश्ता करने लगे। वह मुझे सेना की काररवाई की प्रगति के बारे में बताते थे, जिसकी कीमत कई अधिकारियों और जवानों को अपनी शहादत से चुकानी पड़ी। मैं उन्हें वायु सेना की काररवाई के बारे में बताती थी। मुझे याद है, एक दिन सुबह जब उन्होंने मुझे बताया कि द्रास सेक्टर में भारतीय सेना ने सफलतापूर्वक तोलोलिंग पर फिर से कब्जा जमा लिया है तो हमने उसे सेलिब्रेट किया था। वह युद्ध बेहद मुश्किल था, लेकिन भारत धीरे-धीरे जीत की ओर बढ़ रहा था।

□

चौदह

एक हफ्ते से अधिक समय के दौरान कीमती जानों को गँवाने, ठोस बढ़त हासिल करने और तेजी से बढ़ते तनाव के बीच मैं अब भी नियमित रूप से कारगिल और श्रीनगर के बीच उड़ान भर रही थी। मेरे पास यह सोचने और एहसास करने का भी समय नहीं था कि मैं अपनी सर्विस के पहले ही दौर में युद्ध में हिस्सा ले रही हूँ। लेकिन जून का दूसरा सप्ताह मेरे लिए थोड़ा कम व्यस्त था और लगातार दो दिनों तक कोई सोर्टी प्लान नहीं की गई थी। यह जून का सामान्य दिन था—श्रीनगर एयरबेस पर नीरस और शांत दिन। श्रीनगर में हमारे चार हेलिकॉप्टर थे, जिनमें से दो सर्विसिंग के लिए वापस उधमपुर गए थे। लेकिन मुझे श्रीनगर में ही रहने के लिए कहा गया था। दिन की शुरुआत सुबह की नियमित ब्रीफिंग से हुई, जहाँ मुझे एक फाइटर मिशन के बारे में पता चला, जो सुबह में होनेवाली थी। एक और बात, जो हर किसी की जुबान पर थी कि कैसे पाकिस्तान ने एक 'अच्छी भावना' के रूप में फ्लाइट लेफ्टिनेंट के. नचिकेता को 3 जून को छोड़ दिया था, जो भारतीय वायु सेना के पायलट थे, जिन्हें 27 मई, 1999 को पाकिस्तानी सेना के गश्ती दल ने बंदी बना लिया था, जब उनका मिग-27 विमान क्रैश कर गया था। लेकिन ऐसी खबर भी थी कि जाट रेजीमेंट की एक बटालियन के 6 सैनिकों के शवों को सौंपा गया है, जिनके साथ छेड़छाड़ की गई है। वही अच्छाई या सैनिकों के प्रति सम्मान की भावना तब कहाँ थी? ऐसी अफवाहें चारों ओर फैली थीं कि पाकिस्तान बंदी बनाए गए सैनिकों के साथ कैसा व्यवहार कर

रहा है। यह सुनने के बाद कि उन्होंने जाट रेजीमेंट के 6 सैनिकों के साथ क्या किया, भारतीय वायु सेना के अधिकारियों और जवानों ने ऐसी बातचीत शुरू कर दी कि अगर उनका विमान दुश्मन के इलाके में क्रैश करता है तो युद्धबंदी बनने की बजाय यही अच्छा होगा कि खुद को गोली मार ली जाए। मैं इससे इनकार नहीं करूँगी कि मेरे मन में भी यह खयाल नहीं आया था। आखिरकार, मैं भी उन इलाकों से उड़ान भरती थी, जिन पर दुश्मन ने कब्जा जमा रखा था और पकड़े जाने की आशंका बनी रहती थी। बाकी का दिन कुछ किए बिना ही गुजर गया।

मैं इससे इनकार नहीं करूँगी कि मेरे मन में भी यह खयाल नहीं आया था। आखिरकार, मैं भी उन इलाकों से उड़ान भरती थी, जिन पर दुश्मन ने कब्जा जमा रखा था और पकड़े जाने की आशंका बनी रहती थी। बाकी का दिन कुछ किए बिना ही गुजर गया।

कुछ ज्यादा ही शांत दोपहर को एक छोटे से कमरे में अकेले बैठे-बैठे मैं सोचने लगी कि अगर मैं पकड़ी गई तो अपनी इंसास राइफल को कैसे चलाऊँगी? 'चाहे कुछ भी हो जाए, मैं जिंदा तो उनके हाथ नहीं ही आऊँगी'—चाहे मैं इस खयाल को कितना ही मन से निकालने की कोशिश करती थी, फिर भी, न जाने कैसे मन-ही-मन मैंने अपने आप से एक करार कर लिया था। रेडियो पर ऐसी खबरों को सुनते-सुनते कि फ्रांस और अमेरिका ने माना है कि एल.ओ.सी. को पार करने के लिए पाकिस्तान ही जिम्मेदार है, मैं गहरी नींद में चली गई।

क्या आपने कभी ट्रेन में इतना लंबा सफर किया है कि जब आप अंत में अपनी मंजिल पर उतरें तो आपको लगता है कि आपके पैरों के नीचे की जमीन वैसे ही हिल रही है, जैसे चलती ट्रेन हिलती थी? कुछ इसी तरह का एहसास मुझे हुआ और मेरी नींद खुल गई। लेकिन उसका ताल्लुक ट्रेन से नहीं था। मुझे लगा, मैं धमाकों और तोपों की दूर से आती आवाज सुन रही हूँ। मैं जब बिस्तर से उठी और बाहर चलकर आई तो हवाई पट्टी पर एक अजीब सा

सन्नाटा पसरा था। नियमित रूप से कारगिल जाने के कारण मैं धमाकों और तोपों की आवाज इतना सुन चुकी थी कि मुझे लगा, जैसे मैं उन्हें अपनी नींद में भी सुन रही हूँ। यह एक अजीब सा एहसास था। कारगिल के ब्रीफिंग रूम में या महज दुश्मनों के बंकरों के ऊपर से उड़ान भरने के दौरान मैं तोपों से की जा रही बमबारी की थोड़ी दबी हुई आवाज को सुन सकती थी, जो हमसे कुछ ही मीटर दूर गरज रहे होते थे। साथ ही, मशीन गन से चलती गोलियों की तड़तड़ाहट की गूँज पूरी घाटी में सुनाई देती थी या कभी-कभी तो पथरीले पहाड़ों के बीच गरजती तोपों की नली से फूटती चिनगारियों को भी देखती थी, जिनसे मुझे एहसास होता था कि उन पहाड़ियों में कहीं एक खूनी लड़ाई छिड़ी हुई है। अगर इन पर ध्यान न दिया जाए तो ऐसी सारी घटनाएँ अवचेतन मन में चली जाती हैं। कभी-कभी मैं किसी सोर्टी से पहले मेस में झपकी ले रही होती थी और अचानक मोर्टार की फायरिंग या आर्टिलरी गन की गर्जना मुझे जगा देती थी। कभी-कभी मोर्टार के गोले हवाई पट्टी के इतना करीब गिरते थे कि शीशे की खिड़कियों के कंपन को महसूस किया जा सकता था; लेकिन उन पलों में इन पर कोई ध्यान नहीं देता था। लड़ाई का शोर परेशान नहीं करता था—परेशान करती थी तो खामोशी, जो डरावनी होती थी।

कभी-कभी मैं किसी सोर्टी से पहले मेस में झपकी ले रही होती थी और अचानक मोर्टार की फायरिंग या आर्टिलरी गन की गर्जना मुझे जगा देती थी। कभी-कभी मोर्टार के गोले हवाई पट्टी के इतना करीब गिरते थे कि शीशे की खिड़कियों के कंपन को महसूस किया जा सकता था; लेकिन उन पलों में इन पर कोई ध्यान नहीं देता था।

दोपहर का वक्त था, धूप खिली थी और मैं अपने कमरे के बाहर खड़ी होकर हवाई पट्टी के दूर के एक कोने में शहीदों को दी जा रही श्रद्धांजलि को देख रही थी। सेना और वायु सेना की वरदी पहने सैनिक धीरे-धीरे एक कतार में रखे ताबूतों की ओर मार्च कर रहे थे, जिनमें उन शहीद सैनिकों

के पार्थिव शरीर थे, जिनकी शहादत उस दिन सुबह में या उससे पहले की रात को हुई थी और उन शहीदों पर फूलों का हार चढ़ा रहे थे। वहीं बिगुल बजानेवाले अपनी धुन बजा रहे थे। ये जाँबाज अपनी लड़ाई लड़ चुके थे। अब उन्हें उनके अपने-अपने शहरों तक विमानों से ले जाया जाएगा, जहाँ उनके शोकाकुल परिवार उनके अंतिम संस्कार के लिए उनका इंतजार कर रहे थे। उस समय मैं सोच रही थी कि क्या उनके परिवारों को इसकी खबर मिली भी है या नहीं, या फिर उन्हें इसकी जानकारी बाद में दी जाएगी? उस दिन से पहले मैंने इस बारे में कभी नहीं सोचा था। भले ही मैं जब श्रीनगर आई थी, तभी से ऐसे श्रद्धांजलि समारोहों को देख रही थी। निश्चित रूप से युद्ध आखिर में एक अफसोसजनक घटना ही होती है। दुश्मन ने अपने मोर्चे ऊँची-ऊँची पहाड़ियों पर बना रखे थे और इस कारण वे बेहतर स्थिति में थे। युद्ध की शुरुआत में भारतीय सैनिक एक ऐसी लड़ाई लड़ रहे थे, जो सुसाइड मिशन की तरह लग रही थी; क्योंकि सेना ने अब तक फौज का बड़ा जमावड़ा नहीं किया था। लेकिन मुझे पापाजी की एक बात भी याद आई थी, जो हमेशा शहादत को एक सम्मान समझते थे। वे कहा करते हैं, इससे अच्छी मृत्यु नहीं हो सकती है और हम सभी को इन शहीदों पर गर्व करना चाहिए। केवल सबसे अधिक भाग्यशाली ही वीरों की तरह जीते और मरते हैं। जो सबसे अधिक किस्मतवाले होते हैं, वही तिरंगे में लिपटकर घर आते हैं। कोई भी सामान्य व्यक्ति इस सम्मान को हासिल नहीं कर सकता है।

निश्चित रूप से युद्ध आखिर में एक अफसोसजनक घटना ही होती है। दुश्मन ने अपने मोर्चे ऊँची-ऊँची पहाड़ियों पर बना रखे थे और इस कारण वे बेहतर स्थिति में थे। युद्ध की शुरुआत में भारतीय सैनिक एक ऐसी लड़ाई लड़ रहे थे, जो सुसाइड मिशन की तरह लग रही थी; क्योंकि सेना ने अब तक फौज का बड़ा जमावड़ा नहीं किया था।

मैं दूर से जब उस श्रद्धांजलि समारोह को देख रही थी, तब मेरे मन में

इन शहीदों के प्रति सम्मान और शोक की भावना एक साथ उमड़ रही थी। मैंने अपनी आँखें बंद कीं और उन सभी को श्रद्धांजलि दी, जिन्होंने अपने देश के लिए कारगिल युद्ध शुरू होने के बाद से ही अपने प्राणों की आहुति दी थी।

6 जून, 1999 के बाद से ही सेना ने सैनिकों और साजो-सामान का भारी जमावड़ा कर लिया था, ताकि द्रास और कारगिल सेक्टरों में एक बड़ी जवाबी सैन्य काररवाई की जा सके। आनेवाले दिनों में यह युद्ध और भीषण होनेवाला था और इसके साथ-साथ रणनीतिक हवाई हमले किए जानेवाले थे; क्योंकि मकसद यही था कि श्रीनगर-लेह हाईवे को दुश्मन के खतरे से मुक्त रखा जाए। मैं जब वहाँ अपने खयालों में खोई खड़ी थी, तभी हमारे फ्लाइट कमांडर विंग कमांडर श्रीवास्तव भागते हुए मेरी तरफ आए।

6 जून, 1999 के बाद से ही सेना ने सैनिकों और साजो-सामान का भारी जमावड़ा कर लिया था, ताकि द्रास और कारगिल सेक्टरों में एक बड़ी जवाबी सैन्य काररवाई की जा सके। आनेवाले दिनों में यह युद्ध और भीषण होनेवाला था और इसके साथ-साथ रणनीतिक हवाई हमले किए जानेवाले थे;

"गुड आफ्टरनून, सर!" मैंने उन्हें सैल्यूट किया।

वे रुके और अपनी साँसों पर काबू पाते हुए वापस मुझे सैल्यूट किया।

"हमें जल्दी करना होगा।" उन्होंने कहा, "हमें तुरंत उड़ान भरनी होगी।"

"हमें जाना कहाँ है?" मैंने पूछा।

"कारगिल।" उन्होंने बताया।

"अभी?" मैंने पूछा। हम जब बात कर रहे थे, तब सूरज ढलनेवाला था। हेलिकॉप्टर को तैयार करना, उसमें ईंधन भरना, फ्लाई करने के लिए क्लियरेंस लेना और कारगिल जाना तथा फिर लौटना—इतने कामों के लिए वक्त बहुत कम था।

"दुश्मन के सप्लाई डंप और कुछ पोस्ट पर आर्टिलरी से आज सुबह

बम बरसाए गए हैं। जमीनी हालात का जायजा लेना और उस बमबारी की सफलता का पता लगाना जरूरी है। आर्मी वहाँ नहीं जा सकती, क्योंकि दुश्मन ऊँचाई पर बैठा है। इसलिए यह काम हमें करने को कहा गया है।"

उन्होंने कुछ देर की खामोशी के बाद कलाई पर बँधी घड़ी को देखा और कहा, "सूर्यास्त में बस तीन घंटे बचे हैं। ब्रीफिंग रूम में मुझसे मिलो। हमारे पास समय बहुत कम है।"

ये रेकी सोर्टी वक्त की जरूरत थी। विंग कमांडर श्रीवास्तव ने मुझे और एक और पुरुष पायलट को ब्रीफिंग के दौरान बताया कि अगली सुबह सेना तोलोलिंग के पास एक महत्त्वपूर्ण स्थान पर कब्जा जमाने के लिए एक और हमला करनेवाली है और इन सबकी प्लानिंग इस पर निर्भर करेगी कि आर्टिलरी से की गई बमबारी में कितना नुकसान हुआ है। तोलोलिंग टॉप, जहाँ से श्रीनगर-लेह हाईवे (एनएच-1डी) तक नजर जाती है, एक दबदबा कायम करनेवाली जगह है और इस कारण उसे हासिल करना बेहद जरूरी था। उस पर कब्जा होते ही युद्ध का रुख बदल सकता था। अगर उसे लड़कर वापस नहीं लिया गया तो दुश्मन कारगिल तक सप्लाई के एकमात्र रास्ते को काट सकता था। 20 मई, 1999 को जब तोलोलिंग की लड़ाई की शुरुआत हुई थी, तब से हमने कई सैनिक खोए थे, जिनमें वायु सेना कर्मी भी शामिल थे। 28 मई को तोलोलिंग के पास सतह से हवा में मार करनेवाली पाकिस्तानी मिसाइल ने एम.आई.-17 हेलिकॉप्टर को मार गिराया था, जिसमें हमारे चार वायु योद्धाओं की शहादत हुई थी।

ये रेकी सोर्टी वक्त की जरूरत थी। विंग कमांडर श्रीवास्तव ने मुझे और एक और पुरुष पायलट को ब्रीफिंग के दौरान बताया कि अगली सुबह सेना तोलोलिंग के पास एक महत्त्वपूर्ण स्थान पर कब्जा जमाने के लिए एक और हमला करनेवाली है और इन सबकी प्लानिंग इस पर निर्भर करेगी कि आर्टिलरी से की गई बमबारी में कितना नुकसान हुआ है।

हम जिस हेलिकॉप्टर में उड़ान भर रहे थे, उसे सूर्यास्त के बाद उड़ान भरने की मंजूरी नहीं थी। पहाड़ी इलाकों में सूरज मैदानी इलाके की तुलना में वहाँ की जमीन की वजह से जल्दी अस्त हो जाता है। नियमों के अनुसार, मैदानों में पायलट को सूर्यास्त से आधे घंटे पहले लैंड कर जाना होता है और सिर्फ अपने एयरबेस पर, जहाँ की जमीन से वे वाकिफ होते हैं, केवल वहीं उन्हें सूर्यास्त होने तक उड़ान भरने की विशेष इजाजत दी जाती है। चूँकि श्रीनगर हमारा बेस नहीं था, इसलिए हमें सूर्यास्त से आधे घंटे पहले लैंड करना था और वह भी हिल करेक्शन टाइम उसमें जोड़ने के बाद। इस वजह से हमारे पास अपनी रेकी के लिए तीन घंटे से भी कम समय था।

हम जिस हेलिकॉप्टर में उड़ान भर रहे थे, उसे सूर्यास्त के बाद उड़ान भरने की मंजूरी नहीं थी। पहाड़ी इलाकों में सूरज मैदानी इलाके की तुलना में वहाँ की जमीन की वजह से जल्दी अस्त हो जाता है। नियमों के अनुसार, मैदानों में पायलट को सूर्यास्त से आधे घंटे पहले लैंड कर जाना होता है''

उस शाम वहाँ मेरे अलावा एक पुरुष पायलट भी थे। डिटैचमेंट सीनियर ने मुझसे कहा कि मैं उनकी को-पायलट रहूँगी। मैं पूरे दिल से इसी की उम्मीद कर रही थी, क्योंकि मैं वहाँ बैठकर समय काटना और बेवजह की बातें सोचना नहीं चाहती थी।

"गुंजन, तुम भागकर जाओ और क्लियरेंस लेने के साथ ही हथियार निकलवा कर लाओ। हम हेलिकॉप्टर तैयार करते हैं।" ब्रीफिंग के बाद डिटैचमेंट सीनियर ने आदेश दिया। चूँकि वह नॉन-फ्लाइंग डे था, इसलिए हमने अपनी राइफल और पिस्टल भी शस्त्रागार से नहीं निकलवाई थी। मैं तेजी से जिप्सी की ओर भागी और क्लियरेंस के लिए सीधे ऑफिस पहुँची। उसके बाद मैं शस्त्रागार की तरफ भागी और अपने हथियार जारी करवाए। मैं जरूरी दस्तावेज और हथियारों को लेकर जब हेलिकॉप्टर के पास पहुँची तो डिटैचमेंट कमांडर लैंडलाइन पर बात कर रहे थे।

फोन रखने के बाद डिटैचमेंट सीनियर ने कहा, "अब तक सैनिटाइजेशन रिपोर्ट नहीं आई है।" उनकी आवाज में शीघ्रता साफ झलक रही थी। "कोई बात नहीं। तुम स्टार्टअप करो और मैं चाहता हूँ, स्टार्टअप तेज़ हो।"

उस शाम सबकुछ फास्ट-फॉरवर्ड मोड में चल रहा था। मैंने स्टार्टअप की प्रक्रिया का पालन किया, जिसमें एक पायलट को सभी जरूरी चीजें चेक करनी पड़ती हैं; लेकिन समय बचाने के लिए उसे उन्हें तेजी से करना होता है। कॉकपिट से मैं देख रही थी कि बेचैनी में डिटैचमेंट सीनियर टेलीफोन के पास चहलकदमी कर रहे थे। मैंने रेडियो पर एयर ट्रैफिक कंट्रोल (ए.टी.सी.) से स्टार्टअप की इजाजत माँगी, जो ठुकरा दी गई; क्योंकि सैनिटाइजेशन रिपोर्ट नहीं आई थी। कारगिल में अगर किसी पायलट को उस समय किसी सोर्टी के लिए जाना होता था तो सेना उस खास इलाके को सुरक्षित बनाती थी और उस इलाके में सोर्टी के उड़ान भरने से पहले एक सैनिटाइजेशन रिपोर्ट हासिल करनी पड़ती थी। इससे यह सुनिश्चित किया जाता था कि उस एयरक्राफ्ट को गंभीर खतरा न हो।

खैर, मैंने स्टार्टअप किया और ए.टी.सी. को विश्वास दिलाया कि जब तक सैनिटाइजेशन रिपोर्ट हमें नहीं मिलती, तब तक रोटर को चालू नहीं करेंगे। यह समझने के बाद कि मैं अपनी जिद पर अड़ी थी और पीछे हटनेवाली नहीं थी, ए.टी.सी. ने कुछ भी नहीं कहा। डिटैचमेंट सीनियर हेलिकॉप्टर में दाखिल हुए और अपनी सीट बेल्ट बाँध ली।

खैर, मैंने स्टार्टअप किया और ए.टी.सी. को विश्वास दिलाया कि जब तक सैनिटाइजेशन रिपोर्ट हमें नहीं मिलती, तब तक रोटर को चालू नहीं करेंगे। यह समझने के बाद कि मैं अपनी जिद पर अड़ी थी और पीछे हटनेवाली नहीं थी, ए.टी.सी. ने कुछ भी नहीं कहा। डिटैचमेंट सीनियर हेलिकॉप्टर में दाखिल हुए और अपनी सीट बेल्ट बाँध ली। सर्दी के मौसम में भी हम दोनों पसीने-पसीने थे। हमारी वरदी भीग चुकी थी।

"सैनिटाइजेशन रिपोर्ट अब तक नहीं आई है।" उन्होंने कहा, "अब हम क्या करें?"

एक-एक सेकंड की भी देरी हमारे मिशन को भयंकर खतरे में डाल रही थी। इस मिशन की नाकामी का मतलब था कि अगले दिन कई लोगों की जानें जा सकती थीं। नुकसान का जायजा न लेने का मतलब था—योजना के साथ समझौता। मैं नहीं चाहती थी कि दोनों में से ही कुछ हो। मैं सोच रही थी, किसी की भी जान इस वजह से नहीं जानी चाहिए कि एक सोर्टी फेल हो गई, क्योंकि सैनिटाइजेशन रिपोर्ट देरी से आई।

मैंने डिटैचमेंट सीनियर की तरफ देखा, रोटर्स को चालू किया और कहा, "सर, चलिए, उड़ान भरते हैं।"

एटी.सी. मुझसे बार-बार कहता रहा कि मैं रुक जाऊँ और इंतजार करूँ। मैं उन्हें कहती रही कि हम सिर्फ हवा में रहेंगे और जब तक सैनिटाइजेशन रिपोर्ट नहीं आती, तब तक युद्धक्षेत्र में दाखिल नहीं होंगे। तकनीकी रूप से कोई भी नियम तोड़ा नहीं गया था, बस थोड़ा मोड़ा गया था; लेकिन इससे हमारा समय बचेगा। कम-से-कम मेरे डिटैचमेंट सीनियर इससे सहमत थे।

ए.टी.सी. मुझसे बार-बार कहता रहा कि मैं रुक जाऊँ और इंतजार करूँ। मैं उन्हें कहती रही कि हम सिर्फ हवा में रहेंगे और जब तक सैनिटाइजेशन रिपोर्ट नहीं आती, तब तक युद्धक्षेत्र में दाखिल नहीं होंगे। तकनीकी रूप से कोई भी नियम तोड़ा नहीं गया था, बस थोड़ा मोड़ा गया था; लेकिन इससे हमारा समय बचेगा।

जल्दी ही हम हवा में कारगिल की ओर बढ़ रहे थे। किस्मत अच्छी थी और ए.टी.सी. ने हमें बताया कि हम युद्ध क्षेत्र में दाखिल हो सकते हैं, क्योंकि सैनिटाइजेशन रिपोर्ट उनके पास आ चुकी है और हम आगे बढ़ सकते हैं। डिटैचमेंट सीनियर ने मेरी तरफ देखा और हम दोनों मुसकराने लगे। हमारा हेलिकॉप्टर अपने मिशन की ओर बढ़ गया।

रेकी सोर्टी पूरी कर ली गई और हम श्रीनगर की हवाई पट्टी पर समय

से लौट आए। नुकसान के आकलन की हमारी रिपोर्ट उच्च स्तर के मुख्यालयों को सौंपी गई। दिन की शुरुआत धीमी हुई थी; लेकिन उसका समापन रगों में खून दौड़ानेवाला था। इसका फायदा यह हुआ कि देखते-ही-देखते युद्ध में चीजें हमारे पक्ष में बदलने लगीं। कभी भी, कहीं से भी आदेश आ सकते थे और उनका पालन करना था। यह सबसे जरूरी मिशन था और थोड़ी होशियारी से आप सारी मुश्किलों के बावजूद मिशन को पूरा कर सकते हैं। लेकिन सबसे मुश्किल वक्त में भी नियमों का पालन करना पड़ता था। तमाम तरह की प्रक्रियाएँ बरसों के अनुभव के आधार पर एक मकसद से बनाई गई थीं और उन्हें कभी नजरअंदाज नहीं करना चाहिए। सैनिक के जीवन में अनुशासन ही सफलता दिलाता है।

मैं कह नहीं सकती कि उच्च स्तर के मुख्यालयों को हमारी रिपोर्ट से कितनी मदद मिली; लेकिन सभी विभागों से इस तरह की छोटी-छोटी रिपोर्ट ने एक बड़ी तसवीर को साफ-साफ देखने में मदद जरूर की होगी। वायु सेना अपनी भूमिका इतनी अच्छी तरह निभा रही थी कि 12 जून, 1999 को पाकिस्तान के विदेश मंत्री सरताज अजीज आनन-फानन में नई दिल्ली आए और भारत से हवाई हमले बंद करने की भीख माँगी। आखिरकार, अगले दो दिनों में भारतीय वायु सेना एवं थल सेना ने साथ मिलकर प्रयास किया और तोलोलिंग की बर्फीली ढलानों पर मौजूद बेहद चुनौतीपूर्ण पोस्ट पर कब्जा कर लिया गया। 13 जून, 1999 को तोलोलिंग पर जीत हासिल कर ली गई। उसके बाद युद्ध की दिशा ही बदल गई।

□

पंद्रह

21 जून, 1999

पाकिस्तान पहले ही काफी फजीहत झेल चुका था और अब युद्ध हारने की कगार पर था; लेकिन अब भी अड़ा हुआ था और कारगिल से अपने सैनिकों को वापस बुलाने से इनकार कर रहा था, जबकि अमेरिका के तत्कालीन राष्ट्रपति बिल क्लिंटन ने भी उस पर दबाव बनाया था। दूसरी तरफ, भारत एक के बाद बेहद मुश्किल जीत अपने नाम करता जा रहा था। वहीं देश के इतिहास में कितने ही शहीदों ने आदरपूर्वक लिये जानेवाले अपने नाम दर्ज कराए। हर दिन युद्ध में कई वीर सामने आ रहे थे। असाधारण शौर्य की एक से बढ़कर एक कहानियाँ सामने आ रही थीं, जो आनेवाली कई पीढ़ियों को प्रेरित करने वाली थीं।

कारगिल युद्ध ने मुझे कुछ सबक भी सिखाए थे। मुझे जीवन का महत्त्व समझ आ गया था और यह भी कि समय बीत जाने से पहले हमें इसका उपयोग कैसे करना चाहिए। श्रीनगर में मैं अपने जीवन का सबसे अच्छा उपयोग कर रही थी। अनुशासन, संकल्प, नए-नए प्रयोग और युद्ध के मोर्चे पर नैतिकता के सबक सीख रही थी और इसके बावजूद बहुत सारी चीजें मेरा इंतजार कर रही थीं। मेरी यूनिट के आठ पायलट, जिनमें मैं भी शामिल थी, युद्ध शुरू होने के पहले से ही श्रीनगर में रह रहे थे। चूँकि पूरे ग्रुप में मैं अकेली महिला अधिकारी थी, इसलिए हमारे डिटैचमेंट कमांडर, जो डिटैचमेंट सीनियर भी थे, ने अपने कमांड में मेरी सारी जरूरतों का खयाल रखा। वे अकसर मुझसे पूछते रहते थे कि मुझे किसी चीज की जरूरत तो

नहीं? और कहते थे कि अगर मुझे कोई भी दिक्कत हो तो बेझिझक उन्हें बता दूँ। यह सोचकर कि कहीं मेरे ऊपर ज्यादा बोझ न पड़ जाए, क्योंकि मैं एक युवा ऑफिसर थी और सीख ही रही थी, इसलिए वे मुझे युद्धक्षेत्र में लगातार सोर्टी पर भेजने से कतराते थे, जबकि मैं उसके लिए तैयार रहती थी। उन्हें क्या मालूम था कि मैं ही आखिरी विकल्प बचूँगी, तब वे कतरा भी नहीं सकेंगे।

अपने डिटैचमेंट के डाइनिंग हॉल में हम जब डिनर के लिए बैठनेवाले थे, तब फ्लाइट कमांडर, विंग कमांडर श्रीवास्तव ने हमें अगली सुबह का शेड्यूल समझाया। अगली सुबह एक योजनाबद्ध कम्युनिकेशन सोर्टी थी और डिटैचमेंट सीनियर एक और पायलट के साथ अपने हेलिकॉप्टर से फॉरवर्ड इलाके के एक हेलिपैड तक एक पैसेंजर को लेकर आनेवाले थे।

अपने डिटैचमेंट के डाइनिंग हॉल में हम जब डिनर के लिए बैठनेवाले थे, तब फ्लाइट कमांडर विंग कमांडर श्रीवास्तव ने हमें अगली सुबह का शेड्यूल समझाया। अगली सुबह एक योजनाबद्ध कम्युनिकेशन सोर्टी थी और डिटैचमेंट सीनियर एक और पायलट के साथ अपने हेलिकॉप्टर से फॉरवर्ड इलाके के एक हेलिपैड तक एक पैसेंजर को लेकर आनेवाले थे। दूसरे हेलिकॉप्टर में एक और पायलट के साथ मुझे बैकअप के तौर पर उनके साथ जाना था। इस तरह से यह अगले दिन की एक सामान्य सी सोर्टी होनेवाली थी। हमारे डिटैचमेंट के तीसरे हेलिकॉप्टर को दूसरे पायलटों के साथ श्रीनगर में ही रहना था, ताकि किसी आपात मिशन पर जाया जा सके। ब्रीफिंग के बाद हम डिनर के लिए बैठ गए।

हम अभी खाना खा ही रहे थे कि बीच में एक वायु सेना कर्मी डिटैचमेंट सीनियर के लिए यह संदेश लेकर आया कि श्रीनगर में ऑपरेशंस के सीनियर ऑफिसर इंचार्ज उनसे तुरंत बात करना चाहते हैं। पल भर के लिए टेबल पर एक खामोशी सी छा गई, क्योंकि सब यही सोचने लगे कि वह इमरजेंसी

क्या हो सकती है। उन दिनों इस तरह के मैसेज से चिंता बढ़ जाती थी। डिटैचमेंट सीनियर ने वापस आकर हमें बताया कि अगली सुबह के शेड्यूल में थोड़ा बदलाव है। लेकिन यह बदलाव परेशानी भरा था, खासतौर पर मेरे लिए। डिटैचमेंट सीनियर ने हमें बताया कि श्रीनगर से उत्तर-पश्चिम सेक्टर में एल.ओ.सी. के बेहद करीब एक हेलिपैड से घायलों को बचाकर लाने के लिए एक सोर्टी प्लान की गई है।

"लेकिन यह इतना आसान नहीं, जितना सुनने में लग रहा है।" उन्होंने कहा।

"क्यों सर?" हमारे साथ के एक पायलट ने पूछा। लेकिन सिर्फ मैं जानती थी कि डिटैचमेंट सीनियर किस वजह से इतने चिंतित थे।

"वो जो हेलिपैड है," उन्होंने दाल में चम्मच घुमाते हुए कहा, "एल.ओ.सी. के बेहद करीब है।"

तभी दूसरे पायलट ने कहा, "लेकिन एल.ओ.सी. के करीब बने हेलिपैड पर हम पहले भी जा चुके हैं। हमें उसके लिए ड्रिल मालूम है।"

"वो जो हेलिपैड है," उन्होंने दाल में चम्मच घुमाते हुए कहा, "एल.ओ.सी. के बेहद करीब है।" तभी दूसरे पायलट ने कहा, "लेकिन एल.ओ.सी. के करीब बने हेलिपैड पर हम पहले भी जा चुके हैं। हमें उसके लिए ड्रिल मालूम है।"

"तुम कभी इस वाले पर गए हो?" डिटैचमेंट सीनियर ने पूछा, जो अब भी अपनी प्लेट में रखा खाना नहीं खा रहे थे।

"नो, सर।" तुरंत जवाब आया।

"क्या कोई भी इस हेलिपैड पर गया है?" चिंतित फ्लाइट कमांडर ने पूछा।

"मैं गई हूँ, सर!" जब किसी ने जवाब नहीं दिया तो कुछ सेकंड बाद मैंने कहा। अचानक सब मेरी तरफ देखने लगे।

"गुंजन, प्लीज, सभी को इस हेलिपैड के बारे में बताओ।" उन्होंने निर्देश दिया।

"इस हेलिपैड तक नैविगेट करना काफी मुश्किल है।" मैंने बताना शुरू किया, "ये घाटी काफी कन्फ्यूजिंग है। कुछ ज्यादा ही मोड़ हैं और आप सिर्फ अपने नीचे की नदी के घुमावों पर या अपने आसपास के अहम इलाकों के आधार पर ही वहाँ नहीं पहुँच सकते हैं।"

सभी खामोशी से मेरी बात सुन रहे थे, यहाँ तक कि डिटैचमेंट सीनियर भी। "उस हेलिपैड तक किसी भी सोर्टी की इजाजत नहीं दी जाती है, जब तक कि पायलट और को-पायलट दोनों पहले वहाँ नहीं जा चुके हैं। कई बार तो ऐसा भी हुआ है कि पायलट या को-पायलट वहाँ जा चुके हैं, फिर भी वे भ्रम में पड़ जाते हैं और उन्हें किसी तरह वापस बुलाया जाता है।"

> ***"उस हेलिपैड तक किसी भी सोर्टी की इजाजत नहीं दी जाती है, जब तक कि पायलट और को-पायलट दोनों पहले वहाँ नहीं जा चुके हैं। कई बार तो ऐसा भी हुआ है कि पायलट या को-पायलट वहाँ जा चुके हैं, फिर भी वे भ्रम में पड़ जाते हैं और उन्हें किसी तरह वापस बुलाया जाता है।"***

"तो मुझे लगता है, गुंजन को ही जाना होगा।" एक पायलट ने कहा।

एक बात तो पक्की थी और यह हम में से सभी जानते थे कि मुझे उस पायलट की जगह लेनी होगी, जिसे अगले दिन किसी आपात स्थिति के लिए श्रीनगर एयरबेस पर रुकना था। हम आठ पायलटों में से कोई भी ऐसा नहीं था, जो उस सेक्टर के इस हेलिपैड तक पहले गया हो। डिटैचमेंट सीनियर की सोर्टी महत्त्वपूर्ण थी, इसलिए इस कैजवैक (कैजुअल्टी इवैकुएशन) के लिए मेरे साथ वह नहीं जा सकता थे। आर्मी ने अभी-अभी प्वाइंट 5140 पर कब्जा जमाया था, जो तोलोलिंग की चोटी पर उसका आखिरी मकसद था और एक वी.आई.पी. जो वहाँ जाना था, जो डिटैचमेंट सीनियर के पैसेंजर थे, इसलिए अगले सीनियर पायलट विंग कमांडर जोशी को उस कैजवैक सोर्टी का कैप्टन बनाया गया। लेकिन डिटैचमेंट सीनियर ने अब तक मेरे स्विच करने को लेकर कुछ भी नहीं कहा

था। पल भर के लिए मुझे लगा कि शायद वह इतने खतरनाक मिशन पर एक महिला अधिकारी को भेजने को लेकर चिंता में हैं। उनकी चिंता वाजिब थी, क्योंकि मेरी सलामती की जिम्मेदारी उन पर थी।

"तुम्हें उस घाटी की जमीन अब भी याद है?" चिंतित डिटैचमेंट सीनियर ने पूछा।

"मुझे याद है, सर।" मैंने आत्मविश्वास दिखाते हुए कहा, जबकि अंदर से मैं घबराई हुई थी। "आप चिंता मत कीजिए, सर। मैं आपको निराश नहीं करूँगी।"

"ठीक है, तो यह तय रहा। तुम जाओ, थोड़ी देर सो जाओ। तुम्हें पहली किरण के साथ ही टेकऑफ करना होगा।" डिटैचमेंट सीनियर ने कहा और अपना खाना खाने में जुट गए।

"तुम्हें उस घाटी की जमीन अब भी याद है?" चिंतित डिटैचमेंट सीनियर ने पूछा। "मुझे याद है, सर।" मैंने आत्मविश्वास दिखाते हुए कहा, जबकि अंदर से मैं घबराई हुई थी। "आप चिंता मत कीजिए, सर। मैं आपको निराश नहीं करूँगी।"

मैं जब अपने कमरे की ओर जा रही थी, तब इस नई जिम्मेदारी के बारे में सोचकर मेरे पसीने छूट रहे थे। उन दिनों जी.पी.एस. डिवाइस नहीं होती थी, इसलिए पायलटों को नक्शे की जानकारी और वास्तविक इलाके से वाकिफ रहना पड़ता था। उस हेलिपैड की पिछली सोर्टी की तसवीरें मेरी आँखों के सामने दिखने लगीं। लेकिन एक साल से ज्यादा बीत चुका था और सारी तसवीरें धुँधली दिख रही थीं। मैंने दो वजहों से डिटैचमेंट सीनियर को भरोसा दिया था। एक तो यह कि ये कैजवैक थी, दूसरी किसी की जिंदगी दाँव पर लगी थी और यह भी कि मेरे लिए खुद को साबित करने का अवसर था।

मैं जैसे ही अपने कमरे में दाखिल हुई, मैंने घाटी का नक्शा निकालकर उसे गौर से देखना शुरू कर दिया। मैं जब पिछली बार इस हेलिपैड पर गई थी, तब मेरे साथ एक सीनियर पायलट थे, जो पहले भी वहाँ जा चुके थे। उस

समय नेविगेशन की जिम्मेदारी मेरे ऊपर नहीं थी और तब कोई युद्ध भी नहीं हो रहा था। अगर अभी कोई एल.ओ.सी. पार कर जाए तो नतीजा बहुत गंभीर हो सकता था। नक्शे पर जब सारी जरूरी तैयारी हो गई, तब मैं सोने चली गई। अगले दिन मुझे तरोताजा होकर उठना था; लेकिन कुछ समय बाद भी मुझे नींद नहीं आ रही थी, क्योंकि मेरे मन में तरह-तरह के खयाल आ रहे थे कि क्या कुछ गलत हो सकता है और तब मुझे वह बात याद आई, जो मेरी पिछली सोर्टी के कैप्टन ने मुझे सिखाई थी, जो अगले दिन मेरे काम आनेवाली थी।

इस घाटी में एक खास मोड़ था, जहाँ अकसर पायलट कन्फ्यूज हो जाते थे। कन्फ्यूज न होने के लिए टाइम बेहद अहम था। फ्लाइंग में जब कोई पायलट टेकऑफ करता या करती है तो उसे एयरक्राफ्ट को एक खास ऊँचाई पर ले जाना पड़ता है और फिर एक स्थिर गति पर आगे का रास्ता तय करना होता है।

इस घाटी में एक खास मोड़ था, जहाँ अकसर पायलट कन्फ्यूज हो जाते थे। कन्फ्यूज न होने के लिए टाइम बेहद अहम था। फ्लाइंग में जब कोई पायलट टेकऑफ करता या करती है तो उसे एयरक्राफ्ट को एक खास ऊँचाई पर ले जाना पड़ता है और फिर एक स्थिर गति पर आगे का रास्ता तय करना होता है। हेलिपैड तक इस निरंतर रफ्तार और दूरी का इस्तेमाल उस समय का हिसाब लगाने के लिए किया जा सकता है, जो उस भ्रम में डालनेवाले मोड़ तक जाने में लगता है, ताकि किसी समस्या से बचा जा सके। चूँकि उस हेलिपैड तक की दूरी ज्यादा नहीं थी, इसलिए इस गणना के लिए जरूरी समय भी काफी कम था, लेकिन अब मैं जान गई थी कि मुझे क्या करना था। जल्दी ही मुझे नींद आ गई।

अगले दिन मैं अलार्म बजने से पहले ही उठ गई। मैंने उस सोर्टी के लिए खुद को तैयार किया और हेलिकॉप्टर के पास पहुँची। इस मिशन में जरा सी भी चूक की गुंजाइश नहीं थी। एक बार हवा में उड़ने लगे तो रेकी करने और हेलिपैड को देखने के लिए मँडराने की सुविधा भी नहीं मिलेगी, क्योंकि वह

जगह एल.ओ.सी. के काफी करीब थी।

"ऑल द बेस्ट, गुंजन। सबकुछ अच्छी तरह करना।" फ्लाइट लेफ्टिनेंट करण ने उस हेलिकॉप्टर के पास से गुजरते हुए कहा, जिसे मुझे उड़ाना था और उस वक्त वहाँ मेरे जितनी ही सीनियरिटी वाला वही अकेला अफसर था। उसके साथ ही मैंने स्विच किया था।

"पता नहीं क्या होगा। मुझे तो बहुत घबराहट हो रही है।" मैंने कहा।

"तुम्हें नर्वस होने की ट्रेनिंग नहीं मिली है।" मेरे कॉकपिट में दाखिल होने से पहले उसने कहा और मुसकराने लगा। मैंने हलकी सी मुसकान से उसकी बात का जवाब दिया। लेकिन उसका कहना सही था। मुझे इसकी ट्रेनिंग नहीं दी गई थी कि घबराहट में किसी मिशन को तबाह कर दूँ। मैंने एकेडमी से शानदार नंबर हासिल कर इसलिए पास नहीं किया कि नर्वस हो जाऊँ। मैंने खुद को भरोसा दिया कि मैं इस काम को कर दिखाने में पूरी तरह सक्षम हूँ। इस बात को याद करते हुए जैसे ही कैप्टन पहुँचे, मैं कॉकपिट में दाखिल हो गई।

"ऑल द बेस्ट, गुंजन। सबकुछ अच्छी तरह करना।" फ्लाइट लेफ्टिनेंट करण ने उस हेलिकॉप्टर के पास से गुजरते हुए कहा, जिसे मुझे उड़ाना था और उस वक्त वहाँ मेरे जितनी ही सीनियरिटी वाला वही अकेला अफसर था। उसके साथ ही मैंने स्विच किया था।

"मुझे उम्मीद है कि तुम्हारी फोटोग्राफिक मेमोरी आज तुम्हारा पूरी तरह साथ देगी। तो चलो, अब स्टार्टअप की प्रक्रिया शुरू करते हैं।" कैप्टन ने अपनी सीट पर बेल्ट लगाते हुए कहा। उन्होंने गौर किया कि अपने स्टार्टअप की प्रक्रिया में मेरा आत्मविश्वास थोड़ा कम था। वे देख रहे थे कि मैं अब भी थोड़ी नर्वस हूँ और इससे इनकार नहीं कर सकती कि मैं नर्वस नहीं थी।

और फिर, हम उड़ चले। हमने श्रीनगर का चक्कर लगाया, ताकि 5,000 फीट की ऊँचाई हासिल कर सकें, जिससे कि छोटे हथियारों की सीधी फायरिंग से या कंधे से फायर की जानेवाली मिसाइलों से दूर हो जाएँ। इस

ऊँचाई तक जाने के दौरान मैंने मानसिक रूप से खुद को झकझोरा और कहा कि अब मैं इस मिशन को लेकर बिल्कुल भी घबराने वाली नहीं हूँ। अपना हौसला मजबूत करने के साथ ही मैंने नक्शा निकाला, उसकी बियरिंग नापी, ग्राउंड स्पीड के अनुसार टाइमिंग का हिसाब लगाया, अपनी ई.टी.ए. को एडजस्ट किया और स्टॉपवाच को ऑन कर दिया, ताकि हम अपनी पोजीशन से आगे न चले जाएँ। स्टैंडर्ड ऑपरेटिंग प्रोसिजर के अनुसार, अगर हमने तय समय तक अपने हेलिपैड को नहीं देखा तो हमें कैजवैक को पूरा किए बिना ही वापस लौटना था; क्योंकि खतरों को देखते हुए उस इलाके में हवा में मँडराते रहने की इजाजत नहीं थी और मैं नहीं चाहती थी कि किसी घायल को सही इलाज न मिल पाए। एक सैनिक की जिंदगी दाँव पर लगी थी और मैं फेल होना नहीं चाहती थी। हेलिपैड तक जाने और उसे ढूँढ़ने की जिम्मेदारी मेरी ही थी। ऐसा करने में नाकाम रहने पर मुझे नाकाम सोर्टी के लिए जिम्मेदार ठहराया जाएगा और इस इलाके में उड़ान भरने का मेरा अनुभव बेकार चला जाएगा। इतना ही नहीं, मेरे डिटैचमेंट सीनियर का भरोसा भी मुझसे उठ जाएगा।

एक सैनिक की जिंदगी दाँव पर लगी थी और मैं फेल होना नहीं चाहती थी। हेलिपैड तक जाने और उसे ढूँढ़ने की जिम्मेदारी मेरी ही थी। ऐसा करने में नाकाम रहने पर मुझे नाकाम सोर्टी के लिए जिम्मेदार ठहराया जाएगा और इस इलाके में उड़ान भरने का मेरा अनुभव बेकार चला जाएगा। इतना ही नहीं, मेरे डिटैचमेंट सीनियर का भरोसा भी मुझसे उठ जाएगा।

हम जब घाटी में घुसे तो मैंने सिर्फ नेविगेशन पर अपना ध्यान स्थिर किया। कुछ ही मिनट बाद स्टॉपवाच ने संकेत दिया कि वह मोड़ आ गया है। लेकिन मैंने जब घाटी में नीचे देखा तो उसे पहचान नहीं सकी और मैं घबरा गई। खैर, मुझे इसका भरोसा था कि मैंने समय का हिसाब सही लगाया है, इसलिए मैं वहाँ से मुड़ गई।

"मुझे हेलिपैड नहीं दिख रहा। तुम्हें दिख रहा है?" कैप्टन ने कहा।

मैंने नीचे के इलाके को छान मारने के लिहाज से नीचे देखा कि क्या मैं उसे ढूँढ़ सकती हूँ। स्टॉपवाच के अनुसार, मंजिल तक पहुँचने में केवल 30 सेकंड बाकी थे और अगर हमें हेलिपैड नहीं दिखा तो हमें वापस मुड़ना होता और लौट जाना पड़ता।

हमारे हेलिकॉप्टर के शक्तिशाली रोटर्स के नीचे धुआँ उड़ रहा था और हम जैसे-जैसे नीचे आने लगे, हेलिपैड की धूल चारों ओर उड़ने लगी। जैसे ही हमने लैंड किया और वहाँ मौजूद टीम को संकेत दिया, स्ट्रेचर को थामे खड़े लोग घायल सैनिक को लेकर हेलिकॉप्टर की तरफ दौड़े।

"वो रहा!" मैंने खुश होते हुए कहा, जब स्मोक कैंडल से निकलता धुआँ हमें दिखाई देने लगा। आर्मी ने उस हेलिपैड के पास स्मोक कैंडल जलाए थे, ताकि हम उसे आसानी से ढूँढ़ सकें। आखिर में, मैं थोड़ी निश्चिंत हुई। मेरे कैप्टन को भी राहत मिली। कामयाबी की भावना मेरे भीतर भर गई।

हमारे हेलिकॉप्टर के शक्तिशाली रोटर्स के नीचे धुआँ उड़ रहा था और हम जैसे-जैसे नीचे आने लगे, हेलिपैड की धूल चारों ओर उड़ने लगी। जैसे ही हमने लैंड किया और वहाँ मौजूद टीम को संकेत दिया, स्ट्रेचर को थामे खड़े लोग घायल सैनिक को लेकर हेलिकॉप्टर की तरफ दौड़े। रोटर्स को चालू रखा गया था, क्योंकि समय बहुत कीमती था। जैसे ही स्ट्रेचर लेकर आनेवाले लोग हमसे सुरक्षित दूरी पर गए, हमने टेकऑफ कर लिया। उस यूनिट की जिम्मेदारी सँभालनेवाले मेजर रैंक के एक अधिकारी हमारी ओर देखकर मुसकराने लगे और थम्सअप किया। वे हेलिपैड के किनारे अपनी घिसी हुई डंगरी (पतलून की तरह की पोशाक, जो कंधों के ऊपर से नीचे छाती और टाँगों तक आती है।) में खड़े थे। मैं भी उन्हें देखकर मुसकराई और हम घाटी से दूर जाने की उड़ान पर निकल गए।

यह मिशन सफल रहा था और मैं अपने डिटैचमेंट सीनियर के चेहरे के भावों को देखने के लिए बेसब्र थी। मैंने उन्हें निराश नहीं किया था। मैं खुश थी कि तीन साल से भी कम सर्विस के बावजूद मुझे इतनी मुश्किल सोर्टी के लिए चुना गया और मैंने इसे सफलतापूर्वक पूरा कर लिया।

भारत जहाँ इस युद्ध में धीरे-धीरे विजयी हो रहा था, वहीं हाथ मल रही पाकिस्तानी सेना भारतीय पक्ष को अधिक-से-अधिक नुकसान पहुँचाने का प्रयास कर रही थी। उसकी बुरी नीयत के कारण एक ऐसी घटना हुई, जिसने मुझे इस हद तक झकझोर दिया कि युद्ध की शुरुआत के बाद पहली बार मेरे मन में डर बैठ गया था।

□

सोलह

एयर चीफ मार्शल बिरेंदर सिंह धनोआ (परम विशिष्ट सेवा मेडल, अति विशिष्ट सेवा मेडल, युद्ध सेवा मेडल, वायु सेना मेडल और एड-डी-कैंप), जो दिसंबर 2016 से सितंबर 2019 तक भारतीय वायु सेना के पच्चीसवें अध्यक्ष रहे, उन्होंने तीन साल पहले दिल्ली में इंडियन वूमेन पायलट्स एसोसिएशन कॉन्फ्रेंस को संबोधित किया था। उस कॉन्फ्रेंस में शिखा को एवं मुझे बुलाया गया था और एयर चीफ मार्शल ने उन पलों को याद किया, जब एक चीता हेलिकॉप्टर में वह एक पैसेंजर थे और मैंने उसे उड़ाया था।

जून 1999

विंग कमांडर बी.एस. धनोआ एक फाइटर पायलट हैं और उस वक्त एक फाइटर स्क्वाड्रन की कमान सँभाल रहे थे, जिसका डिटैचमेंट श्रीनगर में था। वे मेरे हेलिकॉप्टर पर कारगिल के फॉरवर्ड इलाके की हवाई रेकी के लिए सवार हुए थे। हमें एक इंटेलिजेंस ब्रीफिंग के लिए कारगिल में लैंड करना था और फिर वहाँ से आगे की उड़ान भरनी थी। दादा को पता चला कि मैं उस ब्रीफिंग के लिए आने वाली हूँ, इसलिए वह टारमैक पर मुझे रिसीव करने पहुँचे।

"हमने टाइगर हिल के पास दो चोटियों पर कब्जा जमा लिया है।" दादा ने टारमैक पर मेरी ओर बढ़ते हुए अपनी खुशी जताते हुए कहा।

"आर्मी को बधाई!" विंग कमांडर धनोआ ने हेलिकॉप्टर से उतरने के बाद उनसे कहा और तब दादा ने उन्हें देखा और उन्हें सैल्यूट किया। उन्होंने वापस सैल्यूट किया।

"सर," मैंने एक-दूसरे का परिचय कराने के लिए कहा, "यह कैप्टन अंशुमान सक्सेना हैं, मेरे बड़े भाई।" विंग कमांडर धनोआ थोड़े आश्चर्य में पड़ गए और उन्होंने दादा को देखने के बाद मुझे देखा और फिर वापस दादा के चेहरे को देखा।

"सर," मैंने एक-दूसरे का परिचय कराने के लिए कहा, "यह कैप्टन अंशुमान सक्सेना हैं, मेरे बड़े भाई।" विंग कमांडर धनोआ थोड़े आश्चर्य में पड़ गए और उन्होंने दादा को देखने के बाद मुझे देखा और फिर वापस दादा के चेहरे को देखा।

"तो दोनों भाई-बहन यहीं कारगिल में हैं?" आश्चर्यचकित विंग कमांडर धनोआ ने पूछा।

दादा और मैंने सहमति में सिर हिलाया।

"तुम दोनों के माता-पिता को कितनी चिंता होती होगी!"

उन्होंने जब यह कहा, तब मुझे लगा कि सच में पापाजी और माँ को कितनी चिंता हो रही होगी। यह जानकर कि उनके दोनों बच्चे युद्ध में हिस्सा ले रहे हैं, उनके लिए एक-एक दिन काटना कितना मुश्किल होता होगा।

लेकिन कारगिल के लिए यह एक और सोर्टी थी और दादा के साथ मैं भी ब्रीफिंग रूम से अभी-अभी बाहर निकली थी। चूँकि उस दिन बाद में मुझे श्रीनगर लौट जाना था, इसलिए दादा ने कहा कि वे हेलिकॉप्टर तक मेरे साथ चलेंगे।

"माँ और पापाजी से तुम्हारी बात हुई है?" उन्होंने पूछा।

"नहीं, उधमपुर से निकलने के बाद तो नहीं हुई है।" मैंने कहा, "लेकिन मैंने उन्हें चिट्ठी लिखी है।"

"और मुझे उसके लिए समय ही नहीं मिल पाया है।" दादा ने कहा।

"आपको उनकी याद आती है?" मैंने जान-बूझकर पूछा, जबकि मुझे मालूम था कि अपनी छोटी बहन के सामने दादा किसी तरह की भावना व्यक्त नहीं करेंगे।

"तुम्हें याद नहीं आती?" दादा ने होशियारी से सवाल को टालते हुए पलटकर मुझसे ही सवाल कर दिया। हम दोनों एक-दूसरे की चिंता को समझ रहे थे। इससे पहले कि मैं कुछ कहती, मैंने दादा के माथे पर बल पड़ते देखा, जब वे कुछ सुनने की कोशिश कर रहे थे। उसी आवाज को हमारे आसपास के लोगों ने भी सुना। सेकंड के भी सौवें हिस्से में मेरे कानों के परदे से भी व्हिसल की हलकी सी आवाज टकराई।

"तुम्हें याद नहीं आती?" दादा ने होशियारी से सवाल को टालते हुए पलटकर मुझसे ही सवाल कर दिया। हम दोनों एक-दूसरे की चिंता को समझ रहे थे। इससे पहले कि मैं कुछ कहती, मैंने दादा के माथे पर बल पड़ते देखा, जब वे कुछ सुनने की कोशिश कर रहे थे। उसी आवाज को हमारे आसपास के लोगों ने भी सुना।

"गुंजन, भाग!"

दादा ने फौरन मेरा हाथ पकड़ा और भागने लगे। सभी टारमैक के इस या उस किनारे की ओर तितर-बितर हो गए। दादा एक बंकर के भीतर घुस गए और मैं भी उनके पीछे-पीछे अंदर चली गई। सबकुछ इतनी तेजी से हुआ कि मेरे पास यह समझने का भी समय नहीं था कि बाहर क्या चल रहा है। मैंने जब बंकर की छोटी खिड़की से बाहर देखा, तब समझ आया कि तोप का एक गोला मेरे हेलिकॉप्टर से कुछ ही मीटर की दूरी पर गिरा था और फट गया था। व्हिसल की वह आवाज हवा को चीरते हुए आ रहे गोले की थी। धमाके से मेरे कान में सीटी बजने लगी। कुछ देर तक अपने दिल की धड़कनों के सिवाय मुझे और कुछ भी सुनाई नहीं दे रहा था, जो कुछ ज्यादा ही तेजी से

धड़क रहा था। उसी पल मैंने दादा के चेहरे पर भय को देखा था। उन्हें डर अपनी जिंदगी के लिए नहीं था। उनका डर मेरे लिए था। उन्होंने मेरा हाथ कसकर पकड़ रखा था और चीख रहे थे, "मूर्ख हो तुम! भागी क्यों नहीं? तुमने आर्टिलरी शेल को आते सुना नहीं?"

मुझे कैसे पता चलता कि वह आर्टिलरी शेल था? पहली बार मैंने ऐसा कुछ देखा था। उस पल मैंने युद्ध के दौरान जीवन की अनिश्चितता को महसूस किया था। चूँकि कारगिल की हवाई पट्टी पाकिस्तान के कब्जेवाले किसी भी बंकर की फायरिंग की सीधी रेंज से बाहर थी, इसलिए वे उसे सिर्फ एयरक्राफ्ट की आवाजों को सुनकर ही निशाना बना सकते थे। उनका इरादा एयरक्राफ्ट को नुकसान पहुँचाना और तबाही मचाकर भारतीय सैनिकों के बीच खौफ पैदा करना था। इससे पहले कि पाकिस्तानी हमारे हेलिकॉप्टर को फिर से निशाना बनाते, मैं और मेरे कैप्टन ने दौड़ लगाई और आनन-फानन में वहाँ से टेकऑफ कर लिया। आगे भी पाकिस्तानी सैनिकों ने इस तरह की बमबारी के प्रयास किए, लेकिन उन्हें कोई सफलता नहीं मिली।

मुझे कैसे पता चलता कि वह आर्टिलरी शेल था? पहली बार मैंने ऐसा कुछ देखा था। उस पल मैंने युद्ध के दौरान जीवन की अनिश्चितता को महसूस किया था। चूँकि कारगिल की हवाई पट्टी पाकिस्तान के कब्जेवाले किसी भी बंकर की फायरिंग की सीधी रेंज से बाहर थी, इसलिए वे उसे सिर्फ एयरक्राफ्ट की आवाजों को सुनकर ही निशाना बना सकते थे।

मेरे लिए ऐसी घटनाओं का अनुभव करना आगे भी जारी रहा। हम जब भी एल.ओ.सी. के करीब उड़ान भरते, तब हमेशा ही हमें ब्रीफ किया जाता था कि हमें किस रास्ते से जाना है और दुश्मन के कौन से बंकर हमें कंधे से फायर की जानेवाली मिसाइलों से निशाना बना सकते हैं। हमले की किसी भी आशंका से बचने के लिए हमारे सामने दो ही विकल्प थे। हम या

तो पहाड़ियों की आड़ लेकर उड़ान भर सकते थे या 5,000 फीट से अधिक की ऊँचाई को बनाए रखें। मैं दूसरा विकल्प ही लेती थी, क्योंकि रेकी सोर्टी के लिए दुश्मन के इलाके को गौर से देखना पड़ता था, जो पहाड़ी की आड़ लेकर उड़ान भरते हुए करना संभव नहीं था।

ऐसी ही एक सोर्टी के बाद श्रीनगर में एयर फोर्स ऑपरेशंस के इंचार्ज सीनियर ऑफिसर ने मेरे हेलिकॉप्टर के कैप्टन और मुझे अपने ऑफिस में बुलाया। यह जरूरी कोई बड़ी चिंता की बात रही होगी, क्योंकि सीनियर ऑफिसर जूनियर अधिकारियों को बिना किसी कारण के नहीं बुलाते थे। हम सोच रहे थे कि क्या हमसे कोई गलती हुई है? हम जब उनके ऑफिस के बाहर इंतजार कर रहे थे, तभी सीनियर ऑफिसर के रनर ने मुझसे कहा कि उन्होंने पहले मुझे बुलाया है।

"मैं अंदर आ सकती हूँ, सर?" मैंने उन्हें सैल्यूट करते हुए पूछा।

अखरोट की लकड़ी की बड़ी सी टेबल के पीछे वे अपनी युद्ध की वरदी में बैठे थे। उन्होंने इशारे से मुझे अंदर आने के लिए कहा।

"यस, यू, यंग लेडी।" उन्होंने अपनी भारी व आदेशात्मक आवाज में कहा, "तुम्हें मालूम है, आज तुमने कहाँ उड़ान भरी थी?" "यस, सर!" मैंने कहा, "हमने द्रास सेक्टर के ऊपर से उड़ान भरी थी और वापस लौट आए थे।"

"यस, यू, यंग लेडी।" उन्होंने अपनी भारी व आदेशात्मक आवाज में कहा, "तुम्हें मालूम है, आज तुमने कहाँ उड़ान भरी थी?"

"यस, सर!" मैंने कहा, "हमने द्रास सेक्टर के ऊपर से उड़ान भरी थी और वापस लौट आए थे।"

"क्या तुम मैप पर उस रूट को मुझे दिखा सकती हो?" उन्होंने अपनी तर्जनी से अपनी कुरसी के पीछे टँगे द्रास-कारगिल सेक्टर के नक्शे की ओर इशारा करते हुए कहा।

"यस, सर!" मैंने कहा और दीवार की ओर बढ़ गई। मैंने उसकी सतह पर अपनी तर्जनी को दौड़ाया और अपनी फ्लाइट के रास्ते को दिखाया।

"तुम जानती हो, तुम दुश्मन के बंकरों के ऊपर से उड़ान भर रही थीं?" सीनियर ऑफिसर ने पूछा।

"यस, सर।"

मैं समझ नहीं पा रही थी कि क्या कहूँ, इसलिए खामोश रही।
"क्या होता, अगर उनमें से एक ने भी तुम्हें हिट कर दिया होता?" उन्होंने पूछा।
"मैं अपनी ड्यूटी कर रही थी, सर।" मैं इतना ही कह सकी।
"अब तक तुमने कितनी रेकी सोर्टी उड़ाई है?" उन्होंने पूछा।

"तुम जानती हो, दुश्मन ने तुम्हारे हेलिकॉप्टर पर ताबड़तोड़ फायरिंग की?"

"नो, सर।" उन्होंने जो कहा, उसे सुनकर मैं हैरान थी।

"बाल-बाल बच गईं तुम।" उन्होंने कहा, "दुश्मन के गोले तुम्हारे हेलिकॉप्टर से महज कुछ मीटर ही नीचे थे। जमीन पर तैनात टुकड़ी ने यह इंटेलिजेंस रिपोर्ट मुझे दी है।"

मैं समझ नहीं पा रही थी कि क्या कहूँ, इसलिए खामोश रही।

"क्या होता, अगर उनमें से एक ने भी तुम्हें हिट कर दिया होता?" उन्होंने पूछा।

"मैं अपनी ड्यूटी कर रही थी, सर।" मैं इतना ही कह सकी।

"अब तक तुमने कितनी रेकी सोर्टी उड़ाई है?" उन्होंने पूछा।

"मुझे ठीक-ठीक याद नहीं है, सर!" मैंने कहा, "लेकिन मुझे लगता है, लगभग चालीस।"

"एयर फोर्स ने जितनी भी रेकी सोर्टी की है, सभी ने छिपकर बैठे दुश्मनों के ठिकाने को बेनकाब किया है।" उन्होंने कहा, "इसलिए अपनी ड्यूटी को निर्भीकता और निष्ठा से निभाते हुए तुमने हमारी अपनी सेनाओं की योजना

और रणनीति में अपना योगदान दिया है। मुझे तुम्हारे जैसे युवा अधिकारियों पर गर्व है। मैं तुम्हारी उन्नति और खुशकिस्मती की कामना करता हूँ।"

सीनियर ऑफिसर से हुई इस मुलाकात के बाद मैं जीवन और मृत्यु के विषय में सोचने लगी। दूसरी बार मैंने डर का अनुभव किया था। मुझे इसे स्वीकार करने में कोई संकोच नहीं है, लेकिन मैंने इसे अपने ऊपर कभी हावी नहीं होने दिया। मेरी सारी सोर्टी के दौरान सैकड़ों गोलियाँ मेरे हेलिकॉप्टर पर दागी गई होंगी, दुश्मन ने बम-गोलों से भी उसे निशाना बनाया होगा; लेकिन मैंने इन सबके बारे में बिल्कुल भी नहीं सोचा। मेरे हेलिकॉप्टर में पड़ी गोलियों से भरी इनसास असॉल्ट राइफल और एक रिवॉल्वर मुझे हमेशा याद दिलाते थे कि अगर मेरा हेलिकॉप्टर दुश्मन के इलाके में क्रैश हुआ तो मुझे बंदी बनाया जा सकता था। लेकिन मुझे जो करना था, मैं वह करती रही। युद्ध के अराजक माहौल में आप ज्यादा नहीं सोचते, सिर्फ कारवाई करते हैं। वहाँ सोचने की गुंजाइश नहीं होती, सिर्फ आदेश दिए जाते हैं और मैं उन आदेशों का पालन करने में व्यस्त थी। मैंने बस, यही करना सीखा था। किसी भी सैनिक को यही सिखाया जाता है।

सीनियर ऑफिसर से हुई इस मुलाकात के बाद मैं जीवन और मृत्यु के विषय में सोचने लगी। दूसरी बार मैंने डर का अनुभव किया था। मुझे इसे स्वीकार करने में कोई संकोच नहीं है, लेकिन मैंने इसे अपने ऊपर कभी हावी नहीं होने दिया। मेरी सारी सोर्टी के दौरान सैकड़ों गोलियाँ मेरे हेलिकॉप्टर पर दागी गई होंगी...

इसके अलावा, इस युद्ध के दौरान मैंने समय और जीवन के महत्त्व की सबसे बड़ी बात सीखी थी। अग्रिम मोर्चे से घायलों को बचाकर निकालना अकसर मेरी सोर्टी का एक हिस्सा हुआ करता था। इसी से जुड़ा एक वाकया मुझे अच्छी तरह याद है।

हमने कुछ ही देर पहले श्रीनगर से कारगिल में कुछ रसद और सवारियों

को उतारा था। वापसी के दौरान कैप्टन को रेडियो से रूट में बदलाव का संदेश मिला, क्योंकि गंभीर रूप से घायल हुए एक सैनिक को तुरंत वहाँ से बचाकर निकालना था। उस हेलिपैड की दिशा से जुड़ी जानकारी मिलते ही हमने अपने हेलिकॉप्टर को उस स्थान की तरफ मोड़ दिया; लेकिन हम जब तक पहुँचते, तब तक उस सैनिक ने अपने जख्मों की वजह से दम तोड़ दिया था। हमें बताया गया कि गोली उसके सिर में लगी थी। उस लोकेशन के ऑफिसर इंचार्ज ने हमारे कैप्टन से पूछा कि क्या हम उस सैनिक का पार्थिव शरीर श्रीनगर ले जा सकते हैं। उन्होंने हमसे पूछा कि मुझे कोई दिक्कत तो नहीं होगी, क्योंकि पार्थिव शरीर को पैसेंजर सीट पर ही रखना होगा। चीता हेलिकॉप्टर के छोटे से केबिन में ताबूत रखने की जगह नहीं थी। मैंने उनसे कहा कि शहीद सैनिक के लिए हमें जो कुछ भी करना पड़ेगा, हम करेंगे; लेकिन उनके पार्थिव शरीर को हेलिकॉप्टर तक लाने और फिर उसे पैसेंजर सीट पर सही तरीके से रखने की पूरी प्रक्रिया के दौरान मेरे रोंगटे खड़े हो गए। मुझे ऐसा दुःख महसूस हुआ, जिसे मैं बता नहीं सकती। कपड़े से लिपटा सिर और खून से लाल हो चुकी उसकी वरदी को देखकर मैं सोचने लगी कि इस सैनिक को कितना दर्द हुआ होगा। उसके मन में आखिर में क्या खयाल आया होगा? उसके माता-पिता को जब बताया जाएगा कि उनका बेटा इस दुनिया में नहीं है, तो उनकी क्या प्रतिक्रिया होगी? क्या वह शादीशुदा था? क्या उसके बच्चे थे? भविष्य को लेकर उसने जो सपने बुने थे, अब उनका क्या होगा? ऐसे सवाल मेरे दिमाग में तब तक घूमते रहे, जब तक कि हम श्रीनगर एयरबेस पर लैंड

उसके माता-पिता को जब बताया जाएगा कि उनका बेटा इस दुनिया में नहीं है, तो उनकी क्या प्रतिक्रिया होगी? क्या वह शादीशुदा था? क्या उसके बच्चे थे? भविष्य को लेकर उसने जो सपने बुने थे, अब उनका क्या होगा? ऐसे सवाल मेरे दिमाग में तब तक घूमते रहे, जब तक कि हम श्रीनगर एयरबेस पर लैंड नहीं कर गए।

नहीं कर गए। फिर मैंने मन-ही-मन सोचा कि एक सैनिक के जीवन की अनिश्चितता ऐसी ही होती है। अपने देश की सुरक्षा के लिए लड़ने और उस प्रक्रिया में प्राणों का बलिदान देना गर्व की बात होती है। ऐसी मृत्यु भाग्यशाली पुरुषों और स्त्रियों को ही मिलती है। मैंने उस शहीद को सैल्यूट किया और कसम खाई कि युद्ध के सभी शहीदों के सर्वोच्च बलिदान का सम्मान अपना कर्तव्य पूरी निष्ठा से निभाकर करूँगी। इसी प्रण के साथ मैं युद्ध के आखिर तक अपना कर्तव्य निभाती रही।

जुलाई के दूसरे हफ्ते में, चारों ओर विजयी मनोभाव का अनुभव किया जा सकता था। यह भारतीय सैनिकों के लिए निर्णायक जीत थी, जिन्होंने घुसपैठियों को सफलतापूर्वक मार भगाया था और महत्त्वपूर्ण चोटियों पर फिर से कब्जा जमा लिया था। लेकिन इसकी कीमत हर दिन कई ताबूतों में भेजे जा रहे शहीदों से चुकानी पड़ी। फिर भी, उनका बलिदान व्यर्थ नहीं गया। युद्ध आधिकारिक रूप से समाप्त हुआ, जब भारतीय सेना ने 26 जुलाई, 1999 को घोषित किया कि पाकिस्तानी घुसपैठियों को पूरी तरह से खदेड़ दिया गया है। तत्कालीन प्रधानमंत्री अटल बिहारी वाजपेयी ने 14 जुलाई, 1999 को कारगिल युद्ध में घुसपैठियों को वापस खदेड़ने के लिए भारतीय सेना की कारवाई 'ऑपरेशन विजय' को सफल घोषित कर दिया।

जब भारतीय सेना ने 26 जुलाई, 1999 को घोषित किया कि पाकिस्तानी घुसपैठियों को पूरी तरह से खदेड़ दिया गया है। तत्कालीन प्रधानमंत्री अटल बिहारी वाजपेयी ने 14 जुलाई, 1999 को कारगिल युद्ध में घुसपैठियों को वापस खदेड़ने के लिए भारतीय सेना की कारवाई, 'ऑपरेशन विजय' को सफल घोषित कर दिया।

कारगिल में युद्ध जब समाप्त हो गया, तब श्रीनगर एयरबेस के टारमैक पर प्रेस और मीडिया के लिए उन सभी विमानों, हेलिकॉप्टरों की एक प्रदर्शनी लगाई गई, जिन्होंने युद्ध में हिस्सा लिया था। किसी भी कैमरे की इजाजत नहीं

थी और संवाददाताओं से कहा गया था कि वे सिर्फ रिकॉर्डरों का इस्तेमाल करें। इसलिए संवाददाताओं ने अपने-अपने विमान-हेलिकॉप्टर के सामने खड़े पायलटों का इंटरव्यू करना शुरू कर दिया। कुछ देर बाद उनमें से कुछ संवाददाता वहाँ इकट्ठा होने लगे, जहाँ मैं टारमैक पर अपने चीता हेलिकॉप्टर के सामने खड़ी थी, जो उड़ने वाली सबसे छोटी मशीन थी। देखते-ही-देखते मेरे सामने संवाददाताओं की भीड़ बढ़ने लगी। उनमें से एक रिपोर्टर ने जब यह बात कही, तभी मुझे एहसास हुआ कि उस टारमैक पर अकेली मैं ही एक महिला पायलट थी।

उस दिन शाम को मेस के जलसे के दौरान कुछ पायलटों ने खुश होते हुए कहा, "हमारे फाइटर जेट और बड़े-बड़े ट्रांसपोर्ट एयरक्राफ्ट मीडियावालों को इतना आकर्षित नहीं कर सके, जितना कि गुंजन के छोटे चीता ने आज टारमैक पर कर दिखाया।"

उधमपुर में फिर से लैंड करने का एहसास बेहद सुकून भरा था। उसमें कामयाबी और गर्व दोनों की ही भावना थी। हमारे स्वागत के लिए हमारी यूनिट के सारे अधिकारी टारमैक पर मौजूद थे। अपने सी.ओ. के चेहरे पर मैं एक चौड़ी मुसकान देख रही थी। मेरी यूनिट के जवानों ने मेरा स्वागत करते हुए मुसकान के साथ मुझसे हाथ मिलाया। ये वही जवान थे, जो मेरे आदेशों का पालन करने में या मेरी सोर्टी के लिए तैयारियों के दौरान मेरी मदद करने में हिचकिचाते थे, जब मैंने वहाँ ज्वॉइन किया था। युद्ध में शामिल होकर मैंने यह सम्मान अर्जित किया। मैं एक-एक पल को अपने मन में बसाती जा रही थी।

उधमपुर में फिर से लैंड करने का एहसास बेहद सुकून भरा था। उसमें कामयाबी और गर्व दोनों की ही भावना थी। हमारे स्वागत के लिए हमारी यूनिट के सारे अधिकारी टारमैक पर मौजूद थे। अपने सी.ओ. के चेहरे पर मैं एक चौड़ी मुसकान देख रही थी। मेरी यूनिट के जवानों ने मेरा स्वागत करते हुए मुसकान के साथ मुझसे हाथ मिलाया।

युद्ध आपको कुछ ही दिनों में वह सबकुछ सिखा सकता है, जिसे आप जिंदगी भर में नहीं सीख सकते हैं; पर यह भी है कि किसी को भी इस तरीके से न सीखना पड़े, जिस तरीके से कोई युद्ध के दौरान सीखता है। युवक और युवतियाँ सहर्ष अपनी इच्छा से यह सोचे बिना सैन्य बलों में शामिल होते हैं कि उनका जीवन कितना अनिश्चित होनेवाला है। लेकिन युद्ध के दौरान सारी बातों से पहले यह विचार उनके मन में आता है।

अपने घर से दूर रहकर कर्तव्य निभाना और खतरनाक इलाकों में युद्ध लड़ना ही उन सैनिकों की ओर से अदा की जानेवाली कीमत नहीं, जो अपने देश की क्षेत्रीय अखंडता की रक्षा करते हैं। फटते बमों की आवाज और टकराकर अलग-अलग दिशाओं में जाती गोलियाँ उनके दिमाग में बस जाती हैं, जो अकसर उन्हें नींद से जगा देती हैं। नींद न आना, तनाव और चिंता कहनेवाली बातें नहीं हैं; लेकिन ये ऐसे भूतों की तरह होती हैं, जो युद्ध समाप्त हो जाने के बाद भी पीछा नहीं छोड़तीं। ऐसे लोग, जो भारतीय सेना की वरदी की कीमत और उसके साथ कंधे पर आनेवाली जिम्मेदारी को समझते हैं। वे उसे हासिल करने के लिए मेहनत करते हैं; क्योंकि यह एक सम्मानित जीवन, रोमांच से भरा जीवन, असाधारण जीवन देता है।

कारगिल युद्ध में शामिल हुए मुझे दो दशक से ज्यादा हो चुके हैं, लेकिन इसकी यादें अब भी मेरे मानस में ताजा हैं। उस दौरान मैंने जो सबक सीखे, वे आज भी फैसला लेते समय मुझे राह दिखाने का काम करते हैं। मैं परिवार के महत्त्व को ज्यादा अच्छी तरह समझती हूँ। मैं समय की कद्र पहले से भी ज्यादा करती हूँ और अपने जीवन के हर पल के प्रति आभार की भावना रखती हूँ, जिन्हें मैं खुशी से बिताती हूँ। भले ही मैं भारतीय वायु सेना से रिटायर हो चुकी हूँ, लेकिन इसकी धारणाएँ हमेशा ही मेरे दिल में रहेंगी। मैं एक फ्लाइट लेफ्टिनेंट थी, हूँ और हमेशा रहूँगी। ऐसा रैंक, जो मेरे अपने इस जीवन में अर्जित की गई सबसे कीमती चीज है।

□

उपसंहार

तो यह थी कारगिल तक की मेरी यात्रा और यह यात्रा भी क्या यात्रा थी— मुश्किल वक्त, चुनौतियों, अवसरों और रोमांच से भरपूर। कई बार ऐसा समय आया, जब सबकुछ बेहतरीन लगता था और ऐसा वक्त भी आया, जब मैं हार मान लेना चाहती थी। मुझे अपने ऊपर ही शक होने लगता था। मेरा दिल और दिमाग शायद ही कभी अलग ढंग से सोचता हो; लेकिन ऐसे हर मौके पर मैं उन्हें साथ लाकर बाधाओं को पार करने के काबिल बनाती थी। इन सबका निचोड़ अगर मैं कहूँ तो यही है कि इस यात्रा में बहुत कुछ सीखने को मिला।

कारगिल के बाद मेरा जीवन एक अलग रास्ते पर चल पड़ा। मेरी पोस्टिंग उत्तर-पूर्व सेक्टर में एक हेलिकॉप्टर यूनिट में की गई, जो मेरे लिए बेहद भाग्यशाली साबित हुई। वहाँ मुझे अपना आदर्श जीवनसाथी मिला। मेरी शादी विंग कमांडर गौतम नारायण से हुई, जो भारतीय वायु सेना में एक हेलिकॉप्टर पायलट थे। हमें एक बेटी के माता-पिता होने का सौभाग्य मिला, जब प्रज्ञा ने हमारे घर जन्म लिया। प्रज्ञा हमारे जीवन में इतनी सारी खुशियाँ लेकर आई, जिनकी हमने कभी कल्पना भी नहीं की थी। गौतम और मैंने माता-पिता होने के उतार-चढ़ाव भरे सफर का आनंद लेना शुरू कर दिया। अपनी बेटी के जन्म लेने के बाद मैंने अपनी सैन्य सेवा को समाप्त कर दिया; लेकिन सौभाग्य से, एक अधिकारी की पत्नी होने के कारण, भारतीय वायु सेना के साथ मेरा संबंध बना रहा।

वरदी पहने बिना या कॉकपिट में बैठे बिना भी मैं खुद को वायु सेना का हिस्सा महसूस करती थी। मैं युवा अधिकारियों से बातचीत करती रहती थी और मैंने उनके नजरिए में एक अच्छा बदलाव देखा। पूरा संगठन महिला अधिकारियों को स्वीकार करने की दिशा में बढ़ रहा था और तेजी से बदल रहा था। महिला अधिकारियों के काम के प्रोफाइल में धीरे-धीरे जो बदलाव आया, उसे देखना सुखद है। भारतीय वायु सेना में उन्हें ऑपरेशन से जुड़े बड़े पदों पर देखकर गर्व होता है, जिनके बारे में संगठन में शामिल होते समय हम सपने में ही सोच सकते थे।

अकसर मुझसे एक सवाल पूछा जाता है, जिसका जवाब देना मुझे अच्छा लगता है और वह सवाल यह है कि रिटायर होने के बाद मैं कैसा महसूस करती हूँ ?

मैंने वायु सेना में जितना भी समय बिताया, उसके एक-एक पल को मैंने दिल में बसाकर रखा है। चाहे उस दौरान मुझे कैसा भी लगा हो, लेकिन बड़े या छोटे, हर अनुभव ने मुझे वह बनाया, जो आज मैं हूँ। वायु सेना के साथ मैं जितने समय तक रही, मुझे कई सारे बेहतरीन लोगों से मिलने का अवसर मिला। मैंने अच्छे-अच्छे दोस्त बनाए, जिनके साथ अब मेरा जीवन भर का नाता है। मेरे अच्छे और बुरे समय में वे हमेशा मेरे साथ खड़े रहे। भले ही अब मैं वायु सेना की वरदी नहीं पहनती हूँ, फिर भी वायु सेना का हिस्सा रहते हुए संपूर्ण और प्रोफेशनल ट्रेनिंग के जरिए मैंने जिन धारणाओं और मूल्यों को सीखा, वे मेरे व्यक्तित्व का अभिन्न अंग बन चुके हैं। मैंने जो ट्रेनिंग हासिल की और जो अनुभव हुए, उनके कारण मेरे भीतर एक शक्ति एवं अधिक आत्मविश्वास पैदा हुआ और इसी मानसिक शक्ति ने कई बार मुश्किल और इम्तिहान लेनेवाली घड़ी से जूझकर आगे बढ़ने में मेरी मदद की है।

घरेलू जिंदगी की बात करूँ तो मैंने पूरी तरह से एक गृहिणी की जिम्मेदारी सँभाल ली और जल्दी ही मुझे समझ आ गया कि मैंने इसे जितना आसान सोचा था, यह उतना आसान नहीं है। घरेलू कामकाज के साथ अपनी बेटी और अपने पालतू जानवरों की देखभाल कैसे करूँ, यह सब सीखने में

मुझे थोड़ा वक्त लगा। इसमें पुरुष अधिकारियों की जो अनुभवी 'बेटर हाफ' हैं, उन्होंने मेरी मदद की और जल्दी ही मैं इस काम से जुड़ी सारी ट्रिक्स सीख गई!

मैं दिल से उम्मीद करती हूँ कि पाठकों को मेरी कहानी पसंद आएगी। उतना ही पसंद आएगी, जितना कि कैप्टन निर्वाण, मिस्टर किरणदीप और मुझे उनके लिए लिखने में आई है।

अगर इस पुस्तक से छोटे शहर की एक भी लड़की ने सारी मुश्किलों के बावजूद अपने सपने को आगे बढ़ा लिया तो मैं समझूँगी कि इसे लिखने में मेरी मेहनत सार्थक हो गई। इसे धैर्य से पढ़ने के लिए आपका बहुत-बहुत धन्यवाद।

जय हिंद!

□□□

परिचय

फ्लाइट लेफ्टिनेंट गुंजन सक्सेना (रिटायर्ड) युद्ध क्षेत्र में सेवा देनेवाली भारतीय वायुसेना की पहली महिला अधिकारी हैं। वायुसेना में पहली महिला फाइटर पायलटों के कमीशन किए जाने से बहुत पहले ही, कारगिल युद्ध में एक चीता हेलिकॉप्टर उड़ाकर और अनेक जवानों का रेस्क्यू कर वह इतिहास रच चुकी थीं। सक्सेना को भारतीय वायुसेना में शामिल होने की प्रेरणा अपने पिता से मिली, जो भारतीय सेना में अपनी सेवा दे चुके थे। परिवार की इस परंपरा को आगे बढ़ाते हुए, दिल्ली यूनिवर्सिटी के हंसराज कॉलेज से ग्रेजुएशन करने के बाद उन्होंने सैन्य बलों में शामिल होने का फैसला किया। सन् 1994 में उन्होंने सेवा चयन बोर्ड (एस.एस.बी.) के इंटरव्यू में कामयाबी हासिल की और डिंडीगुल स्थित वायुसेना एकेडमी को ज्वॉइन किया। 1999 में जब कारगिल युद्ध छिड़ा तो अग्रिम मोर्चे पर पहली कुछ महिलाओं में शामिल होकर उन्होंने परिस्थितियों को भारत के पक्ष में मोड़ने में अपना योगदान दिया।

किरण निर्वाण वह उपनाम है, जिसका प्रयोग किरणदीप सिंह और निर्वाण सिंह ने किया है। दोनों ने साथ मिलकर दो बेहद लोकप्रिय पुस्तकों को लिखा है—'नास्तेय : द आर्यन सागा' और '21 केसरीज : द अनटोल्ड स्टोरी ऑफ द बैटल ऑफ सारागढ़ी'। दूसरी पुस्तक से प्रेरित होकर ही अक्षय कुमार अभिनीत फिल्म 'केसरी' बनाई गई।

किरणदीप सिंह मैनेजमेंट स्टडीज में डॉक्टरेट कर रहे हैं। लिखने का शौक उन्हें किशोरावस्था से ही था और उसे आगे बढ़ाते हुए उन्होंने सौ से ज्यादा कविताएँ, लघु कहानियाँ, उपन्यास, गीत और अंग्रेजी के साथ ही पंजाबी में भी दोहे लिखे।

निर्वाण सिंह केंद्र सरकार में सेवारत एक अधिकारी हैं, जिनकी कला, लेखन और घूमने-फिरने में गहरी दिलचस्पी है। उनका प्रयास रहता है कि वह भारतीय सैन्य बलों के स्त्री-पुरुषों के साहस और संकल्प, सूझ-बूझ और वीरता के अलावा इस देश के अन्य असाधारण व्यक्तियों की कहानियाँ लिखें।